马来西亚华人和印度人政治参与历史比较研究

A Historical Comparative Study on
Political Participation between Ethnical
Chinese and Indians in Malaysia

石沧金 等著

中国社会科学出版社

图书在版编目（CIP）数据

马来西亚华人和印度人政治参与历史比较研究/石沧金等著. —北京：
中国社会科学出版社，2020.7
ISBN 978 - 7 - 5203 - 6845 - 2

Ⅰ.①马…　Ⅱ.①石…　Ⅲ.①华人—参与管理—研究—马来西亚
②印度人—参与管理—研究—马来西亚　Ⅳ.①D634.333.8
②D733.837

中国版本图书馆 CIP 数据核字（2020）第 135966 号

出 版 人	赵剑英	
责任编辑	宋燕鹏	
责任校对	李　剑	
责任印制	李寡寡	

出　　版	中国社会科学出版社
社　　址	北京鼓楼西大街甲 158 号
邮　　编	100720
网　　址	http://www.csspw.cn
发 行 部	010 - 84083685
门 市 部	010 - 84029450
经　　销	新华书店及其他书店

印　　刷	北京明恒达印务有限公司
装　　订	廊坊市广阳区广增装订厂
版　　次	2020 年 7 月第 1 版
印　　次	2020 年 7 月第 1 次印刷

开　　本	710×1000　1/16
印　　张	16.25
字　　数	218 千字
定　　价	95.00 元

目　　录

序 言 一

华人参政研究是改革开放后中国华侨华人研究的一个热点问题。就世界范围内来说，东南亚华人参政的历史最悠久，程度最广泛，其中，马来西亚华人参政最具有典型意义。有的研究以北美华人参政为海外华人参政的"代表"，甚至称华人参政是二战后才"兴起"，这是一种历史的无知。

马来西亚是以马来人、华人、印度人为主的多民族国家，三大民族都在马来西亚这块美丽的土地上艰苦奋斗，为马来西亚的自由与独立、进步和发展作出了不可磨灭的贡献。虽然华人与印度人在马来西亚的政治参与历史长短不一，程度深浅不同，方法各具一格，但他们都为马来西亚的国家建设和政治发展发挥了重要的作用，因此，研究华人和印度人在马来西亚的政治参与并进行比较研究无疑具有重要的学术意义和现实意义。

作为政治学的概念，政治参与有多种释义。根据亨廷顿的定义，政治参与是指公民个人旨在影响政府决策的活动。政治参与有自主参与和被动员参与两种，其主要形式有投票选举、集体游说、有组织的活动、特殊接触、不顾法纪或暴力行动，性质包括合法与非法、和平与暴力。政治参与大多数以集团活动的形式出现（塞缪尔·P.亨廷顿、乔治·I.多明格斯：《政治发展》，见格林斯坦、波比斯比编《政治学手册精选》，储复耘译，商务印书馆1996年版，下卷第188—189页）。由于马来西亚历史发展的特殊性，华人与印度人在马来西亚的政治参与具有"移民族群"的特点之外，两者之间也存在一些差异。

研究华人与印度人的政治参与无疑要把握移民族群政治参与的特点。移民族群在所在国的政治参与一般经历和包括了"客居"和"主人"两种参政形态。以马来西亚华人而论，华人的政治参与至少可以追溯到殖民统治时期。从16世纪初到19世纪初的四百多年间，葡萄牙、荷兰、英国殖民当局通过委任华人头领当甲必丹来对华人进行间接统治。华人头领主要通过与当地统治者订立契约或者取得某种授权来获得管制华人民众的权力，其对外政治交往对象主要是当地各类统治者。到19世纪前半期，随着华人人口逐步增多，华人社会组织不断壮大和拓展，地缘会馆、血缘会馆和秘密会社成为最重要的社会组织，并对华社实施管治。如果说会馆是从正面来管治华人社会，那么秘密会社则从地下来管治华人社会。众所周知，由于中国封建政府将海外华人视为"弃民"，海外华人与自己的祖国在政治上几乎没有关系，也没有从祖国获得政治授权。尽管有些洪门组织声称"反清复明"，但实际上似乎并没有付诸行动，直到辛亥革命时期。在"分而治之"政策下，早期华人的政治参与呈现了"客居"形态下的"融入"和"自治"的特点。即一方面与当地其他民族和平相处，有所往来，甚至通婚，另一方面又在获得当地统治者授权后实行自我管理。印度人早期在马来亚的政治参与，与其移民活动的特征密切相关。19世纪后，大批印度人主要是南部泰米尔人在"工头制"之下来到马来亚打工，他们多数在契约期满后返回印度原居地，因此，马来亚的印度人更是充满了"客居"的色彩，在融入和参与当地社会方面比华人稍逊一筹。

作为移民族群，参政意识的发展首先与其民族主义的形成密不可分。华人与印度人最初有组织、有目标、成规模的政治参与，来自其祖国政治形势的影响，其特点是以"在地"为舞台，进行面向"祖国"的政治活动。就海外华人而言，鸦片战争后清朝在内外交困情况下逐步改变对海外华人的政策，海外华人与中国的政治联系得到激活，有的华人领袖变成清朝在海外的"政治代表"。紧接的辛亥革命更是海外华人在历史上首次在明确政治纲领指引下为了一种政治理想而进行的深度空前的政治参与和政治斗争，华人在实践中逐步学会了理想追求、政治动员、政治组织、政治斗争等一系列政治参与和政治斗争模式，培养了一批政治人才，并有了现代意义的政治组织和政治活动。华人在辛亥革命中积累的经验，为后来的参政活动打下坚实的基础。20世纪上半期抗日救国运动是一次在殖民统治下持续时间最长的、具有合法地位的大规模民众运动，通过抗日救国运动，华人政治参与的社会基础得到空前的扩大，社会动员能力得到空前的提高，华人的爱国主义也因此达到了新的高峰。相比之下，印度人的民族主义要比华人民族主义来得晚一些，其政治参与的深度和广度也比华人稍差一些。当然，马来亚印度人民族主义也是在祖国争取独立运动思潮影响下发展起来的，但他们的政治诉求更多的是表现为维护劳工权益，所成立的政治组织也是以此为工作重点。

马来西亚特殊的历史影响了华人与印度人参政活动的发展。20世纪以来，马来西亚经历了从殖民地到独立的过程。在独立以前，英国殖民当局对马来亚人民的主动参政活动严加控制甚至是采取镇压的手段，中国国民党和马来亚共产党在马来亚的组织被英国殖民当局所禁止，对华人社团尤其是秘密会党，英国殖民当局也是通过实施法令加以控制和镇压。但是，日本占领东南亚打破了原有的政治生态，华人面向侨居地的政治参与在日本侵占时期得到很大的发展。许多华人加入马来亚人民抗日军，展开武装抗日斗争，为马来亚的解放和独立作出了巨大的贡献。战后华人社会反对殖民主义、追求社会主义的理想可以看成承接这一时期进步政治思潮的逻辑展现。与华人抗日运动截然不同的是，印度人在日本帮助下掀起了争取印度独立的运动，政治参与大大活跃，其民族主义思潮也不断高涨。

改变马来西亚华人与印度人政治参与取向与进程的重要因素是国家认同的转向。二战后，争取独立成为各族人民追求的崇高目标。经历二战战火洗礼的各族人民，在战后掀起波澜壮阔的人民民主运动，政党政治得到发展。在 1948 年 6 月以前，以马共为首的左翼政治力量以工人运动、学生运动为主要形式开展人民民主运动。1948 年 6 月英国以"紧急状态"的方式全面围剿和镇压左翼政治力量，左翼政治力量在此后的较量中逐步退却。但是，随着华人与印度人国家认同从祖籍国向所在国的转向，他们更加积极有效地参与马来亚的政治，其中，通过议会民主的方式是重要的方式之一。20 世纪 50 年代开始的议会民主政治，开启了马来亚政治史新的一页。1955 年，华人政党马华公会与马来人政党巫统、印度人政党国大党结成政治联盟，夺取大选的胜利，开启长达几十年的执政，确立了独立后马来西亚各族人民参政的基本政治框架。

马来西亚的独立使华人与印度人的政治参与进入一个新的历史时期。如果说，独立时期是马来西亚各族在争取独立的共同目标下互相合作和奋斗，那么独立后的政治参与主要是在宪制框架内争取民族权益和政治民主的斗争。在独立前夕，华人社会掀起大规模争取公民权运动，这项运动除了维护华人社会的权益外，还涉及马来西亚的建国原则问题，即在马来西亚这样的多元民族国家里应否采取种族主义的路线？华人社会认为，马来人、华人、印度人三大民族长期以来友好相处，绝大多数华人已将马来西亚当作自己的家乡，华人应与其他民族一样享受平等的权利。那种将马来人当作马来西亚的"主人"，对非马来人采取排斥的歧视政策，将会对未来马来西亚的政治发展产生严重的不良后果。

华人社会主张在新的马来西亚中，各民族应当精诚团结、互相尊重。在建设新马来西亚的过程中，华人社会愿意尊重马来人的地位和权益，关心和协助"马来兄弟的经济、政治及社会发展"（林连玉：《风雨十八年》，吉隆坡：林连玉基金会，1990年，上集第108—115页）。简言之，马来西亚是马来西亚人的。华人社会这些主张一直延伸到现在，可以说是一贯的。但是，独立后马来西亚的民族不平等问题并没有得到解决，巫统主导下的政府依然执行马来人至上主义的政策，"5·13事件"后各种歧视、压制华人权利的事件层出不穷。就独立后的历史发展来看，联盟时期是马来人确立政治霸权的时期，新经济政策时期是马来人确立经济主导地位的时期，90年代是马来人试图建立文化霸权的时期。故独立后华人与印度人的政治参与主要体现为政治上争取平等权，经济上争取发展权，教育上争取母语教育权，文化上争取民族特色权。这些斗争可以归纳为民族平等和政治民主化这两个主题，可以说，独立后马来西亚华人和印度人政治参与活动是在这条主线下展开的。

马来西亚华人和印度人的政治参与可谓波澜壮阔，高潮迭起。可是，华人和印度人的政治诉求和政治目标一直很难实现，政治参与的最终结果显得相当无力，其主要原因是参政活动深受马来西亚种族政治的制约。华人社会一向主张各民族团结合作共同建设国家，华人政党除马华公会外都以多元民族色彩出现，华人社团也都主张各民族的团结和合作。华人政党除马华公会外，其他政党的领导层及党员都有其他民族的成员，他们试图打破民族之间的隔阂，联合各族人民共同建设马来西亚，扭转种族分化的局面。但在马来西亚，多元民族色彩的路线并不成功。华人政党包括印度人政党的基础还是在其族群社会，其政治主张较难得到马来人的认同。由于马来西亚选举制度的不合理，华人和印度人在政治上难有单独作为。因此，华人反对党一直寻找多民族合作的途径，包括与人民党、四六精神党、伊斯兰党、公正党等马来政党的合作，以便打破困局，但这些合作结果都不尽如人意，一直找不到一个解决民族分化的切入点。更严重的是，自"5·13事件"后，马来人的特权成为敏感问题，任何争取民族平等的斗争都会被种族主义者戴上"种族主义"的帽子。华人和印度人要争取平等和民主就必然触及马来人的"特殊利益"，这样，一方面华人和印度人为了改变受歧视的状况必然进行斗争，另一方面这种斗争因触动了巫统设下的政治雷区而变成违法。所以，种族问题成了制约华人和印度人政治车轮前进的制动器。

毫无疑问，将马来西亚的华人与印度人两大族群的参政活动加以比较将是非常有意思的研究。本书作者石沧金教授首先从历史发展的视角将马来西亚的政治发展分为五个历史时期，然后将华人与印度人的参政活动纳入马来西亚政治发展之内，按时间顺序论述不同时期华人与印度人参政活动的异同和特点。认为"华人与印度人相同或不同的政治参与，是促进包括马来人与华人、马来人与印度人民族关系在内的整个马来西亚民族关系趋于民主平等的重要因素"。作者以对华人参政和印度人参政的深厚研究为基础，分述不同时期华人与印度人的政治参与和两者之间的不同。例如，指出在独立后的政治诉求中，华人比较关注华文教育问题，而印度人则较多关注宗教问题。作者认为印度人的民族、宗教信仰、教育背景、种姓制度等方面的差别，导致印度人更难团结一致提升政治参与的能力，造成印度人在马来西亚政治生活中被边缘化。相比华人的政治参与，印度人的政治参与更显出一种无力感。作者引用了一种说法，即印度人是"多元异体"，华人是"多元一体"，以此来简明概括两个民族政治参与的差别和成效。更为重要的是，作者将华人的政治参与与印度人政治参与置于同一时空之中，使我们能够全面地理解和把握华人与印度人在马来西亚的政治发展脉络。

比较研究是一项比较困难的工作。除了需要比较双方的共同之处，更重要的是指出其不同之处。问题在于，简单地列举不同之处往往是一些表面的不同，不一定能够辨析其真正的本质上的不同。作者显然注意到此点，所以在分析同一时期华人与印度人政治参与的表现之后，都试图从深层原因上、从本质上揭示两者的特点和差别甚至是差距。尽管读者不一定完全同意作者的所有看法，但作者的分析、提炼、归纳，使我们更能把握马来西亚华人与印度人政治参与的历史与特点。

比较研究的视角多种多样，其中影响政治参与的因素有因为历史、文化、宗教等方面综合而成的政治文化。马来西亚独立后华人与印度人在政治参与方面所表现出来的政治文化也是不一样的。华人政治文化在20世纪70年代以前是革命与协商，在70年代以后是施压与协商。在独立时期，华人政治力量主要分为两种，一种主张通过革命的手段建立新的社会制度，这股力量以左翼政治组织为代表。另一种主张通过协商途径解决政治问题，这股力量以马华公会等组织为代表。前一股力量在1945年至1948年较为活跃，声势最大，对英国殖民统治产生很大的冲击。1948年英国发动新殖民战争后，左翼思潮并没有消亡，反而在20世纪60年代以另外一种方式掀起新的高潮。后一股力量主要在1948年后才得到较快的发展，并以马华公会在1955年成为执政党为标志进入一个新的阶段。在联盟时期，以马来亚劳工党和沙捞越人民联合党为代表的社会主义色彩的政党吸引了很多华人青年加入政治斗争的行列，他们试图通过议会道路及其他途径建立一种新的社会制度。但在联盟政府的迫害和镇压下，加上自身的问题，马来亚劳工党在20世纪70年代末被迫解体，而沙捞越人民联合党不久也改变其政治路线。这样，战后华人政治中主张并追求以革命的方式建立新的社会制度的努力便退出了历史的舞台。20世纪70年代以后，华人政党除了民主行动党外都加入国民阵线成为执政党。华人反对党的转向给民主行动党留下更大的活动空间。民主行动党在历次大选中的主要政治口号是保持强大的反对党力量，制衡政府，监督政府，其政治斗争得到相当多华人的认同。在相当长的时间里，民主行动党还是国会最大的反对党，直到2018年大选后成为执政党。印度人的政治文化，政治协商占了上风。诚如本书作者所言，一方面是印度民族英雄甘地的非暴力不合作思想对马来西亚印度人产生很大的影响，另一方面是马来西亚印度人错综复杂的种族、宗教、种姓、阶层、职业的不同，造成其内部派别繁多，纷争不已。因此，在马来西亚，印度人一般以温和的方式来表达他们的诉求。但是，与华人社会不同的是，印度人就业多以受雇于他人为主，尤其大量印度人是种植园劳工，因此，以种植园劳工罢工活动为代表的政治参与方式常常是印度人政治斗争的武器。这也是印度人与华人政治参与的不同之处。

由于本书的研究重点是西马地区，因此本书对东马地区的政治发展着墨不多。事实上，东马地区作为马来西亚一部分，其政治发展也应得到重视，例如，沙捞越人民联合党是一个有重大影响的政党，它在马来西亚建国过程中和建国后都是不容忽视的政治力量。对于东马地区华人与印度人的政治参与活动，期望作者日后再加以补充和完善。

张应龙

2020年1月6日 阿联酋迪拜旅次

张应龙，暨南大学华侨华人研究院教授。

序 言 二

　　吾友沧金兄，向以海外华人社团和民间信仰研究著称，数年前申请经费扩大其海外华人研究至政治领域，然而不可思议的是他的政治研究竟然涉及印度人的政治参与，这是进行马新华人研究，即便比较研究，也不太可能选择的比较对象。自 20 世纪 80 年代以来，华人学者基本已经将关怀的重点专注于华人群体自身，甚至有意无意间连国家的历史也忽略，更何况印度人的方方面面。事实上。研究马来西亚印度人的著述向来也不多，主要还是印度学者较为关注。中国学者能注意及此，无疑是马来西亚学界的幸事。

　　人类是政治的动物，政治向来较能引起广泛的关注，但更多的是政治评论的文章，极少进行历史的梳理，印象中只有谢诗坚的《马来西亚华人政治思潮演变》，以及《马来西亚华人史新编》中的第七章和第八章有关独立前后的华人政治演变较为人所知。本书从政治参与的角度，按照时间顺序加以整理和比较论述。通读一过，对华人和印度人在马来西亚的政治发展中所扮演的角色，以及其历史发展，当能有一明晰的了解和掌握。全书引用大量的中英研究成果，还有英殖民时期的档案文献，史料丰富、罗列详尽、整理到位是其优点。然而无法更深一层进行分析和反思华印政治参与的得失，是美中不足之处。这种要求对人文学者而言，或许不免苛刻，这个工作只好留待政治学训练的学者来完成了。

全书除绪论、结语和附录，以历时性的方式依据历史发展时序，分五大部分进行论述，即二战前、二战时、二战后至独立前、独立时至2000年、2001—2018年。每一部分又依序论述华人、印度人的政治参与，并进行两者的比较研究。华人政治部分，在最后的两个部分，特辟小节论述社团的政治参与，基本掌握马来西亚华人的政治发展特点。华团在战前其功能主要在谋华人福利，照顾乡亲，较为倾向福利团体，政治上扮演的角色无足轻重。20世纪50年代，国家争取独立在即，才惊觉华人权益，诸如公民权和母语教育，必须要通过政治管道来争取，除了政党，社团也开始发挥其功能，如中华大会堂、董教总、总商会、各地缘社团等是。通过华团的发声、呈备忘录、召开华团大会，往往可以左右政局的走向。

当然，除了华人政治，另外大半篇幅皆在叙述印度的政治发展，因此本书不仅是一部华人研究的著述，也可视为马来西亚政治史的著述，而且是迄今为止极为少数以中文书写的研究成果。

吾友沧金兄续华团和民间信仰研究以后，另辟天地，推陈出新，故为此书贺，是为序。

廖文辉

2019 年 12 月 24 日平安夜

廖文辉，马来西亚人，祖籍福建安溪。历史学博士，现为马来西亚新纪元大学学院东南亚学系和中文系副教授、东南亚学系主任、马来西亚历史研究中心主任。研究领域为东南亚史和华侨华人。著有《马来西亚史》（2017）、《许云樵评传》（2014）、《马新史学80年——从南洋研究到华人研究（1930—2009）》（2011）等。

第一章　绪论

第一节　研究现状及研究意义

从人口数量及在全国总人口所占比例来看，华人和印度人分别是马来西亚的第二大、第三大族群。在马来亚独立建国的 1957 年，根据当年的人口统计，三大族群马来人、华人和印度人在总人口中所占比例分别为 49.8%、37.1% 和 11.1%，[①] 华人与印度人两大族群人口加起来，实际上就和马来人人口数量很接近；同时，如果加上新加坡的人口，1957 年新马地区的两大族群马来人和华人，他们在总人口中所占的比例分别为 43%、44.3%，[②] 华人人口比例要稍高于马来人人口。1963 年马来西亚联邦成立时，全国共有人口逾 900 万人，其中 400 万人略多（占总人口的 46.7%）为马来人，约 400 万人（占 41.9%）为华人，逾 825000 名（占 9.2%）印度人。从马来人、华人和印度人三个族群分别在当时马来西亚全国总人口中所占的比例来看，印度人人口在该国

---

① James P. Ongkili, *Nation-Building in Malaysia*, 1946 – 1974, Singapore: Oxford University Press, 1985, p. 153.

② Mohamed Noordin Sopiee, *From Malayan Union to Singapore Separation: Political Unification in the Malaysia Region*, 1945 – 1965, Kuala Lumpur: University Malaya Press, the first edition, 1974, p. 108.

马来人和华人两族人口中处于微妙的平衡地位。① 这一特点进而能够在马来西亚的政治等诸多方面显现出来。60 年之后的 2017 年，根据当年马来西亚统计局的数据，三大族群人口比例分别变化为土著 68.8%、华裔 23.2%（667 万人）、印度裔 7%（200 万人）。② 可以看出，马来西亚建国 60 年后，以马来人为主体的土著人口的所占比例大幅上升，华人和印度人人口所占比例明显下降。虽然如此，华人和印度人两大族群在马来西亚的社会生活中依然发挥着非常重要的作用；在政治参与方面，它们都是比较积极活跃的，尤其是华人。

1. 研究现状

诸多专家学者关注马来西亚政治，并进行深入系统研究。目前，国内外有关马来西亚华人和印度人政治的研究成果主要集中在四个方面：对马来西亚政治史、族群政治史的整体分析探讨；对族群政治关系史（重点探讨马来人与华人两大族群关系）的专门探讨；对华人政治的专门研究；对印度人政治的专门研究。接下来，我们按照这四个方面对相关的研究成果加以概述。

对马来西亚政治史、族群政治史的整体分析探讨。

在马来西亚，潘永强主编《当代马来西亚：政府与政治》（出版单位及出版时间参见"参考文献"，下同）、朱志存《多元种族政治及其他》、孙和声等合编《风云五十年：马来西亚政党政治》、廖文辉编著《马来西亚史》等书，深入系统地研究了马来西亚政治。根据杰出华商

① Edited by Verinder Grover, Malaysia: Government and Politics, New Delhi, Deep & Deep Publications PVT, p. 247.

② 数据来源于马来西亚统计局，具体网站地址为 https://www.dosm.gov.my/v1/index.php? r = column/cthemeByCat&cat = 155&bul_ id = c1pqTnFjb29HSnNYNUpiTmNWZHArdz09&menu_ id = L0pheU43NWJwRWVSZklWdzQ4TlhUUT09。《大马人口 3204 万 非公民 332 万》，http://blog.of21.com/? p =67821。

郭鹤年先生口述，Andrew Tanzer 编著的《郭鹤年自传》对马来西亚政治有独到的观察和分析。在我国，陈晓律等著的《马来西亚——多元文化中的民主与权威》、朱振明主编《当代马来西亚》、廖小健著《世纪之交马来西亚》、范若兰等人著的《马来西亚史纲》、陈鸿瑜《马来西亚史》等书中，都分别对马来西亚政治发展演变史进行了比较深入的探讨，特别是深入分析马来西亚的族群政治。澳大利亚学者芭芭拉·沃森·安达娅和伦纳德·安达娅著《马来西亚史》（黄秋迪译为中文）也有部分内容探讨马来西亚政治特别是该国族群政治。

2019 年 2 月，潘永强主编的《未巩固的民主：马来西亚 2018 年选举》出版。该书收录马来西亚 19 位华人专家学者撰写的专文，从民主转型、选举制度、政党竞争、族群政治、宗教动员、马哈迪因素、财经政策、区域政治、媒体传播、外交效应等多个角度，深入剖析和解读 2018 年全国大选，议题广泛，代表马来西亚中文学界和知识界对 2018 年大选的第一手分析。① 该书有助于我们深入了解马来西亚 2018 年大选及马来西亚未来政治走向。

英文著作方面，Verinder Grover 主编的 *Malaysia：Government and Politics*（《马来西亚：政府和政治》）、Zakaria Haji Ahmad 主编 *Government and Politics of Malaysia*（《马来西亚政府与政治》）等书，深入系统研究了马来西亚政府和政治，也涉及探讨马来西亚的族群关系。

对族群政治关系史（重点探讨马来人与华人两大族群关系）的专门探讨。

族群政治影响到马来西亚社会的方方面面，可以说是当代马来西亚政治的核心问题。研究族群关系的华文著作主要包括（马来西亚）王国璋著《马来西亚族群政党政治》、曾少聪《漂泊与根植：当代东南亚华

---

① ［马］潘永强：《重新建国：未巩固的民主》，https：//www.malaysiakini.com/columns/467596。

人族群关系研究》、廖小健《战后马来西亚族群关系：华人与马来人关系研究》、孙振玉《马来西亚的马来人与华人及其关系研究》等，它们聚焦特色鲜明的马来西亚族群政治，尤其是马来人和华人之间的复杂关系，探讨马来西亚族群政治的背景、原因、发展及影响等重要问题。

英文著作中，R. K. Vasil 的 *Ethnic Politics in Malaysia*（《马来西亚族群政治》）、K. J. Ratnam 的 *Communalism and the Political Process in Malaya*（《马来亚的社群主义与政治进程》）、Mohamed Noordin Sopiee 的 *From Malayan Union to Singapore Separation：Political Unification in the Malaysia Region，1945 – 1965*（《从马来亚联邦到新加坡分离：马来西亚地区的政治统合 1945—1965》）、James P. Ongkili 的 *Nation-Building in Malaysia，1946 – 1974*（《马来西亚国家构建 1946—1974》）等，探讨马来（西）亚的族群政治，尤其是马来人和华人的关系。Virginia Thompson 与 Richard Adloff 合著的 *Minority Problems in Southeast Asia*（《东南亚地区的少数民族问题》）也有探讨作为少数族群的马来西亚华人与印度人在政治方面的发展变化。

对华人政治的专门研究。

马来西亚有许多华人学者十分关注本国华人政治的研究，他们相关研究成果的水准也比较高，这些成果主要包括何启良《大马华人政治省思》、谢诗坚《马来西亚华人政治思潮演变》、何国忠《马来西亚华人：身份认同、文化与族群政治》、林水檺和何启良等主编《马来西亚华人史新编》①、林水檺和骆静山合编《马来西亚华人史》②等，它们从不同

---

① 该书中，第七章为朱自存撰写的《独立前西马华人政治演变》，第八章为何启良撰写的《独立后西马华人政治演变》，第九章为詹运豪撰写的《沙巴华人政治演变》，第十章为田英成撰写的《砂劳越华人政治演变》，它们分西马、沙巴、砂劳越三个地区，分别探讨了马来西亚华人政治演变历史。

② 该书中，第三章为崔贵强撰写的《华人的政治意识与政治组织》，第四章为蔡史君撰写的《战时的马来亚华人》，第五章为陈剑虹撰写的《战后大马华人的政治发展》，分别研究不同时期马来西亚华人政治的发展变化。

角度对马来西亚华人政治进行了深入研究。

我国学者曹云华等著《东南亚华人的政治参与》中,《上编·总论》探讨了马来西亚早期华人政治(主要分析华人甲必丹、土生华人秘密会社、商人阶层的政治参与),分析战后马来西亚新生代华人认同,对泰国和马来西亚华人政治参与模式进行了系统比较,并以马来西亚中华大会堂总会为个案,分析了华人利益集团的政治活动和影响。《下编·国别研究》专门研究了马来西亚华人政治参与,总结了影响马来西亚华人政治发展的制约因素。该著附录部分为《马华公会研究》,分析了马华公会的简要历史、内部结构和外部环境。

相对而言,对马来西亚华人政治的研究,相关著述非常丰富,研究内容、研究理论和研究方法也比较系统成熟。这里不再做更详尽的叙述。接下来,我们将重点总结目前我国国内关注度还很低的马来西亚印度人政治的研究现状。

对印度人政治的专门研究。

研究马来西亚印度人历史和印度人政治的学术成果主要以来自马来西亚、新加坡的印度裔专家学者,以及印度的专家学者为主,这些研究成果的水平也较高。西方学术界也有不少人研究马来西亚印度人,并取得不俗成果。

K. S. Sandhu 的 *Indians in Malaya*, *Some Aspects of Their Immigration and Settlement* (*1786 - 1957*) (《马来亚印度人:他们的移民与定居1786—1957》) 主要从移民史、人口、经济等方面来研究马来亚独立前的印度人。M. D. Tate 的 *The Malaysian Indians*: *History*, *Problems and Future* (《马来西亚印度人:历史、问题与未来》) 分阶段探讨了印度人在马来西亚的移居、调适以及融入,该书中对印度人的政治活动进行了较为系统深入的分析。

"二战"时期是马来亚印度人政治上的活跃期。这方面的研究著作也颇为丰富。G. P. Ramachandran 的 *The Indian Independence Movement in Malaya*（1942 – 1945）（《马来亚印度独立运动 1942—1945》）、A. Das，K. B. Subbaiah 的 *Chalo Delhi*：*An Historical Account of the Indian Independence Movement in East Asia*（《进军德里：东亚印度独立运动史述》）等，都系统深入研究了太平洋战争时期马来亚印度人积极争取祖籍国印度独立自由的独立运动。*The Indian Independence Movement in Malaya* 分析了马来亚印度独立运动的渊源、兴起，马来亚印度人领袖的主要活动、与日本人的冲突、S. C. 钱德拉的领导，并简要评价了该运动的成效。

K. K. Ghosh 的 *The Indian National Arm*：*Second Front of the Indian Independence Movement*（《印度国民军：印度独立运动第二战线》），Mohan Singh 的 *Soldiers' Contribution to Indian Independence*（《勇士们对印度独立的奉献》），S. S. Yadava 主编的 *Forgotten Warriors of Indian War of Independence*，*1941 – 1946*：*Indian National Army*（《印度独立战争被遗忘的斗士：印度国民军 1941—1946》），Subhash Balhara 的 *The Indian National Army*，*1942 – 1946*：*its Activities and the British Attitude*（《印度国民军：它的活动及英国的态度 1942—1946》）等，分析印度国民军的建立、活动、消亡及影响，肯定了它们推动印度实现国家独立的积极贡献。Azharudin Mohamed Dali 的著作 *The Fifth Column in British India*：*Japan and the INA's Secret War 1941 – 1945*（《英属印度第五纵队：日本和印度国民军的神秘战争 1941—1945》），以及美国学者 J. C. Lebra 的 *The Indian National Army and Japan*（《印度国民军和日本》）深入研究了印度国民军和日本的复杂关系。Peter Ward Fay 的 *The Forgotten Army*：*India's Armed Struggle for Independence*，*1942 – 1945*（《被遗忘的军队：为印度独立而战的武装斗争》）（三卷本）是研究印度国民军的重要著作，也是研究印度国民军的珍贵资料。J. C. Lebra 的专著 *Women against the Raj*：*the Rani of Jhansi Regiment*（《反抗殖民统治的妇女们：詹西女王军团》）

深入研究了印度国民军的詹西女王军团。

Subbier Appadurai Ayer 的著作 *Unto Him a Witness：The Story of Netaji Subhas Chandra Bose in East Asia*（《为他做证：S. C. 钱德拉元首在东亚的故事》）、K. C. Yadav 和 Akiko Seki 主编的 *Adventure into the Unknown：the Last Days of Netaji Subhas Chandra Bose*（《未知的冒险：S. C. 钱德拉元首最后的日子》）等，都是研究 C. 鲍斯在东南亚领导和推动印度独立运动的政治活动的重要著作。

George Netto 的著作 *Indians in Malaya：Historical Facts and Figures*（《马来亚印度人：历史因素与特征》）简要分析 20 世纪 50 年代以前的马来亚印度人政治。A. Rajeswary 的 *Aspects of Leadership of the Indian Community in Malaya in the Period 1920 – 1941*（《1920—1941 年马来亚印度社群领导人研究》）分析了 1920—1941 年马来亚印度人社群的领导层。

Rajeswary Ampalavanar 撰写的 *Politics and the Indian Community in West Malaysia and Singapore（1945 – 1957）*（《西马和新加坡的政治和印度社群 1945—1957》）研究 1945—1957 年间西马地区和新加坡印度人的政治变化。该书分析了"二战"后印度和印度民族主义对当时马来亚印度人的影响、印度人对马来亚联合邦转变为马来亚联邦的反应、印度人参与马来亚政治的变迁、马来亚印度人社会的派系纷争、马来亚印度国大党和联盟党的关系等。作者总结认为，印度国大党、真纳创建的穆斯林联盟（穆盟）以及源自马德拉斯的泰米尔沙文主义是影响当时马来亚印度人三大重要因素。作者也注意到了印度人政治上的分化现象要远比华人严重，进而导致其政治地位比华人低。作者还认为，马来亚印度国大党虽然加入了联盟党，但其自身尤其是马来亚印度人社会的弱点造成印度人在新独立的马来亚国家中不能有所作为。该书原为作者 1978 年提交给伦敦大学的博士学位论文，后于 1981 年正式出版。

M. Stenson 的 *Class，Race and Colonialism in West Malaysia：the Indian Case*（《西马的阶级、种族与殖民主义：以印度人为例》）研究种族关系、殖民主义和阶级因素等在 20 世纪 70 年代以前西马地区印度人社会尤其是印度人政治方面的影响。R. Ampalavanar 的 *The Indian Minority and Political Change in Malaya*（《马来亚的印度少数族裔和政治演变》）分析 1945—1957 年这一重要转折时期马来亚政治变化对当地印度人的影响。Sinnappah Arasaratnam 所著 *Indians in Malaysia and Singapore*（《马来西亚和新加坡的印度人》）中，对 1941 年至 20 世纪 60 年代的新马地区印度人政治进行了简要分析。

Janakey Raman Manickam 的 *The Malaysian Indian Dilemma：The Struggles and Agony of the Indian Community in Malaysia*（《马来西亚印度人的困境：马来西亚印度人社群的斗争和痛苦》），以及 Carl Vadivella Belle 的 *Tragic Orphans：Indians in Malaysia*（《悲惨孤儿：马来西亚印度人》），都从政治、经济、文化、教育等方面分析了马来西亚印度人被严重边缘化的困境。前者分析了 1941—1957 年的印度人政治活动、1957—1970 年印度人社会地位演变、1970—1990 年新经济政策对印度人的影响、1900—2000 年国家发展政策对印度人的影响、2000—2010 年国家宏远计划与印度人等，比较全面地探讨总结了印度人在马来西亚被系统边缘化的多种因素。该书引用资料丰富翔实，并配插大量有关图片，可以加深读者对相关问题的理解。后者也分阶段重点分析了 1941 年至 21 世纪初纳吉执政时期，印度人社会在马来西亚政治生活的变迁。

A. C. Willford 的 *Cage of Freedom：Tamil Identity and Ethnic Fetish in Malaysia*（《自由之笼：马来西亚泰米尔人认同和族群崇拜》）研究了印度人中最重要的一个群体泰米尔人的族群认同问题，以及造成他们低落社会地位的文化原因。

Nilanjana Sengupta 的著作 *A Gentleman's Word：the Legacy of Subhas*

Chandra Bose in Southeast Asia（《绅士语录：S. C. 钱德拉在东南亚的遗产》）专门研究 S. C. 钱德拉，作者高度评价了 S. C. 钱德拉的爱国主义及其历史贡献。

Tim Donoghue 的 *Karpal Singh*：*Tiger of Jelutong*（《卡巴星：日落洞之虎》，2013 年）比较全面深入地研究了马来西亚印度人中的杰出政治人物卡巴星。2014 年 4 月，卡巴星遭遇车祸去世。当年，Tim Donoghue 又出版了 *The Full Biography of Karpal Singh*：*Tiger of Jelutong*（《卡巴星——日落洞之虎全传》，2014 年）。两书内容基本相同，后者有所补充扩展。美丽莎露薇著《卡巴星：真正的马来西亚人》（曾舒渝译为华文）也对卡巴星的政治活动做了比较全面的介绍和分析。

S. Nagarajan 和 K. Arumagam 撰写的 *Violence Against an Ethnic Minority in Malaysia*：*Kampung Medan*，*2001*（《马来西亚对一个少数族裔的暴力：2001 年甘榜美丹事件》）一书对 2001 年发生的震惊马来西亚印度人社会的"甘榜美丹"事件进行了全面、深入的研究，该书是一本比较上乘的个案研究作品。

K. S. Sandhu 和 A. Mani 主编的 *Indian Communities in Southeast Asia*（《东南亚地区印度人社群》）中，收录有少量探讨马来西亚印度人政治的论文。

10 年来，我国学者也开始关注海外尤其是马来西亚的印度人，相关的研究主要侧重分析印度人的移民史、政治、经济、文化等。罗圣荣的著作《马来西亚的印度人及其历史变迁》对马来西亚印度人的由来及其在各个历史时期的发展特点进行了较为系统的分析，书中也专门对当地印度人和华人的社会及认同等问题进行了较为深入的比较。

梁英明的论文《马来西亚种族政治下的华人与印度人社会》比较了马来西亚华人社会与印度人社会，尤其是系统总结了两大族群社会的不同之处，包括在政治方面的差异，认为印度人社会在政治上的分化比华人社会更加明显；华人和印度人社会将在马来西亚多元种族和多元文化的环境中继续相互适应，共同发展。

石沧金《二战时期马来亚华人与印度人政治活动的比较分析》从民族主义和身份认同的角度出发，比较和分析了"二战"时期马来亚华人与印度人的政治活动，指出它们既有共同点和相似性，又有不同和差异更为明显。阮金之《民主转型环境下的当代马来西亚印度人族群抗争运动》、石沧金《二战前英属马来亚印度人的政治生活简析》等论文，对不同时期马来西亚的印度人政治进行了比较系统深入的探讨。

总体上，上述研究成果要么着眼于马来西亚整体上的族群（种族）政治研究（尤其是华人与马来人的关系），要么也只是研究当地华人或印度人的政治参与，国内外相关学术成果中，至今仍未见到全面、系统、深入比较和研究马来西亚华人与印度人政治参与的著作。而目前我国学术界对马来西亚印度人的研究尤其薄弱。因此，我们选择这一重要问题进行探讨，以期推动学界对马来西亚华人政治和印度人政治，特别是对马来西亚印度人政治的更深入研究。

当然，已有的关于马来西亚族群政治的研究成果，以及探讨华人政治与印度人政治的研究成果，给我们进行本课题的研究提供了重要的学术基础和条件。

2. 研究意义

东南亚地区是一个民族（包括移民族群）众多、民族关系复杂敏感的地区。具体到马来西亚，上述特点也仍旧存在。我们对在马来西亚有着重要影响的华人与印度人两大移民群体加以比较研究，可以探讨、厘清该国华人与马来人、印度人与马来人、华人与印度人等几种民族关系的状况。这无疑有着重要的现实意义与学术价值。以参政的比较研究来论述不同民族间的关系，可以成为东南亚地区民族问题研究中的一个范式。

在华侨华人研究方面，以及近年来在对全球化加深背景下的国际移民进行的日益增多的研究中，关于华人参政、移民参政的研究方兴未艾。毕竟，参政问题既在华人及其他移民群体中日益凸显，参政能给各移民群体带来非常重要的现实意义和积极影响。我们认为，参政必然能够积极推动移民群体社会的良性发展，推动所在国政治的进步发展，参政能够促进移民群体在民族国家建构及国家民族整合进程中发挥积极作用。

中国和印度是世界上人口最多的国家，两国的移民人口在国际移民人口中也居于十分重要的地位，两大移民群体在国际上的影响与日俱增。近年来，学术界开始不断增多对这两大移民群体的关注，相关的研究成果也出现了。不过，将两大移民群体置于一国（尤其是华人和印度人较多的国家）进行比较研究，仍将是一种新的研究角度。同时，对一国的华人与印度人政治参与的个案比较研究，必然会积极推进对全球两大移民群体的整体研究。事实上，我们寄希望于对目前正在热起的华人与印度人两大移民群体的比较研究，能够添砖加瓦。

第二节 主要研究内容,研究思路和研究方法

1. 主要研究内容

本书的研究内容，主要包括按照不同历史阶段，比较和探讨马来西亚华人与印度人两大移民族群政治参与的相同或相异的历史原因和背景，比较和分析两大移民族群相同或不同的主要政治参与活动、政治参与的主体和方式，以及两大移民族群政治参与相同或不同的社会功效及影响等。

对马来西亚华人与印度人两大族群政治参与的社会功效及影响进行

比较研究，尤其是从理论高度探讨华人与印度人在马来西亚民族国家建构及国家民族整合进程中的异同作用和影响，是本书的重点，也是难点。另外，由于语言、宗教信仰等方面的明显差异以及复杂性，收集关于马来西亚印度人参政的第一手材料，也是颇有难度的。

本书的研究内容，围绕以下主要观点。

"二战"前华人与印度人的政治参与，既有亚洲民族主义和民主运动的推动，还分别受到祖籍国中国和印度不同政治生态的影响，因而它们的政治参与既有相同或相似之处，也各具不同特色。

"二战"结束后，尤其是马来西亚独立之后，华人与印度人的政治参与更多是受到所在国政治环境的影响。这一时期，华人社会与印度人社会的异同，决定了两大族群相同或不同的政治参与。

总体上，由于受到诸多相同或不同因素的影响，尤其是两大族群社会的明显差异，华人与印度人的政治参与，既有许多相同点、共性，也更多具有不同点、差异性。

华人与印度人相同或不同的政治参与，是促进包括马来人与华人、马来人与印度人民族关系在内的整个马来西亚民族关系趋于民主平等的重要因素，也是推动马来西亚政治民主化的重要因素。马来西亚较为民主的政治体制，为华人和印度人参政给予相当的政治空间。华人和印度人的参政既是马来西亚民主政治的体现，反过来，华人和印度人的参政也成为马来西亚民主政治得以延续和发展的重要保障，并在马来西亚民族国家建构及国家民族整合进程中发挥积极和重要的作用与影响。

2. 基本思路

首先，我们在国内外有关研究机构尽力收集相关资料，并在马来西亚华人社会与印度人社会进行实地调研（包括针对性访谈），获取第一手的材料及感知。在此基础上，分别研究华人的政治参与及印度人的政治参与。

其次，利用历史学、政治学以及民族学等多学科的理论和方法，区分不同的历史阶段，对马来西亚华人与印度人的政治参与进行比较。

最后，全面系统深入总结马来西亚华人与印度人政治参与的异同，提出具有新意且客观中肯的观点结论。

3. 研究方法

本书采用历史学的研究方法和理论，对华人与印度人两大族群在马来西亚政治参与的历史过程做深入的比较研究。在此基础上，比较探讨华人与印度人政党、社团、领袖人物以及精英人士等的参政活动、参政方式、参政影响等，并对两大族群的政治参与加以整体性的深入系统的比较研究，总结共同点与差异性。本书由于涉及政治参与问题，也将利用政治学的方法和理论。本书还是关于世界民族问题的研究，因此，也将力争采用民族学的理论与方法，以提高研究深度。

第三节 创新与不足之处

1. 创新之处

本书是对马来西亚国内华人与印度人两大移民族群政治参与的比较研究，这一选题本身在相关学术研究领域颇为新颖。本书将从实证研究方法入手，从理论高度探讨华人与印度人在马来西亚民族国家建构及国家民族整合进程中的异同作用和影响。

将华人和印度人两大移民群体的政治参与放置于一国进行个案研究，应该是研究两大移民群体的一种新的方法。

在本书研究过程中，撰写者尽力收集并使用第一手的资料，以提高分析、研究的深度，在此基础上，提出具有创新性的观点。

本书研究过程中，撰写者也曾数次到马来西亚作实地调查，在当地有关学者的帮助下，到访当地华人与印度人社团、政党，获得了不少第一手的材料与信息。

2017 年 8 月 20 日—9 月 10 日，主撰者石沧金利用赴英国伦敦收集相关资料的机会，在英国国家档案馆查阅、收集了不少关于太平洋战争时期至马来亚独立前马来亚华人政治以及马来亚印度独立运动的档案，尤其是找到了很多关于 S. C. 钱德拉和马来亚共产党相关政治活动的档案。在大英图书馆，则收集到了很多研究马来西亚印度人政治和华人政治的学术著作。

2. 不足之处

由于撰写者特别是主撰者学力所限，加之时间仓促，其他客观条件制约，本书研究成果的深度有待进一步加强，尤其是对"二战"前以及"二战"后至独立前两个阶段华人和印度人政治和参与的比较研究。

撰写者学历背景以历史学为主，这也限制了本书对政治学和民族学等学科理论和方法的应用，进而影响到本书研究的深度。

因为撰写者不谙马来文、泰米尔文等语言，对相关研究文献不能研读，这也限制了本书研究的视野宽度。

第四节　相关概念界定

1. 政治参与

关于本书中涉及的"政治参与"这一词，政治学研究者们对其概念没有一个统一的界定。

有学者认为，政治参与的三个基本要素包括参与主体（谁参与）、参与客体（参与什么）、参与途径（如何参与），学界的阐释也各种各样。

一般认为，政治参与是指公民或公民团体影响政府活动的行为。换言之，就是公民或公民团体从事政治事务的活动，包括投票，与政治集团（政党、利益集团）有关联的关系和活动，在政治机构中担任公职，进行非正式的活动（如参加政治讨论或政治运动），同政治权威或领袖进行对话等。政治参与一般可分为如下几种类型。

个别参与，指公民以个人的身份参与政治的活动。

组织参与，指以特定的团体形式参与政治的活动。

主动参与，指参与者在自愿的基础上参与政治的活动。

被动参与，指通过他人的引导、劝说、威胁等方式产生的影响政府的活动。

直接参与，指公民不通过任何中介直接参与政治的活动。

间接参与，指参与者通过一定的中介影响政治过程的行为。

常态参与，指以常规的渠道、方式参与政治的活动。

非常态参与，在常规的渠道、方式受到限制，或者参与者的政治权利受到限制、剥夺时，参与主体可能以非常规的方式参与各种政治活动，此即非常态参与，例如请愿、示威游行甚至政治暴力等。[①]

在本书的研究内容中，我们采用了上述"政治参与"的概念。

2. 马来西亚印度人

关于马来西亚印度人，由于印度历史的复杂性，对这一称呼也需要进行明确的界定。

本书中所研究的马来西亚印度人，是指从原英属印度移民到马来

---

① 曹云华等：《东南亚华人政治参与》，中国华侨出版社 2004 年版，绪论，第 1—2 页。

（西）亚的印度人及其后裔，因此，他们既包括祖籍现在印度的马来西亚人，也包括祖籍巴基斯坦、孟加拉国以及斯里兰卡的马来西亚人。实际上，部分学者曾将马来西亚印度人也称为马来西亚印巴人。本书中统一称为马来（西）亚印度人。

第二章 "二战"前马来亚华人与印度人政治参与及比较

虽然华人和印度人较早移民马来半岛,但他们的政治活动是在定居发展一段时期之后才有条件和机会开始的。本章主要分析"二战"前特别是 20 世纪初至 1939 年"二战"爆发前马来亚华人与印度人的政治活动,并进行多方面的比较,以总结异同之处。

第一节 "二战"前马来亚华人政治参与

早期的东南亚华人社会并不关心政治,许多来到马来亚的华人只是为了进行贸易或是迫于生计等原因而背井离乡来到这里谋生。他们中的绝大部分人文化水平低,受到中国传统封建思想的影响,很少关心政治甚至害怕涉及政治。然而在生活的过程中难免要与当地的政府及当地人交往,并且随着东南亚各国逐步沦为西方殖民者的殖民地,华人在当地的一些事务也需与殖民统治当局进行协商,同时为了更好地融入当地社会并维护自身利益,早期的华人政治活动便在这样的历史背景下出现了。

1. 甲必丹、青云亭与早期私会党

追溯东南亚华人参政的历史,首先要提及"甲必丹"制度。1511

年，马六甲沦为葡萄牙的殖民地。为了更好地控制和统治在马六甲的亚洲籍外侨，葡萄牙殖民当局除了专门任命一个终身职务的盘陀诃罗（Bendahara）来进行管理之外，还设立了甲必丹（Captain）制度。这些甲必丹实际上是葡萄牙殖民者统治华侨和其他侨民的工具，是葡萄牙殖民者"分而治之"的工具。这套"分而治之"的殖民统治方法，随后也为荷兰、英国殖民者所继承。① 殖民者任命的甲必丹多为华人领袖或是有影响力的华人富商、大地主等。"尽管甲必丹不支领薪俸，也没有一支警察力量，但他仍然享受官员的额外待遇。作为一名国家代理人，他受到政府的支持，处理华人事务。"② 其具体职责主要有：管理华人的户籍；协助殖民政府征收赋税，如人头税等；处理华人内部事务，包括华人的财产继承、民事诉讼；等等。

这些被任命为甲必丹的华人领袖，在帮助西方殖民者维护殖民统治秩序的同时，也在处理华人内部事务以及争取华人福利和权利等方面做出了巨大的贡献，其中比较著名的一位就是吉隆坡的甲必丹叶亚来。1837 年 3 月 14 日，叶亚来生于广东省惠阳县淡水镇的周田乡。1854年，年仅 17 岁的叶亚来出洋谋生。1861 年，继任双溪乌戎甲必丹。1868 年，接任吉隆坡甲必丹，为吉隆坡的建设和繁荣做出了巨大的贡献。"叶亚来与苏丹、副王东姑古汀以及英籍驻扎官保持良好联系，但不受他们的钳制，对吉隆坡的行政、司法的政策，有他本身的一套……吉隆坡当时没有严重的罪案发生……叶亚来不只是保卫吉隆坡期间的出色战略家，也是卓越的政治家和行政者。"③ 他耗巨资筑路，促进了吉隆坡经济和交通的发展；他设立安老院和医院，收容贫困无依的老人和

---

① 林远辉、张应龙：《新加坡马来西亚华侨史》，广东高等教育出版社 2008 年版，第68—69 页。

② 颜清湟：《新马华人社会史》，粟明鲜等译，中国华侨出版公司 1991 年版，第 117 页。

③ ［马］刘崇汉：《吉隆坡甲必丹叶亚来》，马来西亚中华大会堂总会 1998 年版，第52 页。

病人；他创办华文学塾并长期捐输钱财，为华人的教育及福利事业贡献良多。由此我们可以看出甲必丹制度虽然是殖民者为巩固其殖民统治"分而治之"的工具，在殖民者利用华人甲必丹为其殖民统治服务的同时，这些华人甲必丹通过与殖民统治当局交涉等方式直接或间接为华人做了一些事，同时从某种意义上来说，甲必丹制度也间接地培养了华人社区自我管理的能力，把华人带入早期的政治活动当中。

早期马来亚华人参与政治活动的另一个重要场所是马六甲青云亭。1673 年，在福建籍华人郑芳扬与李为经的倡导下，通过集资在马六甲创建了华人寺庙青云亭。早期的青云亭既是华人的宗教场所也是处理华人内部事务的地方。"在荷兰统治时期，青云亭的主持人就是甲必丹，甲必丹必为青云亭的主持人……华侨之间的纠纷，涉及华侨本身的一般性事件，都到青云亭来处理，荷兰殖民当局也把有关华侨的治安秩序问题交与青云亭，由甲必丹负责。"[1] 1824 年，英国打败荷兰夺取了马六甲后，甲必丹制度被废除，但青云亭仍然是华人社会的活动中心，亭主取代甲必丹依然发挥着甲必丹的作用，对内处理华侨各种事务，对外则与英国殖民当局交涉，直到华民护卫司设立为止。

除此之外，秘密会社在早期马来西亚华人的政治活动中也扮演着重要的角色。秘密会社又称私会党，它是华人的利益集团，在马来西亚的华人社会中曾产生过重要的影响。"至 1881 年，作为华族内部组织力量核心的义兴、建德、和胜、存新、义福和海山六大秘密会社的党员人数，约占当时华族总人口 69%，或男性人口的 84.6%，势力不弱，影响颇大。"[2]

早期，私会党在中国多以反清复明为宗旨，具有浓厚的政治色彩，传到海外后，虽然许多仍打着反清复明的旗号，但其实质则是华人在陌

---

① 林远辉、张应龙：《新加坡马来西亚华侨史》，第 78 页。
② ［马］陈剑虹：《槟城华人社会组织的历史演变》，［马］《资料与研究》总第 32 期。

生的海外环境中团结力量、互济互助以保护自身利益的工具。"在早期，私会党的表现，在政治、社会、经济、文化等各方面，有重要而深远的影响。他们在政治上是一个有实无名的政府，统治着华人社会，在社会上扮演着协调的角色，排难解纷，维持正义，有一定的政治和社会功能……他们也带来了私会党式的文化、不接受法治观，常因小事而格斗，许多为非作歹事件的发生，大都与私会党有关。"① 有些私会党的势力和影响极大，风云一时，并且"有充分的证据说明，秘密会社在被查禁之前与华人甲必丹有着密切的关系"②。19 世纪 60 年代到 70 年代，海山公司和义兴公司是华人私会党中比较有代表性的两大派系，它们时常为了争夺更多的利益而卷入当地皇室集团的争斗中并长期对立，它们支持不同的派别，为了各自的利益时常进行械斗（如影响较大的拿律战争等）。英国人则为了达到他们的政治目的而以调节人的身份进行干涉，他们时而支持义兴时而又支持海山，使两派的斗争更加激烈。海山公司和义兴公司间本是为经济目的而进行的争斗，然而在争斗的过程中卷入当地的政治斗争中，并被英国人所利用，成为其达成政治目的的政治工具之一。

由于早期英国殖民政府的力量有限，也缺乏对私会党的深层了解，英国殖民政府对私会党采取了默认和容忍的态度。然而随着英国殖民者在马来半岛势力的加强，私会党在马来半岛及其他地区制造械斗、骚乱、暴动等，对殖民地的人身财产安全构成了严重的威胁，英国殖民统治者决定对私会党进行管制与镇压。1869 年英国殖民当局制定和颁布了《危险社团法令》（*Dangerous Societies Ordinance*），其主要目的是更好地有效控制华人社会，特别是通过合法注册来管制华人的私会党组织，

---

① ［马］郭仁德：《揭开私会党真面目》，吉隆坡：马来西亚华人文化协会 1992 年版，第 8—9 页。

② 颜清湟：《新马华人社会史》，粟明鲜等译，第 116 页。

许多未给予合法注册的私会党则成为非法会党。1877 年，英国殖民政府颁布了《华人移民法令》，并在新加坡设立了华民护卫司，毕麒麟（W. Pickering）出任首任华民护卫司，以加强对华人的管理。除此之外，1889 年，英国殖民政府还宣布秘密会社为非法和危险社团，对秘密会社进行查禁。尽管英国殖民政府严格控制私会党的活动，但私会党并没有就此绝迹。他们有的注册为合法社团，有的则转入地下继续活动。总的来说，早期的私会党有其存在的必然性与合理性，它是海外华人在陌生的环境中求生存与发展的一种组织表现，是华人利益集团的组织形式之一，并在其发展过程中无意或有意地发挥了一定的政治和社会功能。

2. 马来亚华人早期反对欧洲殖民者的斗争

早期的马来亚曾处在葡萄牙、荷兰、英国等欧洲国家的殖民统治下，殖民统治者为了获得巨大的经济利益，华人社会一直是其剥削奴役的对象，面对殖民者的侵扰与剥削，华人为维护自身的利益也进行了一系列的抵抗活动。如面对荷兰殖民者的入侵，1642 年，华人与米南加保族（Minangkabau）、马来族人民一起在深山密林、港湾沼泽要地，用土枪土炮等武器频频袭击入侵者并重创敌人。

英国殖民者占领新马地区后，1856 年，英国殖民政府颁布了《警察法令》（*Police Act*）和《管理法令》（*Conservance Act*），内容涉及集会、游行等方面的管制，法令大大地限制了华人的社会活动自由，引起华人的广泛不满。1857 年，新加坡和槟榔屿都发生了商家关门、码头罢工等形式的总罢工，部分华人采取与警察对抗的方式来抗议这两项法令，最后，英国殖民当局不得不答应对法令作部分修正。同年，沙捞越的华人矿工也为反对英国殖民者的压迫而爆发起义，这使得英国殖民统治当局在一段时期内减缓了对华人的压迫。1876 年，英国殖民政府为了管制"信汇兑"业推行"印花"税，这引起了华人社会的强烈不满，12 月 15 日，华人以捣毁华人邮政分局以及袭击当地警察局的方式来发泄对此政策的不满和愤怒。"殖民当局进行武力镇压，有四名华人在镇压的过程中被打死，全新加坡华人商店则进行了维持数天之久的罢市活动来反对这项政策。"①

除以上的反抗斗争外，华人反抗殖民者类似的活动还有很多，虽说早期华人大多对政治漠不关心，但当殖民者的政策严重损害了自身利益时，华人也就自觉不自觉地卷入为了维护自身利益的政治活动当中。

3. 海峡华人的政治倾向

在 19 世纪华人大规模移民东南亚前，移民东南亚的华人绝大多数为单身的男性，由于远离故乡且当时移民东南亚的华人女性很少等原因，他们中的很大一部分人选择了与当地女性结婚生子组建家庭，他们的后代是拥有中国血统的混血后代，被习惯性地称为土生华人（或称海峡华人）。这些出生在马来西亚和新加坡的土生华人，男的被叫作峇峇，女的叫作娘惹，或被称为侨生。

受家庭环境、生活方式、教育文化等方面的影响，早期马来西亚的土生华人与从中国移民而来的华人在政治认同上有很大的区别，这些土生华人绝大多数在政治上效忠于英国政府，英国政府也乐意聘用他们到政府部门工作为殖民政府服务，而新客华人则在政治上多效忠于中国。1900 年，土生华人成立了被认为是马来西亚华人最早的政治团体"海峡英籍华人公会"。然而随着 19 世纪华人移民的增加，以及 19 世纪末 20 世纪初来自中国的保皇党与革命党在新马地区的政治宣传等，这些土生华人的政治意识也在发生着改变。如"1901 年 11 月，有 100 名海

---

① ［马］林水檺、何国忠等：《马来西亚华人史新编》（第 2 册），吉隆坡：马来西亚中华大会堂总会 1998 年版，第 9 页。

峡侨生加入新加坡义勇军步兵队，表现对英国政府的忠贞。不过在 19 与 20 世纪交替间，清廷、保皇党与革命党三股势力在马新的活动，曾导致若干海峡侨生领袖的思想激荡。他们热望中国能变法图强，跻身世界强国之林。其中如林文庆、伍连德、曾锦文与阮添寿等人更毅然回中国服务"。① "二战"结束后，随着英国殖民统治的结束，共同的境遇与愿望，使海峡华人与其他华人在政治上的目标也更加趋于一致。

4. 19 世纪末 20 世纪初华人民族意识的觉醒

19 世纪下半叶至 20 世纪初，中国国内农民起义不断，国内掀起阵阵革命浪潮，清政府也开始采取一些措施以图自保转而开始"关注"海外华人。除此之外，保皇党、革命派等人也来到新马地区宣传自己的思想。在这一背景下，当地华人从对政治的冷淡转而对中国政治逐渐加以关注。

当时的清政府出于各种需要的考虑，开始在海外设立领事馆。经过与英国谈判，1877 年胡璇泽出任首任中国驻新加坡领事。驻外领事在处理华人内部问题、促进华文教育、宣扬中国文化等方面曾发挥过一定的作用。这在一定程度上激发了华人对中国的爱国之心，加强了华人与祖国的联系，增强了民族意识，使华人在政治上更加关心和效忠中国。然而，不可否认的是，清政府设立领事馆的作用还是极为有限的，除了清政府自身的腐败外，殖民者还采取各种措施钳制领事馆（如设立华民护卫司等），以致领事馆的设立并未达到预期的效果。

19 世纪末至 20 世纪初，新马华人社会受到两股政治思潮的影响，这两股政治思潮让原本对政治冷漠的新马华人开始关心祖国的政治，民

---

① ［马］崔贵强：《亚细安华人的政治活动》，新加坡：新加坡全国职总奋斗报 1977 年，转自［马］谢诗坚《马来西亚华人政治思潮演变》，槟城：友达企业有限公司 1984 年版，第 3 页。

族意识逐渐觉醒。1898 年中国维新变法失败后，康有为等保皇派先后逃到新马地区进行维新思想的宣传。保皇派以维新为口号，宣扬"保皇"，办报是他们宣传的主要手段，1898 年在新加坡创办的《天南新报》广为行销。当时华人社会对政治较为冷淡且畏谈革命，他们更倾向于采用"变法"这一柔和的方式让中国强大起来，因而在 19 世纪末，中上层社会有不少人都支持保皇派，保皇派势力在南洋地区一直处于优势。1900 年，孙中山第一次来到新加坡。此后，革命派为了宣传革命思想争取华人的支持，在 1904—1911 年创办了《图南日报》《中兴日报》《星洲日报》《南侨日报》《光华日报》等报刊与保皇派进行论战，批判清政府的腐败，宣传革命思想。除此之外，革命党还在新加坡等地设立同盟会支部，创办书报社和剧团等，宣传革命，散播革命信息，扩大革命派的影响。经过数年的论战与革命宣传，并随着中国国内革命形势的发展，"革命派同改良派的抗争到 1909 年取得决定性胜利"。[①] 在革命党的积极宣传、组织和动员下，新、马华人纷纷回国参加武装起义。在黄花岗一役中，"此役牺牲者，多为青年精英，其中有 29 位分别来自新加坡、马来西亚、越南、印尼等国华人，而最小的则是出生于马来西亚霹雳，年仅 18 岁的余东雄"。[②] 据估计，在经济方面，"新马华人支持黄花岗起义的约 4.7 万元，支持武昌起义的约 87 万元"。[③]

总的来看，"1900 年在革命党和保皇党人到达新马之前，大部分的海外华人是非政治性，同时他们具有传统的观念认为政治是学识精英的专利品。当由于政治避难者的活动，尤其是孙中山所领导的革命活动，

---

① 颜清湟：《东南亚华人之研究》，香港：社会科学出版社有限公司 2008 年版，第 103 页。

② 国立国父纪念馆：《南洋华侨与孙中山革命》，台北：国立国父纪念馆 2010 年版，第 101—102 页。

③ ［马］林水檺、何国忠等：《马来西亚华人史新编》（第 2 册），第 15 页。

大大改变了他们的政治看法"。① 因而可以肯定的是,保皇派和革命党
这两股政治思潮在新马地区较量的同时,也极大地促进了马来亚华人对
祖国的关注和其民族意识的觉醒。

　　辛亥革命胜利后,1912 年元月中华民国建立,海外华人备受鼓舞。
然而革命胜利的果实却落入北洋军阀袁世凯之手,在袁世凯死后,各大
军阀拥兵自重,为争夺地盘和权力互相攻伐,中国又陷入了军阀混战的
年代,人民生活在水深火热之中,全国人民及海外华人对此无不痛心。
这进一步唤醒了海外华人的民族意识,在祖国一次次反帝反封建的斗争
中,海外华人都给予了积极的响应和支持。1915 年,北洋政府的袁世
凯与日本政府签订了丧权辱国的"二十一条",这激起了全国人民和海
外华人的愤慨,"新加坡中华总商会立即号召华侨抵制日本货,华商则
拒绝接受日本银行发出的信用票,取消货物由日本船只载运的合同,使
日本输入海峡殖民地的货物数量下降"。② 1919 年中国国内掀起了反帝
爱国的"五·四"运动,号召抵制日货。这一运动得到了海外华人的
积极响应,"6 月 19 日,新加坡学生和群众在大坡牛车水捣毁一些不听
劝告、大卖日货的华人商店,警察向群众开枪并逮捕了大批学生。槟城
6 月 21 日,华侨捣毁日人商店和汉奸商店,又造成警察屠杀群众事
件"。③ 1928 年,日本制造了骇人听闻的"济南惨案",中国军民死伤
千人。面对日本的暴行,海外华人相继开展爱国救灾的组织和宣传工
作,"马来亚的头面人物共推陈嘉庚出来主持正义,由陈嘉庚出任'山
东惨祸筹赈会'主席,并在 9 个月内为山东灾民筹募了 134 万元助赈。
这是一个有组织和领导的群众自发的政治运动,一方面筹募义捐,一方

---

① 颜清湟:《东南亚华人之研究》,第 147 页。
② [马]林水檺、何国忠等:《马来西亚华人史新编》(第 2 册),第 15 页。
③ 朱杰勤:《东南亚华侨史》,中华书局 2008 年版,第 186 页。

面又推动和支持抵制日货运动。"①

5. 抗日救亡运动

1937 年 "七七事变" 发生后，马来亚华侨冲破英国殖民当局的禁阻，迅速开展抗日救国运动。"八一三事变" 爆发后，进一步激发华侨抗日救国运动的高涨。据不完全统计，新加坡先后设了 200 多个 "筹赈祖国伤兵难民大会委员会"（简称 "新加坡筹赈会"）分支会②，马来亚其他各地的筹赈会也多达 207 个③。1938 年 10 月 10 日，"南洋华侨筹赈祖国难民总会" 成立，促进了南洋华侨在抗战时的空前大团结，"不特各属筹款机关，可密切联系，而冶于一炉，即全南洋八百万侨胞，亦可精神团结，而化为一体"。④

领导华侨抗日救国运动的组织除筹赈会外，还有 "马来亚华侨各界抗敌后援会"（简称 "抗援会"）和 "中华民族解放先锋队新加坡队"（简称 "民先"）。新加坡筹赈会、抗援会和民先这三大民间组织互相配合，共同发动华侨民众，一起推进马来亚华侨抗日救国运动的深入发展。

以新加坡筹赈会为最高领导组织，在各种抗日救国组织的领导下，马来亚华侨的抗日救国运动日益高涨。总体来看，马来亚华侨的抗日救国运动主要体现为：积极捐款捐物、认购公债；开展声势浩大的宣传活动；以抵制日货、发动罢工等方式，对日本实行经济制裁；进一步加强与祖国抗日救亡运动的联系；积极回国服务。

---

① 朱杰勤：《东南亚华侨史》，中华书局 2008 年版，第 187 页。
② 黄奕欢：《赤子丹心照汗青》，载中国人民政治协商会议全国委员会、文史资料研究委员会合编《回忆陈嘉庚》，文史资料出版社 1984 年版，第 67—80 页。
③ 许秀聪：《星马华族对日本的经济制裁》，柯木林等编《新加坡华族史论集》，新加坡：南洋大学毕业生协会 1972 年版。
④ 陈嘉庚：《南侨回忆录》，新加坡怡和轩 1946 年版，第 56—58 页。

积极捐款捐物、认购公债。在华侨社会的努力下，筹赈活动取得了巨大的成就。从 1937 年 7 月至 1938 年 10 月，马来亚华侨的义捐达国币 20425086 元，认购公债 13079604 元，[①] 而从 1938 年 10 月至 1940 年 12 月，马来亚华侨原定每月认捐国币 1361000 元，但实际上每月捐款 3412000 元，合计 88743000 元，约占同期东南亚华侨捐款总数的 60%，其贡献居于东南亚华侨之首。[②] 马来亚华侨还积极响应南侨总会的号召，大力开展募集寒衣，捐赠汽车和药品，争做祖国伤兵之友等活动。1939 年冬，马来亚华侨率先响应南侨总会的号召，捐款 22 万元，购买 100 辆卡车支持祖国西南运输，此外，还积极开展捐款购药活动。

开展声势浩大的宣传活动。各种华侨报刊专辟宣传抗日的副刊，发表大量的文章和作品，揭露和控诉日本侵略中国的野心和罪行，驳斥各种悲观妥协的投降言论，宣传抗日救国运动的伟大意义。[③] 宣传活动大大激发了华侨抗日爱国思想，极大地促进了抗日救国运动。

以抵制日货、发动罢工等方式，对日本实行经济制裁。抵制日货的活动，主要内容是拒买拒卖。在华侨的抵制和打击下，日本对马来亚的年贸易额从 1937 年的 71298642 元降为 1938 年的 22877420 元，减少的幅度达 2/3。[④] 而 1937 年日本对马来亚的年贸易额为 71298642 元，1938 年降为 22877420 元，减少了约 70%，并由以前的贸易出超变为入超。[⑤] "全世界抵制日货运动，马来亚推行最烈"。[⑥] 华侨也在日资企业中发动了一系列罢工活动，其中以柔佛峇株巴辖铁矿和丁加奴龙运铁矿

---

① 傅无闷编：《南洋年鉴》，辰部第 175 页。

② 陈嘉庚：《南侨回忆录》，第 313 页。

③ 吴逸生：《抗战二周年与华侨》，许云樵等编《新马华人抗日史料》，第 15—19 页。

④ 杨建成主编：《华侨之研究》，台北：中华学术院南洋研究所 1984 年版，第 228—229 页。

⑤ 陈树人：《四年来的华侨爱国运动》，《现代华侨》第 1 卷第 8 期，1940 年。

⑥ 林之春：《南洋华侨青年运动的主流》，蔡仁龙、郭梁编《华侨抗日救国史料选辑》，中共福建省委党史工作委员会、中国华侨历史学会 1987 年版，第 197—200 页。

的反日工潮最为著名。此外，一些日资胶园的华工也纷纷举行罢工。抵制日货和罢工活动在一定程度上削弱了日本帝国主义的侵略力量和战争经济。

进一步加强与祖国抗日救亡运动的联系。马来亚华侨邀请国内抗日文艺团体前来演出，以此配合和支持祖国的抗日救亡运动，促进华侨抗日救国运动的开展。1938 年 12 月，以夏之秋为团长的武汉合唱团应邀来马来亚各地巡回演出，为祖国抗战募捐筹款。合唱团在演出的一年多里，募到捐款达 200 多万元。[1]

积极回国服务。为解决国内汽车机工人手严重缺乏问题，1939 年 2 月，南侨总会发布《征募汽车修机驶机人员回国服务》的通告，招募回国服务志愿人员。[2] 华侨爱国青年纷纷踊跃报名。南洋回国机工共 3192 人，[3] 其中新马地区华侨机工约 2000 人。华侨机工大部分在滇缅公路上为国服务，他们虽面临很多困境和艰难，仍能够确保西南孔道的畅通，为祖国赢得抗战的最后胜利做出了重要贡献。除南洋机工外，马来亚华侨还组织了东江华侨回乡服务团（1939 年 2 月成立）和琼崖华侨回乡服务团（1939 年 5 月成立）等队伍，掀起回乡服务的热潮。此外，还有活跃在西北前线的华侨服务团、南洋闽侨返省学训团以及零散回国参战的华侨等，他们在不同的地方以不同的方式参加祖国的抗日战争，贡献自己的力量。

马来亚华侨波澜壮阔的抗日救国运动具有广泛的群众基础，严密的组织机构，以及完善的筹赈方法，并且对祖国抗战贡献巨大，从而使马来亚成为东南亚华侨抗日救国运动的中心。

---

[1] 《武汉合唱团南来筹赈》，许云樵等编《新马华人抗日史料》，第 112—113 页。
[2] 《武汉合唱团南来筹赈》，许云樵等编《新马华人抗日史料》，第 85—86 页。
[3] 《华侨回国参加实际工作》，见蔡仁龙、郭梁编《华侨抗日救国史料选辑》，第 382—383 页。

据不完全统计，从 1937 年 7 月至 1940 年 12 月，英属马来亚的华侨救国团体多达 238 个，英属北婆罗洲有 8 个，[①] 马来亚是东南亚华侨救国团体最多和抗日力量最强的地区。马来亚华侨的抗日救国运动为支援祖国抗战发挥了重要的作用。

6. 马来亚共产党

随着华人政治的发展，1930 年 4 月，马来亚共产党（以下简称"马共"）成立，其成员绝大部分为认同于中国的华侨，党本身也与共产国际和中共联系较为密切，有时甚至听从两者的指导。马共成立后，即领导和发动工人掀起反对英国殖民统治的罢工运动和政治斗争。在 1931 年召开的会议上，马共决定进行"民族解放斗争、反帝反封建斗争、马来亚苏维埃共和国的建设"[②]。而在 1932 年马共第 3 次代表大会上通过的革命纲领中，提出了驱逐英帝国主义，解放马来亚的民族、社会，建立工农苏维埃共和国，保卫苏联，支持中国、印度的革命等。[③]

1934 年 4—5 月，在马共领导和组织下，马来亚历史上爆发了第一次全国总罢工并取得了胜利，英国殖民政府被迫答应了罢工者的全部要求。1936 年，马来亚爆发了第二次总罢工，罢工持续 9 个月，并也获得胜利。而在 1938 年和 1939 年，马来亚各地各行业工人的罢工运动此起彼伏，声势浩大。

随着世界大战的日益逼近，以及中共实行"抗日民族统一战线"的影响，马共也对党的政治主张做了调整。1938 年 4 月马共召开的中央常任委员会上通过的纲领包括：建立包括各民族、党派、阶层的"马来

---

① 李屏周：《一年来华侨救国团体活动情形》，《现代华侨》第 2 卷第 2、3 期合刊，1941 年 3 月。

② J. H. Brimmell, *Communism in Southeast Asia*, London: Oxford University Press, 1959, p. 95.

③ 《南岛之春》，新加坡、马来亚出版社 1946 年版，第 9 页。

亚人民统一战线"，共同制裁日德意法西斯侵略集团，要求英政府禁止
为日本法西斯筹集武器、资材、粮食，拥护苏联等，同时提出"援助中
国的自卫战争，……实行抵制日货运动，积极援助中华民族将日本法西
斯驱逐出中国……"①。接着，在同年7月的马共第4次执行委员会上采
纳的斗争方针是，要求英政府明确反法西斯，"为了加强华侨统一战线，
以抗日高于一切的原则来解决华侨劳资关系"。② 马共对英国殖民者的
斗争策略趋于缓和。

7月30日，马共的外围团体"马来亚抗敌后援会"的5名常任委
员联名在《南洋商报》上发表了具有下列内容的公开宣言：认为大英
帝国是共同反法西斯侵略的我们中国的亲善友邦。拥护当地政府在中日
抗战中采取中立的态度，日本在侵略、蹂躏我们中国，希望当地政府理
解我们的合法的救亡活动；拥护上层侨领的赈筹义举，愿意密切合作，
共同开展救亡工作；抗日高于一切，在劳资问题上，不随便罢工，致力
于和平解决；全马同胞根据蒋委员长的指导，以及中国临时全国代表大
会公布的抗战救国大纲，合力统一救国信仰、救国组织和救国行动。③
马共逐渐放弃以英国殖民政府为斗争对象的政治目标。

总的来说，19世纪前马来亚华人对政治都表现得较为冷淡，在辛
亥革命后，受革命思潮的影响，马来亚华人开始关心中国革命和政治形
势的发展，有的甚至回到中国投身中国的革命事业，在中国人民遭受苦
难时更是积极展开爱国救灾运动，其民族主义也有了一定的发展。早期
马共领导下的工人运动站在了马来亚反帝反殖民斗争的前列，是马来亚
反帝反殖民活动中最为积极活跃的力量。

---

① 《南岛之春》，新加坡、马来亚出版社1946年版，第10页。
② ［日］原不二夫：《第二次世界大战前的马来亚共产党》，乔云译，《南洋资料译丛》
2005年第4期。
③ ［日］原不二夫：《第二次世界大战前的马来亚共产党》，乔云译，《南洋资料译丛》
2005年第4期。

第二节 "二战"前马来亚印度人政治参与

1. 马来亚印度人社会整体状况分析

根据 1931 年的人口统计数据，马来亚总人口为 4385346 名，其中印度人人口为 624009 名；这些印度人中，泰米尔人有 514959 名，德鲁古人 32544 名，马拉亚丽人 35125 名，旁遮普人 31001 名，其他省份 10380 名；按照宗教信仰来划分，印度教徒有 509202 人，伊斯兰教徒 56506 人，锡克教徒 18180 人，基督徒 36614 人，佛教徒 1204 人，其他宗教 2303 人。[1] 另据统计，"1941 年，移民到马来亚的印度人，其中体力劳动者占 72.5%，非体力劳动者占 27.5%，来自南印度的占 92.3%，北印度的占 7.7%"。[2] 从以上数据看，在马来亚印度人群体中，有泰米尔人、德鲁古人、旁遮普人、古杰拉特人等，他们的宗教信仰也大不相同，分别有印度教、佛教、锡克教、伊斯兰教等。泰米尔人多在种植园中从事劳工工作，且在印度移民人口中占绝大部分，他们大多信仰印度教。而来自锡兰的泰米尔人（Ceylonese Tamils），由于他们中多数人接受过良好的英文学校教育，所以常被英国政府雇用为公务员或技术人员。切迪亚人则多从事商业和金融业，在士兵、看守、警察等职业中就往往能看到旁遮普人的身影。

马来亚的印度人群体，可以说是当地最为复杂的族群。受种姓制度、语言、宗教信仰、教育背景、职业、社会地位等方面的影响，各个印度人群体之间的交流也并不多，使得马来亚印度人群体内部相对封

---

[1] 1931 census, Selangor Indian Association, *Memorandum Presented to the Rt. Hon. V. S. Srinivasa Sastri*, Kuala Lumpur, 1937, Appendix III.

[2] K. S. Sandhu, *Indians in Malaya*, *Some Aspects of Their Immigration and Settlement*, 1786 – 1957, Cambridge University Press, 1969, p. 159.

闭，甚至存在隔阂，因而在印度人群体中很难形成共同的意见来表达这一群体的愿望。

种姓制度是印度移民区别于其他移民的一个很明显的特征。印度人移民到马来亚后，将种姓制度也移植于居住地。在马来亚印度人中，种姓制度使属于低种姓的泰米尔劳工与来自印度北方的移民之间疏远和隔离。与此同时，泰米尔人内部又分为许多次种姓。泰米尔人劳工在种植园内按不同的次种姓分开居住。① 而宗教、地域、语言、职业、经济地位以及教育背景等诸多方面的差异，更加剧了马来亚印度人不同群体之间的分化。比如，宗教方面，印度人穆斯林与印度教徒之间的隔阂非常深，以致有些印度人穆斯林宁愿把自己看作马来人（信仰伊斯兰教）而非印度人，这就使宗教认同高于民族认同。泰米尔劳工、旁遮普人、马莱亚丽人和切迪亚人等群体的职业明显不同，他们之间很少接触。旁遮普人（其中许多是锡克教徒）是一个更加封闭、由欧洲雇主控制的群体，直至日据时期，他们很少和印度人其他群体接触。切迪亚也生活在相当封闭的种姓制度中。而那些受过英语教育、受聘在政府和商业公司或种植园工作的印度人职员，他们明显崇尚并模仿欧洲人的社会风尚，以效忠大英帝国为荣。由于印度人职员往往在种植园受雇担当监工，他们通常很少或根本不会认同于印度劳工。另外一个群体——穆斯林泰米尔商人，往往通婚并认同于土著马来人社会，他们在槟榔屿形成了独特的爪咦土生（Jawi Peranakan）社会。来自锡兰的泰米尔人甚至不承认他们是印度人，1902 年他们成立了雪兰莪锡兰泰米尔协会（Selangor Ceylon Tamils Association）来争取他们在马来亚的权益，但他们与其他的印度团体始终保持着距离。此外，"1936 年，K. A. 穆昆丹（K. A. Mukundan）在一份报告中强烈批评一些切迪亚人及印度商人拒

---

① Rajakrishnan Ramasamy, Caste Consciousness Among Indian Tamils in Malaysia, Pelanduk Publications, 1984, pp. 95 – 101.

绝与其它阶层的印度人联合，指出他们缺乏考虑印度人群体的长远利益。"①

马来亚印度人的社会分化造成他们缺乏一种政治上同心协力和族群团结的强烈传统。更不利的是，印度移民缺乏独立自主的族群领导，马来亚的大多数印度人由欧洲雇主有效掌控。因此，早期马来亚印度人社会的另一个显著特点是其对于英国殖民统治的从属性。当初，英国殖民者大规模输入印度劳工，就是看中其易于使用与控制。在欧洲雇主看来，与华人的吃苦耐劳相比，南印度劳工主要优点是他们的顺服与温顺。何况，南印度劳工大多原是种姓制度下不可接触的贱民，他们因而可能是最听话的。此外，印度劳工原本已经熟悉和认可了英国人的殖民统治，对他们而言，马来亚只不过又是一块英国的殖民地。

印度人社会的严重分化及其从属性，导致其在马来亚被边缘化，政治上处于弱势地位，这进而使其处于受压制、受剥削的境地。在早期的马来亚，种植园主们为了谋求最大的利润，尽可能地压低工人们的工资。"许多雇主都在实行这条原则，即让工人们尽可能低成本地工作，尽可能地压榨工人，尽可能让他们持续不断地工作，必要时不惜动用武力。"② 种植园主普遍的做法是，利润下降时南印度人的工资会减少，利润上涨时却想办法不增加工资，只有在相关生活费用上升到劳工难以承受时才会略有增加。因此，印度劳工的工资待遇普遍低下，一个成年印度劳工的平均月收入一般为10—15马元，但从事相同工作的华工却能每月赚取30—35马元。③ 而当劳工的供应大于需求，或者橡胶价格下

---

① Bell, Carl Vadivella, *Tragic Orphans: Indians in Malaysia*, Institute of Southeast Asian Studies, 2015, p. 151.

② K. S. Sandhu, Indians in Malaya: Some Aspects of Their Immigration and Settlement, 1786 – 1957, p. 83.

③ Edited by K. S. Sandhu & A. Mani, Indians Communities In Southeast Asia, Singapore: Institute of Southeast Asian Studies, 1993, p. 166.

跌时，劳工的处境更为被动，要么他们的工资被压得很低，要么面临失业，或者种植园主干脆遣返他们回印度，以避免失业救济和劳工骚乱。大萧条时期的 1930 年至 1932 年，印度人在种植园的就业率下降了近一半；"在 1930—1933 年经济危机期间，有超过 50 万的华人和印度劳工被强制遣返回国"，① 其中有近 20 万的印度劳工。微薄的收入使印度劳工只能维持基本生计，从而缺乏支撑政治诉求活动的经济基础。

种植园主还想方设法压制、阻止印度劳工的反抗运动。而英国殖民统治者虽然需要大规模的劳工来开发马来亚，但又要保持其侨民和暂居的身份，不愿给予他们公正、充分的公民权。本来，英国殖民者在马来亚实行"分而治之"的政策，② 对马来人、华人与印度人分布采取不同的政策。在政治上，殖民者实行马来人优先的政策，对华人与印度人政治参与权利进行限制。1936 年，马来亚出生的印度人曾向殖民政府高级专员请愿，希望能够参与行政管理，但遭到拒绝。③ "分而治之"的殖民政策严重阻碍了印度人对马来亚的认同。同时，印度人的流动性也影响了他们对马来亚的认同。20 世纪 30 年代以前，南印度劳工一般只在马来亚待 3—5 年，其人口处于经常变动的状态。而 1786—1957 年间，大约有 420 万的印度人进入马来亚，同期离开回国的却高达 300 万人，约占其总数的 70%。而在 1925—1957 年，返国率更是达到了 80%。④

---

① Janakey Raman Manickam, *The Malaysian Indian Dilemma*, Nationwide Human Development and Research Centre, 2012, p. 71.

② 有学者认为，马来西亚马来人、华人和印度人三大族群能够和平和平相处，很少发生冲突。三大族群各安其位，各有其专长的工作，也适合各族群在马来半岛的发展需求，并非英国或荷兰的刻意的"分而治之"政策的安排。参见陈鸿瑜《马来西亚史》，台北：兰台出版社 2012 年版，第 570 页。

③ Hua Wu Yin, Class and Communalism in Malaysia: Politics in a Dependent Capitalist State, London, 1983, p. 32.

④ Edited by K. S. Sandhu & A. Mani, Indians Communities In Southeast Asia, p. 155.

由于贫困、饥饿、疾病、恶劣的生活环境，印度劳工的死亡率也很高，"1911 年，马来联邦种植园劳工平均死亡率达 62.9‰，到 1921 年，马来联邦的印度劳工死亡率降至 18.2‰，但这一死亡数字仍然很高"。①

总体来看，早期马来亚印度人在经济上较为贫困，大部分印度人的社会和经济地位低下，加之内部本身存在的种种隔阂，并处于英国殖民者的压迫下，马来亚印度人在政治上的声音也显得格外微弱与无力。政治上默默无闻乃至"失声"，他们在当地社会处于边缘化的境况。而外国侨民的身份和意识使当时的马来亚印度人与其祖国印度一直保持较紧密的经济、政治及情感联系，这进而使他们更加关注的是祖籍国，而非居住地马来亚。

2. 马来亚印度人政治意识的增强

1885 年 12 月，印度国民大会党（国大党）成立，19 世纪末和 20 世纪初，亚洲兴起了争取民族独立与解放的民族主义运动，这场运动给马来亚印度人也带来了积极影响，他们在政治上开始觉醒。祖国印度 1905—1908 年爆发的反英运动，更进一步唤起了印度移民。一些政治领袖和社会活动家，如 P. K. 纳姆比亚尔（Nambiar）、N. K. 梅农（Menon）、N. 拉加万（Raghavan）②、S. N. 维拉萨米（Veerasamy）、R. H. 纳丹（Nathan）等，也积极动员印度移民起来抗争。这些人很多是印度国大党的成员。

一战期间，利用英国人忙于战争的机会，马来亚印度人也发动了一些反对英国殖民者的民族主义活动。1915 年 2 月，驻扎在新加坡的第 5

---

① 石沧金、潘浪：《二战前英属马来亚印度人的政治生活简析》，《世界民族》2010 年第 6 期。

② N. 拉加万，太平洋战争时期，在自由印度临时政府担任财政部长。战后返回印度，1947 年被任命为印度驻苏联大使。

兵团（由旁遮普人组成）发动兵变，杀死了许多欧洲人，释放了德国和奥地利战俘。在法国、日本和俄国军队的帮助下，英国殖民者迅速镇压了兵变。① 这次兵变是马来亚印度人较早的一次反抗英国殖民统治的民族主义活动。

在马来亚，早期印度人民族主义的兴起是在印度移民中英文教育出身的行政管理人员和专业人士的领导和推动下实现的，关注的主要是印度工人的待遇和社会地位问题。这些人在迁入马来亚前已经受到印度民族主义的影响，正是在他们的推动下，1904 年，怡保印度人协会（Ipoh Indian Association）建立，表明了印度人社会凝聚力和政治觉悟开始加强。到 20 世纪 20 年代，印度人协会已经在马来亚的主要城镇普遍建立。也是在 20 世纪 20 年代，"种植园亚洲职员协会"（Estate Asiatic Staff Association）建立，其成员主要是书记员、政府工作人员和技术人员。有人认为它是马来亚印度人最早的民族主义组织。② 而在 1939 年和 1941 年，大约有 21 个新的印度人协会成立了，成员总数从 1937 年的 400—500 名，增加到 6000—7000 名。③ 同时，一些协会还招收劳工为会员，1936 年，新加坡印度人协会就招收了 1000 多名劳工④。

1922 年，纳姆比亚尔向印度政府汇报了印度人在马来亚的生存状况。印度政府对此颇为看重，同年印度政府通过了《印度移民法令》（Indian Emigration Act），这部法令包含许多印度专业人士所提出的建议，并对招募印度劳工进行了严格的规定。由于 P. K. 纳姆比亚尔的积极活动受到印度政府的重视，他被马来亚政府派遣到印度移民委员会

---

① 尼古拉斯·塔林:《剑桥东南亚史 II》，王士录等译，第 253 页。
② 陈晓律等:《马来西亚——多元文化中的民主与权威》，四川人民出版社 2000 年版，第 94 页。
③ Michael Stenson, Class, Race and Colonialism in West Malaysia: the Indian Case, pp. 58 - 59.
④ Michael Stenson, Class, Race and Colonialism in West Malaysia: the Indian Case, p. 58.

（Indian Immigration Committee，该委员会主要负责马来亚印度人的移民和工资水平管理）和海峡殖民地立法委员会（Straits Settlements Legislative Council）工作。在这一时期，印度政府对马来亚印度人争取官方认可给予了很大的支持，在促进马来亚印度人的社会政治意识方面扮演了重要的角色。此后，在印度人大量集中的霹雳州、雪兰莪州和森美兰州也有不少印度人在州委员会任职。然而，"尽管这些印度人被任命到委员会工作，但事实证明他们在委员会中并没有发挥有效的作用，他们对印度劳工阶层的呼声并没有真正的去理解与倾听"。[①]

各地的印度人协会也积极地参与到社会活动中，一个重要目标是维护印度人的权益。如"1930年，一些新加坡和槟城的印度人协会为印度人提供免费的医疗和就业服务，他们还开办印度语的班级并设置阅览室提供印度语报刊等给印度人阅读，同时协会还保障印度人讨论马来亚及印度政治的自由"。[②]

早期的印度人协会通常会为劳工人口举办一些慈善福利活动。例如，从1928年开始，槟城和新加坡的印度人协会赞助泰米尔语和英语学校。一些印度人协会也注意促进马来亚印度人的政治意识。总体上，印度人协会的建立及其活动有助于马来亚印度人加强政治上的团结合作。

随着各种印度人组织在马来亚各地的广泛建立，印度人之间团结合作的迹象更加明显。1927年，第1届"全马来亚印度人会议"（All-Malayan Indian Conference）在吉隆坡召开，大会由S. N. 维拉萨米主持。[③]此后，"全马来亚印度人会议"又先后在新加坡、怡保、安顺召开过三次会议。在每次会议上，讨论两个基本问题：一方面，多次要求通过提

---

① Bell, Carl Vadivella, *Tragic Orphans：Indians in Malaysia*, p. 152.

② Janakey Raman Manickam, *The Malaysian Indian Dilemma*, p. 75.

③ George Netto, Indians in Malaya：Historical Facts and Figures, p. 60.

高工资和更好的条件，以及通过提供土地促进安全感和永久居住，改善印度劳工生活；另一方面，要求给那些认同马来亚为自己家园的所有印度人以平等权利和永久地位。①

　　泰米尔语教育出身的知识分子通过创办报纸《泰米尔之友》和《泰米尔钟声》等，也积极宣传民族主义思想。《泰米尔钟声》主要宣扬泰米尔亚民族主义（sub-nationalism）。20 世纪 30 年代，泰米尔改革协会（the Singapore Tamil Reform Association）建立。该协会和《泰米尔钟声》一样，积极宣传泰米尔人的改良主义思想，包括消除种姓制度的罪恶，特别是废除婆罗门的统治地位；提升贱民的社会地位；改善教育和卫生条件；消除渡火等印度教陋习；实行一夫一妻制；解放妇女；等等。当然，许多泰米尔亚民族主义者同时也支持更广泛含义上的印度民族主义运动的政治诉求，低种姓的泰米尔劳工也越来越热心支持整体意义上的印度人民族主义。

　　经济大萧条时期，受过教育的印度人感到震惊的不仅是大规模劳工的遣返，而且震惊于数以千计的印度办事员和行政人员被裁员。处境的艰难加强了马来亚印度人团结统一的迫切感。1936 年，新加坡印度人协会主席 A. K. 苏拉地（Surrattee）在协会的年度报告中表达了这种政治危机感："在这个世纪，我们不能将自己分裂为孟加拉人、孟买人、旁遮普人、泰米尔人、马莱丽亚人，等等，我们大家都必须确认自己是印度人而且只是印度人。我们这里没有孟加拉人或泰米尔人、北印度人或南印度人，我们在这里只能是印度人。"②

　　1936 年，马来亚印度人中央协会（Central Indian Association of Malaya，简称 C. I. A. M）成立，由时任马来亚立法委员会成员的 S. N. 维

---

①　Michael Stenson, Class, Race and Colonialism in West Malaysia: the Indian Case, p. 42.

②　The Indian, 29 August 1936. 转引自 Michael Stenson, Class, Race and Colonialism in West Malaysia: the Indian Case, p. 44。

拉萨米（Veerasamy）领导。这个协会的成员包括各个团体的成员，但其成员主要是印度专业人士和商人，只有少数受过良好教育的泰米尔人。尽管该会对外声称为马来亚印度人争取权益，但它的领导权却牢牢掌握在中产阶级手中，并远离了占绝大多数的泰米尔劳工，因而它在整个马来亚印度人群体中的影响力受到了限制。此后，"C. I. A. M 还受到其他组织的挑战，1941 年成立的全马来亚泰米尔协会（All-Malayan Tamil Association）就是其中之一"。[①]

　　印度政府和印度政治领袖也注意积极推动马来亚印度人的团结合作。早在 20 世纪 20 年代后期，印度政府在马来亚设立一名代理人，由印度人担任，报告有关马来亚的情况，与政府各部门进行联络。印度政府代理人在促进印度人族群的政治觉悟方面，发挥了积极作用。其向印度政府提交的年度报告总是评论马来亚印度人不健全的社会和政治组织，并总结促进印度人合作和团结的做法。大萧条期间，在印度政府推动下，印度商人在原有的区域性商人协会的基础上组建了印度人商会（Indian Chambers of Commerce）；也建立了很多超越地域、教派等局限性的印度人组织。例如，1931 年，印度人普通事务委员会（Indian General Affairs Committee）在雪兰莪州建立。1932 年，马来亚印度人协会（Malayan Indian Association，缩写 M. I. A）成立，G. V. 达瓦尔（Thaver）[②]是该协会的主要创建人和领导人。也是在印度政府的支持和鼓励下，1936 年 9 月，马来亚印度人中央协会（Central Indian Association of Ma-

---

　　① 石沧金：《二战前英属马来亚印度人的政治生活简析》，《世界民族》2010 年第 2 期。
　　② G. V. 达瓦尔，1895 年生于吉隆坡，曾担任森美兰印度人协会的主席，他也是吉隆坡市议会以及雪兰莪州战争执行委员会的成员。M. I. A 号称代表马来亚本土生者和永久居留者，不过，它实际上由达瓦尔控制，反映其理念。1955 年 2 月 M. I. A 在其年度大会上决定该组织去掉其政党形式，而以社会慈善组织继续运转，其会员也可以加入包括马来亚印度国大党在内的其他组织，1959 年 4 月，M. I. A 最终解散自身，达瓦尔退出政坛。参见 Rajeswary Ampalavanar, *The Indian Minority and Political Change in Malaya*, 1945 - 1957, Oxford：Oxford University Press, 1981, pp. 162 - 163, 219。

laya）建立。该组织最初由 12 个印度人协会和 4 个切迪亚和商人协会的提名成员组成。其成员主要是专业人士及商人，该协会建立目的是维护印度人在马来亚的权益，它"宣称是代表所有印度人的首个政治团体"①，实际上，它远离泰米尔劳工，其权威并没有为泰米尔人所接受。1941 年，泰米尔人成立全马来亚泰米尔人协会（All-Malayan Tamil Association），以与马来亚印度人中央协会相对抗。此外，早在 1932 年，G. V. 萨瓦尔（Thaver）创建了马来亚印度人协会（Malayan Indian Association），它建立的目的是保护"马来亚"印度人的利益，抗拒"印度的"印度人，其会员限于"马来亚"印度人，不管是土生者还是定居马来亚者。② 作为该组织的创始人，G. V. 萨瓦尔认为，印度人不应该将自己完全投入印度政治，应该充分认同马来亚社会和同殖民政府合作，同时关注马来亚印度人本身的发展。英国殖民政府积极支持这种温和的观点。而且，后来的历史发展证明，应该充分认同马来亚的观点具有一定的先见性。

随着俄国十月革命的胜利，社会主义等思想也传播到世界各地，1930 年马来亚共产党成立后，在其宣传下，部分马来亚印度人也受到共产主义思想的影响。一些受过良好教育的马来亚印度人甚至把自己看作社会主义者。"根据政府的资料显示，R. H. 纳丹就曾深受 A. K. 戈帕兰（Gopalan，印度政治领袖、社会活动家，先加入国大党，后加入印度共产党，成为印度左翼运动领导人之一）的影响，并认为自己是一名社会主义者。另外，S. 阿玛鲁（Amalu）还加入了马来亚共产党，并于 1931 年前往俄国学习。"③ 不过总体来说，马来亚共产党对当地印度人

---

① Edited by Meredith L. Weiss and Saliha Hassan, Social Movements in Malaysia: From Moral Communities to NGOs, London: First Published 2003 by Routledge Curzon, p. 23.

② George Netto, Indians in Malaya: Historical Facts and Figures, p. 61.

③ M. Stenson, *Class, Race and Colonialism in West Malaysia: the Indian Case*, p. 56.

群体的影响十分微弱，印度人参与马共的人数应该寥寥可数。

20世纪20年代和30年代，印度人民族意识的兴起开始压过基于语言、宗教和地域主义的分化传统。但是，印度人社会严重的分化传统阻碍着印度人社团实现真正的团结统一。殖民政府则竭尽可能分化印度人精英人士，偏袒其中的保守者、温和者，不理会马来亚印度人中央协会。更让印度人不满的是，殖民者以锡兰泰米尔人换掉了政府有关机构中的印度人代表。马来亚印度人中央协会转而寻求印度国大党和印度政府的政治支持。

20世纪30年代末，随着印度国内民族主义的发展，马来亚的印度人也受到了其影响。1937年，接受马来亚印度人中央协会的邀请，印度国大党主席尼赫鲁访问马来亚，他批评当地印度人中产阶级对自身族群的冷漠，号召马来亚的印度人团结起来，组织工会，维护自己的权益。此后，马来亚印度人的工会组织纷纷建立起来，大批印度工人纷纷加入工会运动。由于受到当时印度国内民族主义运动的影响，马来亚印度人的工会运动具有反对英国殖民统治的性质。[1]

访问马来亚时，尼赫鲁还坚决支持马来亚印度人中央协会的基本主张，鼓励其关心马来亚印度人中的劳工群体。

也是在1937年，雪兰莪印度人协会（Selangor Indian Association，在吉隆坡）、青年印度人协会（the Young Men's Indian Association，在洗都）和滨海印度人协会（the Coastal Indian Association，在巴生）联合向英属印度政府驻马来亚的代表 S. 萨斯特里（Srinivasa Sastri）呈交的备忘录提及，在马来联邦，联邦议会中有1名印度人代表，但其是由政府提名锡兰人来担任，而不是印度人（缘于当时的英属印度包括锡兰）；联邦的四个州议会之一的雪兰莪州议会及多个卫生局中，尽管印度人是

---

[1] 陈晓律等：《马来西亚——多元文化中的民主与权威》，第95页。

雪兰莪当地的第二大族群（第一位是华人），却无任何印度人代表。当印度人的概念被定义为包括锡兰人在内时，雪兰莪州议会中的印度人席位又给了锡兰泰米尔人。在最重要的雪兰莪卫生局（在吉隆坡），有 2 名华人，1 名锡兰泰米尔人，1 名僧伽罗人，却没有印度人。唯一有 1 名印度人席位的是森美兰州议会。而当时吉隆坡有印度人 25342 名，是第二大族群，锡兰泰米尔人只有 3000 名。备忘录进而提出了一些颇有针对性的提高印度人代表性、维护马来亚印度人权益的政治诉求，要求在联邦议会、所有州的州议会、卫生局和其他公共团体、铁路局、印度移民委员会中有足够的印度人代表。[①]

1938 年 6 月，由于马来亚种植联合会（United Planting Association of Malaya）削减印度胶工的工资，在马来亚印度人中央协会推动下，印度政府出台法令，严禁非熟练劳工移民马来亚，此后，南印度劳工移民大幅减少，从 1937 年的 13.9 万人减少到 1941 年的 3.2 万人[②]。

1938 年的移民法令在一定程度上可以保护马来亚印度劳工免受殖民者和种植园主更为严重的压榨和剥削。同时，禁令使马来亚种植园中的劳工开始出现短缺。劳工短缺使印度人专业人士可以直接地感受到印度人工人阶级政治意识的觉醒，因此，他们积极鼓动印度工人与殖民者抗争。

不过，一些激进的印度人政治领袖认为，仅仅限制劳工的移入是不够的，印度劳工应该拥有充分的马来亚公民权；印度人要争取到马来亚的公民权，其劳工群体是最强大的力量和最有力的武器。但是，英属马来亚政府的态度强硬，拒绝大幅提高印度劳工的工资，也不讨论其政治

---

① Selangor Indian Association, *Memorandum Presented to the Rt. Hon. V. S. Srinivasa Sastri*, Kuala Lumpur, 1937, p. 9.

② K. S. Sandhu, Indians in Malaya: Some Aspects of Their Immigration and Settlement, 1786 – 1957, p. 313.

权利和公民权问题。

综上所述，在 1941 年 12 月日本进攻马来亚前，由于受到英国殖民主义的压迫，以及印度国内民族主义发展等方面的影响，马来亚印度人的民族主义意识有了一个初步的发展，他们为争取自身的权益，通过向政府请愿、成立各种协会、罢工运动等方式来表达自身的政治诉求和愿望，其参政意识也开始萌发。

第三节 "二战"前马来亚华人与印度人政治参与比较

"二战"前的马来亚，无论是华人还是印度人，他们对自己的祖籍国始终保持着强烈的认同，在政治意识上更加倾向祖国并受祖国政治运动影响。英国殖民者在马来亚各民族间实行"分而治之"的政策，加深了马、华、印三族之间的隔阂，因而彼此间的交流与来往也较少。在政治上，英国殖民政府有意将华、印两族排除在外，扶植马来人，让马来人在政治上处于绝对优势的地位，并且享有种种的"特权"。而早期移民马来亚的华人与印度人多是贫困阶层，他们社会地位低下，受教育的程度也低，且长期受到封建思想的影响，来到马来亚也只是为了谋生，因而他们中的绝大部分人对当地的政治并不感兴趣，并把自己看作外来人。

20 世纪前，马来亚华人的政治意识普遍不高，只有当他们的利益受到严重损害时，他们才加入反殖民统治的斗争中。华人为加强族群内部的联系和团结，维护自身的利益，纷纷成立或加入各种会社与社团。而殖民者为了加强对华人社会的控制和管理，在华人社会中实行甲必丹制度。甲必丹多由华人社会的领袖担任，他们在充当殖民者的代理人的同时，也通过这一特殊的身份，与殖民当局和地方统治者交涉，为自身族群和团体谋求利益与福利，这可以说是华人在马来亚早期的主要参政方式。

19 世纪末至 20 世纪初，清政府加强了对海外华人的关注，在各地设立领事馆，加强了与华人的联系。此外，保皇派和革命派也到马来亚等地进行维新变法和民主革命的政治宣传，以寻求华人的支持。保皇派和革命派在马来亚展开了激烈的论战，通过报刊、剧团等平台进行宣传各自的思想，使华人了解到中国国内的政治的发展，激发了华人的爱国热情，对马来亚华人民族意识的觉醒起到了一定的促进作用。同时，马来亚华人的政治意识也逐渐萌发，增强了对祖国政治的关心与参与。此外，我们还应注意到，一些受过良好教育的土生华人（海峡华人）具有较强的参政意识，他们对马来亚有较强的认同感，在政治上倾向于效忠英国政府。不过，随着革命派等政治团体在马来亚的政治宣传，以及中国国内发展形势的变化，这些土生华人的政治意识也发生着变化。

20 世纪初，在马来亚活动与定居的印度人并不多。20 世纪末，英国殖民者为加大对马来亚的开发力度，同时看中印度人温顺、勤劳并易于控制的特点，输入了大批印度劳工，马来亚印度人的人数迅速上升。"1901 年，马来亚印度人只有 11 万人，到 1921 年，其人数已增加到了 47 万多人。"[1] 受 20 世纪初印度国内民族意识觉醒的影响，马来亚印度人的民族意识也逐渐觉醒。虽然这一时期已有不少印度人协会，但实际效用却微乎其微，在经济大萧条的那段时间里，这些印度人协会在维护印度人利益方面显得尤其无力。此外，由于受到种姓制度、宗教、教育程度、社会经济地位等方面的影响，马来亚印度人内部存在较深的分裂和隔阂。同时他们大多认为自己是外来的移民者，英国殖民政府也不愿意给予他们平等的权利，因而他们对当地的政治态度冷淡。

---

① K. S. Sandhu, *Indians in Malaya*, *Some Aspects of Their Immigration and Settlement*, 1786 – 1957, p. 181.

为了摆脱马来亚的英国殖民者残酷的剥削压榨,在本社群政治领袖的领导下,马来亚印度劳工也开展了一些温和的抗争活动,其中,标志性事件是后文中提及的 1941 年的雪兰莪种植园劳工大罢工。然而,此次大罢工最终被英国殖民者武力镇压,进而导致了印度人民族主义情绪的增强,最终掀起了一场较有声势的争取祖籍国印度自由的独立运动。

总的来说,"二战"前,马来亚的华人和印度人总体的政治意识并不高,但受祖国民族主义的发展和革命宣传的影响,对马来亚华人和印度人的民族意识觉醒与政治意识萌发起了一定的促进作用,然而,这也使他们对马来亚当地政治表现得较为冷淡,并缺少关心与参与。

当然,相对而言,在"二战"前的马来亚,华人政治比印度人政治更为复杂多元、积极活跃乃至激进成熟,华人普通阶层整体参与政治活动的程度也高于印度人。华人不仅受到过保皇派和革命派的宣传和鼓动,也受到过国民党与共产党的不同影响,其中,激进的革命思想成为当时马来亚华人政治思想的主要特征。马来亚共产党早就举起了抗英反帝的旗帜,并在 20 世纪 30 年代初就已提出在马来亚推翻英国人的殖民统治,建立"苏维埃共和国"。而马来亚印度人主要与印度的国大党联系密切,并受到印度国大党的影响,很多马来亚印度人族群领袖与上层人士也是国大党的成员,并在国大党的影响下在马来亚印度人中展开政治活动,马来亚印度人族群领袖深受甘地非暴力不合作思想的影响,因而,马来亚印度人政治思想总体上比较和平、温和。这些特征明显与华人的政治思想不同。

此外,占马来亚印度人主体的南印度劳工大多原是种姓制度下不可接触的贱民,因而他们可能是最顺服听话的。南印度劳工原本已经熟悉和认可了英国人的殖民统治,对他们而言,马来亚只不过又是一块英国的殖民地。同时,南印度劳工的生活环境也是很封闭和孤立的。几乎所有的南印度劳工住在种植园雇主提供的营帐中,又往往处于非常偏僻孤立的区域。而种植园主提供的营帐往往位于种植园核心地带，由欧洲雇主掌控。这些性格特征和生活环境都使南印度劳工不大可能开展积极的政治活动。

最后，从人口数量的不同来看，华人的政治影响力要强于印度人。根据 1901 年的人口统计数字，在华人和印度人主要的聚居地霹雳、雪兰莪、森美兰、彭亨，华人人口为 301463，印度人人口 58386。[①] 而根据 1921 年的统计，海峡殖民地人口合计 883769 人，其中，中国人 499000 人，马来人 255000 人，印度人 105000 人，欧洲人及混血种 17000 人，其他约 8000 人。[②] 从以上数据来看，在马来亚，华人人口远远多于印度人人口，这应该是华人政治影响力强于印度人的重要因素之一。

---

① 参见 Sir Frank Swettenhan（瑞天咸），*British Malaya: an Account of the Origin and Progress of British Influence in Malaya*, London: George Allen and Unwin Ltd. , First published in 1906, Revised Edition in 1948, p. 349. 四地华人和印度人人口总数是作者根据此书中相关数据合计而来。

② 傅无闷：《英属马来亚地理》，傅无闷编辑《星洲日报二周年纪念刊》，星洲日报 1931 年版，第乙 20 页。

第三章 "二战"时期马来亚华人政治与 印度人政治参与及比较

"二战"时期是一个剧烈变动的时期,是马来亚华人和印度人政治意识继续增强的时期,也是华人与印度人由侨民意识逐渐转向当地认同的承上启下的重要时期。本章比较分析"二战"时期马来亚华人和印度人的政治活动。

第一节 "二战"时期马来亚华人政治参与

1. 马共斗争策略的调整

"二战"爆发后不久,1940 年 2 月,马共做出了"华侨必须以祖国的抗战为中心"的决定。在 1940 年 9 月《日德意防共协定》缔结之前,马共党中央制定了"华侨救运策略方针":华侨抗日民族统一战线必须利用所有公开手段,团结起来抗日救国,取得救国运动的合法性;华侨工人的罢工应该停止;为了改善救国运动的环境,必须停止反英活动。[①] 这一方针是根据当时由中共送达的关于国共合作、停止反英斗争

---

① 《南岛之春》,第 19、20 页。

的指令制定的。① 停止反英活动表明马共的政治纲领发生了很明显的适时灵活的转变。

1941 年 6 月，苏德战争开始，7 月，马共开会决定建立马来亚各民族反法西斯统一战线，保卫苏联、中国，支持国际反法西斯统一战线。

总之，早期马共领导下的工人运动站在了马来亚反帝反殖民斗争的前列，是马来亚反帝反殖民活动中最为积极活跃的力量。而在"二战"初期，马共的政治斗争策略进行了适时合理的调整。

2. 日据时期华人的抗日武装斗争

1941 年 12 月 7 日，太平洋战争爆发，与偷袭珍珠港几乎同时，日本人也发起了对马来亚的攻击。面对日军的凌厉攻势，大英帝国的军队很快溃败。1942 年 1 月 11 日，日军攻陷吉隆坡，2 月 15 日，新加坡也落入日军之手。到同年 5 月，日本人很快侵占了东南亚诸国。从 1942 年初到 1945 年 8 月日军投降前，是马来亚历史上的日据时期（也称日治时期）。

在东南亚占领地区，日本人在政治上实行军事法西斯的集权统治。1942 年 3 月，日本南方军总司令部设于新加坡，并将其改名"昭南岛"。鉴于马来亚极为重要的战略地位，日本人对当地实行直接统治。日本军政府直接严密控制马来亚的一切行政事务。②

对于马来亚的不同民族，日军沿用英国人"分而治之"的政策。对华人，日本人实行残酷的迫害甚至大规模屠杀，对马来人和印度人，日本人则加以拉拢和利用。为了鼓动当地人为其战争目标服务，日本人比英国殖民者更加注重强化马来亚由马来人、华人和印度人组成的三重族

---

① ［日］原不二夫：《马来亚华侨与中国》，刘晓民译，泰国曼谷大通出版社 2006 年版，第 29 页。

② 梁志明主编：《殖民主义史：东南亚卷》，北京大学出版社 1999 年版，第 483 页。

群架构。①

日军统治期间,日本军政府对华侨实施残酷迫害和疯狂掠夺的政策。新加坡陷落几天之后,日军便开始对当地华侨实行"大检证"迫害,遭杀害的华侨估计在 10 万人以上。② 日本人对马来亚华侨的政策是其对华政策的延续。中日战争爆发后,日军便视华侨为"敌民",马来亚作为南洋华侨抗日筹赈运动的领导中心,以及新马华侨英勇抗击日军入侵的正义行为,更使日军对华侨恨之入骨,一再筹划对付华侨的政策。

日军入侵和对华侨的残酷迫害、疯狂掠夺,激起了广大华侨的强烈愤慨和极力反抗。早在太平洋战争爆发前,华侨就迫切要求行动起来,建立武装组织,积极备战;他们冲破英国殖民当局的阻挠,开展保卫家园,保卫马来亚的战斗。太平洋战争刚刚爆发,星华救济会等八个华侨工人团体很快发表联合声明,号召各阶层立刻动员起来,主张成立工人抗日后备队,协助英军作战。③

鉴于形势的转变,英国殖民当局接受马共关于联合抗日的主张,并于 1941 年 12 月 18 日与马共总书记莱特举行了秘密会谈。而当时马共专门开会制定了两大任务:支援英政府的抗战,打倒日本法西斯主义者;建立马来亚各民族的反法西斯统一战线,为保卫马来亚、苏联、中国而斗争,取得国际反法西斯斗争的最后胜利。并提出三大口号:拥护政府坚持抗日斗争;全民团结起来,保卫马来亚,取得抗战的胜利;援助苏联、中国的抗战,打倒德意日法西斯主义者。④ 12 月 20 日,英国

---

① Michael Stenson, Class, Race and Colonialism in West Malaysia: the Indian Case, p. 88.

② 参见〔马〕林水檺、何启良等编《马来西亚华人史新编》(第 1 册),吉隆坡:马来西亚中华大会堂总会 1998 年版,第 94 页。

③ 《新加坡八大工团联合宣言》,《新华日报》1941 年 12 月 30 日。

④ 〔日〕原不二夫:《日本占领下的马来亚共产党》,乔云译,《南洋资料译丛》2006 年第 1 期。

当局释放各地被拘禁的马共党员干部和其他抗日分子，其中有马共领导人多名。同日，马共也派 165 人到 101 特别训练学校接受军训，准备潜伏敌后，开展游击战争，配合英军的反攻。①

从日军侵占马来亚之日起，华侨就开始武装抗日。在日本占领马来亚的三年多里，华侨开展武装斗争，积极配合盟军的反攻，为马来亚的自由和解放，为争取世界反法西斯战争的全面胜利，英勇战斗。②

马来亚人民抗日军（以下简称"马抗"）是马来亚一支以华侨为主体的最重要的抗日武装力量。1942 年 1 月 1 日，马共在雪兰莪建立第一支抗日武装队伍——马抗第一独立队，同月，马抗第二独立队、第三独立队和第四独立队也建立。③ 这四支游击队成为马来亚人民抗日武装斗争的基础。

面对强大的日军，马抗最初将力量主要放在创建根据地、训练队伍和团结教育民众这三个方面的工作上；适当发动小规模战斗，袭击敌营，伏击敌军，破坏敌人交通线，捣毁警察局，打击日寇的气焰，增强人民对抗日斗争必胜的信心。从 1942 年 2 月至 1943 年春，抗日军发动了 20 多次战斗，共打死打伤日伪官员 600 多名，取得初步的胜利。④ 马抗在反围剿、反扫荡中逐步壮大起来。1942 年 12 月 1 日，第五独立队在霹雳宣告成立。⑤

1943 年 2 月，马共召开会议，提出了马共"当前的任务"：建立马来亚各民族统一战线，为实现马来亚民主共和国、取得苏中胜利而

① 罗武：《马来亚的反抗》，香港：海泉出版社 1982 年版，第 17—18 页。
② 参见［日］原不二夫《日本占领下的马来亚共产党》，乔云译，《南洋资料译丛》2006 年第 1 期。
③ 马林：《马来亚人民抗日军各独立队的战斗历程》，《广东文史资料》第 54 辑，广东人民出版社 1988 年版。
④ 马来亚人民抗日军退位同志会总会：《马来亚人民军战记》，南侨筹赈总会编纂委员会编《大战与南侨》，第 27—31 页。
⑤ 马林：《马来亚人民抗日军各独立队的战斗历程》，《广东文史资料》第 54 辑。

斗争到底；联合远东被压迫民族，为打倒日本法西斯主义者、解放远东各民族而斗争；拥护国际反法西斯统一战线。① 会议又制定了"抗日九大纲领"，提出驱逐日本法西斯出马来亚，建立马来亚民主共和国等。②

而在马共的积极影响下，1942 年 1 月成立的华侨群众组织马来亚抗日同盟会发动其遍布各地的组织，为马抗搜集情报，筹集资金、粮食、药品和衣服；训练群众，建立自卫队，为马抗提供兵源。马抗的英勇战斗，也得到其他民族的拥护和支持。沙盖族就经常为马抗筹集粮食，刺探情报，多次帮助马抗转危为安，有的沙盖青年还参加了马抗。③

面对日军的猖狂进攻，马抗采取灵活机动的游击战术打击敌人。至 1945 年 8 月中旬，马抗由抗战初期的 4 个独立队发展成 8 个独立队，总人数达 1 万人，④ 成为马来亚最大的人民抗日武装队伍。在三年多的抗战中，马抗与敌人战斗达 340 多次，其中 200 多次是主动袭击敌人，并粉碎了敌人十多次大规模围剿，共打死打伤日伪官兵 5500 多人，取得辉煌的战果。⑤ 马抗的抗日武装斗争，是马来亚人民抗日斗争最主要的组成部分，也是东南亚人民反法西斯战争的重要力量之一。

马共之外，中国国民党支持下的华侨抗日力量也在积极行动。1942 年下半年，中国国民党海外部与英国经济作战部马来亚支部经过磋商，决定组织一支特遣队，潜入马来亚，与抗日游击队建立联系，并搜集情

---

① ［日］原不二夫：《日本占领下的马来亚共产党》，乔云译，《南洋资料译丛》2006 年第 1 期。

② 罗武：《马来亚的反抗》，第 91 页。

③ 海上鸥：《马来亚人民抗日军》，新加坡：华侨出版社 1945 年版，第 20 页。

④ 马林：《马来亚人民抗日军各独立队的战斗历程》，《广东文史资料》第 54 辑。

⑤ 马来亚人民抗日军退伍同志会总会：《马来亚人民军战记》，南侨筹赈总会编纂委员会编《大战与南侨》，第 27—31 页。

报，准备配合盟军的反攻。双方议定由中国方面招募人员到印度受训，受训的内容主要是有关游击活动、爆破手段和刺探情报等方面的技术，时间半年至 8 个月不等；[①] 英国方面负责人员的训练和派遣。特遣队隶属英军 136 部队，新加坡华侨林谋盛和庄惠泉分别担任 136 部队马来亚区华侨正副区长。[②]

1943 年 5 月 24 日，由英国军官戴维斯和 5 名华侨组成的第一批先遣队，乘坐潜艇登陆马来亚。11 月 2 日，林谋盛前往马来亚。[③] 1944 年 1 月 1 日，马共总书记莱特与 136 部队负责人戴维斯、林谋盛等在美罗山举行会谈，最后双方达成协议，英军答应向马抗提供武器、资金和军事训练，马抗则协助策应盟军反攻马来亚。[④]

从 1943 年 5 月至 1945 年 9 月，136 部队华侨队员共 49 人分 20 次从海上和空中潜入马来半岛。[⑤] 他们在马抗和华侨的支持帮助下，一部分在敌占区开展情报活动，搜集有关日军的政治、经济、军事情报；另一部分则在各个抗日根据地将情报源源不断输往印度盟军总部，为盟军制订对日作战计划提供重要直接情报来源。136 部队华侨队员的地下抗日活动，是马来亚华侨抗日斗争的重要组成部分。

在马来半岛北部还有一支由中国国民党马来亚支部领导的武装队伍——华侨抗日军。华侨抗日军成立于 1942 年，下分四个独立队，人

---

① 张奕善：《二次大战期间中国特遣队在马来亚的敌后活动》，《东南亚史研究论集》，台北：学生书局 1980 年版，第 371—460 页。

② 庄惠泉：《我与林谋盛在重庆与印度》，许云樵等编《新马华人抗日史料》，第 682—685 页。

③ 谭显炎：《林谋盛区长殉难前后》，许云樵等编《新马华人抗日史料》，第 656—657 页。

④ Cheah Boon Kheng, *Red Star over Malaya: Resistance and Social Conflict During and After the Japanese Occupation of Malaya*, 1941–46, Singapore: Singapore University Press, 1987, p. 73.

⑤ 张奕善：《二次大战期间中国特遣队在马来亚的敌后活动》，《东南亚史研究论集》，第 371—460 页。

数约 400 人。① 此外，华侨还组织了抗日同盟会、抗日自卫队、抗日别动队、锄奸会等地下抗日组织。

日据时期华侨的抗日武装斗争和地下抗日活动，粉碎了日本帝国主义企图将新马地区当作"保卫大东亚的据点"的妄想。华侨的抗日武装活动，不但大大鼓舞了当地人民起来抗日，而且对支援东南亚各国人民的抗日斗争和国际反法西斯战争的胜利起了重要的作用。

第二节 "二战"时期马来亚印度人政治参与

1. 巴生种植园印度劳工大罢工

在"二战"初期和日据时期前，此前逐渐高涨的马来亚印度人的民族主义最终爆发，标志事件是雪兰莪巴生（Klang）种植园印度劳工大罢工。

1938 年后，由于印度政府禁止非熟练劳工移往马来亚，南印度劳工移民大幅减少，马来亚种植园劳工出现短缺。与此同时，"二战"爆发后，战争对橡胶的需求增加，而劳工人数则显得更少了。1939—1940年对于马来亚的印度人来说是一段极其艰难的时期。受欧洲战争的影响，马来亚印度人的处境也变得更为困难，英国殖民者为了准备战争的需要，加重了对殖民地的剥削。为增加种植园橡胶等物资的产量，印度劳工被迫加长工时却得不到加薪。"这时期的一位欧洲医官在他的报告中说：长时间的工作正严重消磨着印度妇女的健康，并且很多人营养不良，婴儿的高死亡率也很高。"② 许多华工也同样受到英殖民者的沉重

---

① 参见 Cheah Boon Kheng, *Red Star over Malaya：Resistance and Social Conflict During and After the Japanese Occupation of Malaya*，1941－46，pp. 78－79。庄惠泉：《136 部队档案情报第五号》，《调解华侨抗日军与英军冲突经过》，许云樵等编《新马华人抗日史料》，第 725—726、825—827 页。

② Janakey Raman Manickam, *The Malaysian Indian Dilemma*, 2012, p. 84.

剥削，华人在马共的组织下发起了一系列的罢工运动。英国殖民者的沉重剥削让马来亚印度人无比愤怒，这大大激发了马来亚印度人的反英情绪，其民族意识更加高涨，而华人罢工运动的成功又为马来亚印度人争取权益提供了借鉴，因而在这一时期，各地马来亚印度人的罢工运动也开展起来。而到了1940年，一群新的印度工人阶级的领袖出现了，他们是年轻而又激进的劳工。①

自1939年12月以来，马来亚种植园印度劳工断断续续的罢工就已出现了。1941年2月，大规模的罢工终于在雪兰莪州巴生区发生。罢工领袖是 R. H. 纳丹（Nathan，泰米尔文报纸 Tamil Nesan 的助理编辑）等人。

2月和4月之间，最初的一系列罢工以和平、有秩序的方式进行。每个种植园都组建了罢工委员会，罢工者提交的一份请愿书表明了他们的政治诉求，它们主要包括：②

①印度人劳工和华工同酬。

②开除种植园工作人员中的野蛮残暴者，更换为操泰米尔语的工作人员。

③提供"适当的"儿童教育。

④停止欧洲人和"黑色"欧洲人对女性劳工的骚扰。

⑤提供适当的医疗设施。

⑥关闭椰花酒商店。

⑦给予言论和集会自由。

⑧自由进入种植园探视亲属和朋友。

---

① Rajeswary Ampalavanar, *The Indian Minority and Political Change in Malaya*, 1945–1957, Oxford: Oxford University Press, 1981, p. 5.

② The Hindu, 2 June 1941. 转引自 Michael Stenson, Class, *Race and Colonialism in West Malaysia: the Indian Case*, p. 64。

⑨允许劳工在欧洲管理人员和亚洲工作人员面前骑自行车。

⑩废除 10 小时至 12 个小时工作日。

⑪不能牺牲现有的不满者。

⑫允许劳工组建协会,以维护他们的利益,申诉他们的不满。

上述政治主张表明,印度劳工希望殖民统治者给予他们公平、合理的待遇,以摆脱严重的剥削和压迫。印度劳工的这些政治诉求是合理的、温和的。

部分种植园主接受了劳工合理的工资要求,准备给他们每天增加 5 美分的津贴。一些种植园主则拒绝了印度罢工者的要求,并试图通过暴力的方式强迫他们回去工作。C. I. A. M 代表罢工者与英国殖民当局进行了谈判,在确认每天的工资将上调 5 美分后,R. H. 纳丹呼吁罢工者停止罢工,罢工遂于 4 月 9 日暂时结束。但是,不满情绪仍在蔓延,因为殖民当局远远没有满足印度劳工的要求,断断续续的小规模罢工继续在种植园发生。巴生罢工热潮还蔓延到附近的煤炭山(Batu Arang)煤矿,那里的印度劳工在 4 月举行罢工,要求得到更高的工资。在殖民者进行干预后,工资增加了 5 美分,他们被迫回去工作。

面对巴生印度劳工罢工,早在 1941 年 3 月,雪兰莪州的英国驻扎官(the British Resident of Selangor)基德(Kidd)上校实际上已经决定,纳丹应被驱逐出境。然而,随着罢工蔓延,殖民当局不敢对纳丹立即下手,他们害怕刺激罢工者。两个月后,由于担心罢工造成形势失控,影响英国人在马来亚的统治,殖民当局决定对罢工采取镇压行动。

5 月 5 日,英属殖民政府高级专员(High Commissioner)下令逮捕纳丹。这激起了第二次抗议性的罢工浪潮,劳工们视纳丹为保护他们的英雄。在 10 天内,罢工蔓延至森美兰,有大约 2 万名工人参加,更加激进和暴力的行为也出现了。这就给殖民政府镇压罢工提供了借口。殖民者称罢工是"动乱","直接挑战政府权威",是"由一小撮暴力分子"胁迫的结果。[1] 5 月 10 日，殖民政府调来军队和警察，强行驱散了示威者，逮捕了大批"煽动者"。5 月 16 日，雪兰莪州宣布实行紧急状态，到 5 月底，殖民当局最终镇压了罢工。镇压造成了至少 5 人死亡，多人受伤，21 人被驱逐出境，95 人接受自愿遣返，49 人被拘留。[2]

雪兰莪种植园印度劳工罢工的一个重要失误是未能争取到政治意识更为成熟、政治力量更为强大的华工的支持，如果种植园华工以罢工支持印度人，罢工者的力量将会大为增强，罢工的结局也可能会发生改变。当地的华人政党马来亚共产党支部也未能及时主动支持罢工，只是在 5 月底时，马来亚共产党新加坡支部才向罢工者散发传单。

对大部分马来亚印度人来说，雪兰莪种植园劳工被暴力镇压既让他们感到痛苦，也进一步刺激了他们的民族主义情绪。罢工的失败表明，在一个他们只占总人口很小比例的殖民地，面对殖民统治，印度人在政治上无能为力。罢工事件使很多政治上更为敏感和清醒的印度人确信，一个独立强大的祖国才能拯救、保护他们。所以，1941 年罢工事件的一个重要后果是，马来亚印度人力图争取祖国印度独立自由的民族主义情绪的高涨，这种情绪在日据时期以前所未有的一种方式表现了出来，马来亚印度人掀起了一场较有声势的独立运动。

2. 日据时期马来亚印度人的独立运动[3]

太平洋战争爆发后至 1942 年 5 月，日军很快侵占了包括马来亚在内的东南亚诸国。在日据时期，日本与东南亚各民族形成了错综复杂的

---

① Indian Daily Mail, 14 May 1941. 转引自 Michael Stenson, *Class, Race and Colonialism in West Malaysia: the Indian Case*, p. 67。

② Selangor Estate Strike File, Colonial Office Records; Sir Shenton Thomas to Secretary of State, 28 Augest 1941. 转引自 Michael Stenson, *Class, Race and Colonialism in West Malaysia: the Indian Case*, p. 67。

③ 内容更为详细的马来亚印度人独立运动，请参见正文后附录。

关系，其中，日本与当地印度人的关系也颇具特色。在日本人的利用和扶持下，东南亚印度人①掀起了争取祖籍国摆脱英国殖民统治的印度独立运动，日本则利用东南亚印度人为其侵略战争目标服务。

在马来亚，沿用英国人"分而治之"的政策，日军对华人实行迫害杀戮的同时，对马来人和印度人则加以拉拢和利用，以有利于其侵略战争。

亲眼看到英国人在马来亚的殖民统治被日军很快摧毁，使马来亚印度人开始寄希望于日本人，期望能够在其支持、帮助下，推翻英国人在祖国印度的殖民统治，赢得祖国的独立解放。与此同时，为更有效拉拢、引诱印度人，日本人也竭力对其进行宣传和鼓动。日本人的真实意图是，既利用印度人来加强在马来亚的统治，也希望可以在其帮助下从缅甸向印度发起进攻。能够打败印度的英国殖民者并取而代之，这是日本人最希望看到的结果。总之，日本人希望马来亚印度人为其侵略战争服务。

正是在与日本人的互相利用下，马来亚印度人的独立运动才能够兴起。

1942年3月28日，在有马来亚印度人亲善代表团参加的东京会议上，印度独立同盟（Indian Independence League）正式组建。同盟总部设于新加坡，首任领导者拉什·伯哈里·鲍斯。印度独立同盟的建立标志着马来亚印度人独立运动的兴起。

除了前述原因之外，马来亚印度人独立运动能够兴起，还有着更为复杂的现实因素。

由于争取祖国独立解放的心情非常强烈，部分印度人领袖暂时为日

---

① 因为地缘上的接近，东南亚地区有比较多的印度移民。不过，他们主要集中分布在新马地区、缅甸、泰国等国。太平洋战争爆发前的1941年6月，估计马来亚印度人人口为74万多人。缅甸曾经是印度移民最多的国家之一，高峰时期的1931年接近102万人。由于移民人口分布的上述特征，东南亚印度独立运动也主要在以上几个国家展开。

本人的宣传和引诱所迷惑，他们支持和参加了印度独立同盟。而在日本人的统治下，印度人专业人士员得到了某种程度的重用，他们比在英属时期获得了更高的社会地位，因此愿意死心塌地为日本人服务。对城镇中的印度人而言，印度独立同盟也可以给他们提供一定程度上的保护，加入同盟，他们可以免于日本人最恶劣的残暴虐待以及更为严重的压榨劫掠。劳工和其他群体参加独立运动的现实原因更复杂。日本人对东南亚占领区实行人力和物力上的无情劫掠，而战争造成的社会动荡和混乱也不利于印度劳工的生存，日益加剧的通货膨胀、克扣工资以及短缺的物资供应，劳工们经历了前所未有的生活水平的下降。严酷的现实生活迫使印度劳工急切地想寻找一个庇护所。而印度独立同盟的建立似乎让他们看到了一线希望。何况，日本人也常常使用强制手段，迫使劳工们为同盟服务。

1942 年 6 月，几百名印度独立同盟的代表参加了由日本人操纵的曼谷东亚会议。此次会议上，印度国民军（Indian National Army）建立起来，莫汉·辛格上尉（Mohan Singh）担任指挥官。

到 1943 年下半年，马来亚印度人的独立运动进入高潮，标志事件就是"自由印度临时政府"的成立。

1943 年 10 月 21 日，在日本人的支持下，"自由印度临时政府"（Provisional Government of Free India）在新加坡宣布成立①，由苏巴斯·钱德拉·鲍斯（Subhas Chandra Bose，1897—1945，以下简称 C. 鲍斯）担任国家元首、总理、军事部长、外交部部长和印度国民军最高司令官。马来亚印度人的独立运动有了统一的领导机构。1943 年 10 月 24 日，自由印度临时政府宣布对英美宣战。

在 C. 鲍斯鼓动下，大部分的马来亚印度人愿意献身解放印度的独

---

① 姚楠主编：《东南亚历史词典》，上海辞书出版社 1995 年版，第 108 页。

立运动。从 1943 年 7 月至 1944 年 6 月，印度独立同盟和印度国民军得到了相当多的普遍支持。

1944 年 1 月 7 日，配合日军计划发动对印度北部的进攻，自由印度临时政府迁往缅甸仰光。[①] 到 1944 年 2 月至 5 月，当印度国民军配合日军攻进印度土地并暂时拿下科希马并包围英帕尔的消息传来，印度人普通阶层参军的热情达到高潮，他们似乎看到了推翻英国在印度殖民统治的希望。那时，马来亚印度人的民族主义情绪燃烧到了极点。但到 6 月，日军很快被英印军击溃，并被逐出印度。而参战的印度国民军也遭英印军痛击，几乎全部被歼。因帕尔战役的失败标志着马来亚印度人的独立运动开始走下坡路，最终很快消亡。

随着独立运动的发展变化，马来亚印度人与日本人之间的矛盾与分歧日益暴露。自由印度临时政府向英美宣战后，C. 鲍斯希望加强印度人独立运动的独立性，摆脱日本人的控制，与此同时，扩大它在东南亚印度人中的影响。鲍斯和日本人并非合作无间，而是分歧不少也不小。作为一位激进的民族主义者，C. 鲍斯不可能任由日本人摆布。

1945 年 8 月 15 日，日本宣布投降，两天后，C. 鲍斯搭机前往日本，8 月 18 日，飞机在台湾上空坠毁，C. 鲍斯受伤。8 月 19 日，C. 鲍斯死于东京的一所医院里。鲍斯的死亡标志着马来亚印度人独立运动的最终消亡。马来亚印度人解放祖国印度的希望破灭了，他们开始面对马来亚的现实，面对生存的挣扎，面对马来亚特有的政治。[②]

第三节 "二战"时期华人与印度人政治参与比较

从民族主义和身份认同的角度考察，"二战"时期马来亚华人与印

---

① 王捷等主编：《第二次世界大战大词典》，华夏出版社 2003 年版，第 257 页。

② Michael Stenson, *Class, Race and Colonialism in West Malaysia: the Indian Case*, p. 100.

度人的政治活动既有共同点和相似性，但差异更为明显。

就共同点和相似性而言，马来亚华人与印度人由于政治地位上长期未受英国殖民统治者的重视而被"边缘化"，他们不能获得居住地的国籍进而享有当地的公民权，因此，当时华人与印度人政治上大多认同于祖籍国，与其保持政治上的密切联系，并积极参加支持祖籍国的各种政治活动。

"二战"时华人与印度人积极的政治活动是在他们强烈的民族主义情绪促使下发生的，而此种强烈的民族主义情绪又是20世纪初以来亚洲民族主义运动的结果。当时的亚洲民族主义运动既深刻影响到了华人与印度人的祖籍国中国和印度，也波及了英属马来亚。

"二战"时期马来亚华人与印度人的政治活动呈现出更多的差异性。

首先，华人在政治上要比印度人更为复杂、激进乃至成熟。华人早在20世纪30年代就建立了以其为主的政党——马共，而中国国民党也在海外华侨中积极发展组织。印度人虽然也与印度的国大党联系密切，很多族群领袖与上层人士也是国大党的成员，并在国大党的影响下在马来亚印度人中展开政治活动，但印度人的首个政党——马来亚印度人国大党是在"二战"结束后的1946年8月才成立的，印度人族群领袖深受甘地非暴力不合作思想的影响，政治主张上较为温和。

其次，华人对马来亚的政治认同要强于印度人。这首先是因为，虽然直到"二战"前，马来亚的印度人和华人一样，大都只把马来亚当作暂时的寄居地。但那时印度人定居马来亚的比例似乎比华人还要低。一般来说，橡胶园的泰米尔劳工在马来亚只居住三五年就要返回家乡。到1921年，马来亚土生华人占华人总数的31.20%，而土生印度人仅占印度人总数的21.10%。这就意味着，战前马来亚印度人社会比华人社会更具有流动性和不稳定性，并进而更深刻地影响了印度人对马来亚的认同。具体来说，华人不仅仅开展抗日救国（中国）运动，马来亚共产党还举起了抗英反帝的旗帜，并在20世纪30年代初就已提出在马来亚推翻英国人的殖民统治，建立"苏维埃共和国"。太平洋战争爆发后，广大的马来亚华侨在支援祖国抗战的同时，又积极投身居住地的抗日运动，马共还建立了马抗。而马来亚印度人的民族主义要求则更多体现在印度劳工希望殖民统治者给予他们公平、合理的待遇，以摆脱严重的剥削和压迫。在整个日据时期，马来亚印度人主要投身争取祖国印度摆脱英国殖民统治的独立运动，他们基本上没有反抗侵占马来亚的日本人，反而是在日方的利用、支持下，开展了一场较有声势的印度独立运动。

另外，与印度人相比，"二战"期间华人的政治活动还更多受到中国政府和政党的影响。比如，"南侨总会"是在国民政府外交部及南洋各使领馆的协助下成立的。全面抗战爆发后，国民党中央执行委员会颁布了《非常时期海外各地救国团体暂行办法》，中央海外部也颁布《指导海外侨民组织团体办法》，加强对海外侨团的管理；侨务委员会委员长陈树人和委员们亲赴南洋各地，对侨胞组织救国团体进行指导。"二战"时，马共、抗日军的领导人中的一部分在进入马来亚之前就已加入中共，尤其是其中1名马共中央委员是从中共的根据地延安带着特别任务来的人物。而印度由于是英国的殖民地，英属印度政府对马来亚印度人的政治影响较为微弱，很少或者不可能对其反对甚至反抗英属马来亚殖民政府的政治活动给予帮助、支持乃至指导。印度国大党的主要精力在于努力争取印度摆脱英国的殖民统治。

还有非常重要的一点是，马来亚华侨抗日救国运动不但是中国人民抗日战争的一部分，也是世界反法西斯战争的一部分。为支援欧洲人民抗击德国法西斯的斗争，马来亚华侨积极开展募捐活动。单在德国大轰炸伦敦期间,华侨汇给伦敦人民的捐款即达 37.5 万英镑。[①] 1941 年 9 月初,马来亚多个地方的华侨还发动大规模援英宣传,开展售花、义卖和"一杯茶"运动,喊出"援英即援华"的口号,[②] 将抗日救国运动与世界反法西斯战争更紧密联结起来。而马来亚印度人的独立运动在日本占领者的扶持下兴起,并被其控制和利用。马来亚印度人希望借助对日本侵略者的利用,与其合作,得到其支持,以赢得祖国的独立解放。印度人是与法西斯站在了一起。当然,由 C. 鲍斯领导的印度独立运动在一定程度上促进了马来亚印度人的团结,明显加强了他们指向祖国印度的民族主义和爱国主义。为"二战"后印度人在政治上的合作整合奠定了一定的基础。

"二战"时期,马来亚华人与印度人的政治活动呈现更多差异性的原因很多,比如华人社会与印度人社会之间本来就存在很多巨大的差别,两大族群祖籍国中国和印度当时的政治生态也迥然不同。但有一点原因也是我们不能忽视的,那就是,由于两大族群在语言、宗教、生活习俗、职业等方面的诸多差异,华人与印度人之间交往、联系较少,华人社会与印度人社会之间的隔阂要远远多于互相了解。这种状况也会加大华人与印度人政治活动的差异性。

当然,华人与印度人两大族群之间的联系和交往也不是没有。例如,巴生种植园大罢工失败后,一些印度劳工主动争取获得华人的支持,而巴生罢工事件也促使马共积极寻求印度人的合作;另外,有证据表明,一些印度人知识分子卷入或受到共产党活动的影响,少数印度人领袖与马共发起的反帝同盟有接触。再如,日据之后,印度人与华人抗日力量有联系和合作,一些印度人还加入了马抗,一些印度工人则加入

---

① Victor Purcell, *The Chinese in Southeast Asia*, Oxford University Press, p. 304.

② 林之春:《南洋华侨青年运动的主流》,载蔡仁龙、郭梁编《华侨抗日救国史料选辑》,第 197—200 页。

马来亚人民抗日同盟。华人抗日力量还在印度国民军中开展争取工作，发展了一批同情者和支持者。日据后期，一些印度国民军的逃脱者加入了马抗。社会主义和共产主义思想在印度人国民军军营中也产生了影响，印度国民军有人加入了马共；等等。

第四章 "二战"后至独立前马来亚华人
与印度人政治参与及比较

"二战"后至独立前（1945—1957）是马来亚政治发生巨大变动的转型时期，也使当地华人与印度人身份认同出现本质性转变，进而对他们的政治参与带来深刻影响。

第一节 "二战"后至独立前马来亚华人政治参与

1. 战后初期华人对中国政治的关注

中国抗战的胜利大大提高了其国际地位，海外华人对此感到无比自豪，在战后的一段时间里，他们对祖国的政治仍表现得尤为关心。1945年10月10日（国民政府国庆日），"在新加坡，不同的政治思想和不同阶层华人社团，估计四百五十个单位参加庆祝，庞大的游行队伍约有八万人"。① 然而这种表面上的团结只是昙花一现。在国共内战后，华人社会又分成左派和右派两个斗争团体，双方展开了激烈的斗争。

1946年，陈嘉庚与民盟主要负责人成立了"新加坡华侨各界促进祖国和平民主联合会"，呼吁中国停止内战并要求美国驻军撤出中国。

---

① ［马］谢诗坚：《马来西亚华人政治思潮演变》，吉隆坡：友达企业有限公司1984年版，第28页。

接着华人社会中掀起了一阵大论战，有反对陈嘉庚的，也有反对国民党的，双方的斗争不断升级。中国内战爆发后，国民党宣布民盟为"非法团体"，一些亲国民党人带着棍棒等武器到民盟分部进行扰乱活动，民盟则继续推行反蒋运动。双方的对抗甚至引起了英国政府的关注，英国政府先是对国民党采取偏袒的态度，在1948年6月英政府宣布新马地区进入"紧急状态"后，民盟被宣布为"非法社团"，成员遭到当地政府的逮捕与驱逐，民盟活动被迫进入休眠状态。到1949年中共正式取得国家政权后，1950年，英国政府宣布承认中华人民共和国，局势又开始转而对国民党不利。总的来看，在"二战"刚结束的一段时间里，马来亚华人虽然对本地政治也有所关心，但总体上还是关注中国政局较多。

2. 战后华人争取马来亚独立的斗争

在战后初期，马来亚华人除了对中国的政治表现出极大的关心与热情外，对马来亚政治的关注也趋于增强。1945年9月，马来亚共产党制定了八大纲领，纲领中提出建立代表政府，享有自由言论、集会和接受各种语言教育的权利等。在日本投降后到英国重返马来亚前的一段时间里，马共领导的马来亚人民抗日军进入许多城镇，维持着马来亚的法律与秩序。由于马抗中华人人数占绝对的优势，因而被当地人看作华人的军队。这对马来亚其他民族看来是个危险的信号，一些人鼓吹华人将统治马来亚，再者，马抗对日据时期与日本合作者（主要是马来人）严厉的审判方式，也使马来人对马共的意图产生了怀疑。此外，在日本人及其他阴谋分子的煽动下，加之马共在一些政策上的失误，马共与其他族群的冲突加剧，大大影响了华人与其他族群在战后的关系与合作。

在日本即将投降的一段时间里，日本在新马地区制造了一系列的事端挑拨民族关系，导致华人与其他民族关系的恶化。"中国外交部于

1946 年 2 月 7 日致英国驻南京大使馆，指出接获报告，于 1945 年 5 月
至 8 月见柔佛多次发生'马来人在日军煽动下，屠杀华侨，死难者
4000 多人，2 万人逃难他处，财产遭受重大损失'……日本人利用马来
情报人员，在马来村区煽动，警惕马来人说：华人将接管政权。"① 日
本投降后，在英军返回马来亚的"真空"期，马抗开始代替英军进行
"接收"工作，在这一段时间里，马抗加大了"锄奸"行动力度。然
而，一些"锄奸"行动不免多带有复仇心理，自行随意处理而不依法
执行，并与当地警察多次发生冲突，加之"锄奸"对象和警察中多是
马来人与印度人，这就间接地破坏了华人与其他民族间的关系，影响了
后来华人与马、印等民族在政治上的合作，同时也暴露出马共及其领导
的抗日军在政治上的不成熟。此后，英国重返马来亚，马共开始选择与
英国政府合作，走上宪制运动的道路。

　　然而英国重返马来亚后，试图继续推行其殖民统治，这有悖于当时
世界各地掀起的反对帝国主义与殖民主义的民族独立和解放浪潮。1945
年 10 月，英国派麦科迈克尔（H. MacMichael）到马来亚与各州苏丹协
商谈判，并于 1946 年公布了白皮书，其主要内容是："除新加坡成为英
国直辖殖民地外，槟榔屿与马六甲和马来联邦及马来属邦组成马来亚联
邦，由英国派出总督来统治。各州苏丹保留处理回教事务的权利。而所
有在马来亚（包括新加坡）出生或居住上了一定期限的人，均可获得
公民权。"② 白皮书公布后，受到马来亚各方反对，马来人担心白皮书
将动摇他们在政治上和其他方面享有的特殊地位，反对声最大；非马来
人方面，马来亚民主同盟（简称 M. D. U）认为白皮书没有反映人民的

---

　　① ［马］林水檺、何国忠等：《马来西亚华人史新编》（第 2 册），马来西亚中华大会堂
总会 1998 年版，第 34 页。

　　② ［马］林水檺、何国忠等：《马来西亚华人史新编》（第 2 册），马来西亚中华大会堂
总会 1998 年版，第 37—38 页。

真实意愿，英国应该征询人民的意见；马共则指出白皮书没有真正赋予公民权利，而是英国实行殖民统治的工具。总的来说，白皮书的颁布将动摇马来人享有的"特权"地位，因而马来人的反对最为强烈，而非马来人方面，虽然新的法案将使他们获得公民权，但华人、印度人中的多数人对此并不感兴趣，他们仍主要关注祖籍国中国或印度的命运，因而对白皮书的公布反应较为冷淡。

由于各方反对（特别是马来人），英国不得不重做安排。考虑到自身利益和各方的反应、态度等，为获得马来人的支持，在牺牲非马来人利益的情况下，1946 年 12 月下旬，英国殖民当局公布马来亚政制的蓝皮书。蓝皮书规定，马来亚联邦改为马来亚联合邦（Federation of Malaya）；由英国派出的最高专员取代总督统治马来亚；恢复马来苏丹的传统政治地位；马来人具有特殊地位。蓝皮书对申请马来亚公民权的资格有了严格规定，其中，华侨只有具备如下条件才能有资格申请：①在马来亚联合邦出生，申请前 15 年中最少有 10 年居于马来亚；②非马来亚出生的任何人在申请前 20 年中居于马来亚的时间不少于 15 年；③品行良好；④有足够的马来文或英文知识；⑤宣誓永久居于联合邦，并效忠于联合邦。蓝皮书还对其所建议设立的立法议会的代表人数按不同民族做了明确分配，48 名立法议会议员中，代表非英籍官员的非马来人的席位不到总数的 1/4。①

在蓝皮书规定下，马来亚华侨只能在极其苛刻的"第二类人"条件下申请为公民。而在立法议会中，34 名非官方议员中，华人只有 6 名。

蓝皮书的出台激起了华人社会部分有识之士的愤慨和不满，引起华人社会的震动和哗然。1947 年 1 月 3 日，柔佛中华公会召开会员大会，通过了一项"否议蓝皮书"的议案。2 月初，陈祯禄在马六甲人民宪制

---

① 朱自存：《独立前西马华人政治演变》，载［马］林水檺、何国忠等《马来西亚华人史新编》（第 2 册），第 42 页。

事务委员会（Malacca People's Constitutional Affairs Committee）召开的抗议大会上，指出蓝皮书违反民主自由精神，实行民族不平等政策；他要求联合邦采取平等的公民权政策。同月，马来亚中华总商会联合会在吉隆坡集会，通过了一项呈交英国首相和殖民部大臣等人的建议书。此外，马来亚各地华人的中华总商会也联合当地华人社团召开会议，讨论宪制问题；它们把讨论意见草拟成为备忘录，提交于英国政府。备忘录的主要内容：新加坡不应与联合邦分离；放宽对公民权资格规定；反对立法议会对非马来人席位不公平的分配办法；英国政府应派遣皇家调查团调查并修正不民主公平的蓝皮书。[①] 1947 年 10 月，马华商联会开会决定，号召全马总修业一天，以表达对不公正不合理的新宪制的不满。1948 年 1 月，马来亚共产党发表声明，谴责新宪制，号召所有民主党派和群众组织采取和平方式加以抗议。

根据 1948 年马来亚联合邦协定规定，到 1950 年时，大约 35 万英籍华人、提出公民权申请的 15 万华侨成为联合邦公民。他们只占当时马来亚华侨华人总人口的 1/4。除殖民当局对联合邦公民权资格限制苛刻之外，也与当时华人社团对公民权重视不够密切相关。甚至到 1954 年时，大多数的华人社团对争取公民权的活动漠视不理。只有几家大的社团组织如中华总商会、中华大会堂等，敦促华人关注并申请公民权。

针对蓝皮书，马来西亚华人社会采取了许多积极行动，其中，华人社团又是主要的参与者、推动者，以捍卫自身权益，这标志着马来西亚华人本地政治意识的萌芽。不过，英国方面对来自各方面的反对力量置之不理，还是于 1948 年 2 月宣布正式成立马来亚联合邦。

1948 年 6 月，英国殖民当局借霹雳欧籍种植园主被杀事件，宣布马来亚联合邦和新加坡进入"紧急状态"。随后，马共及一些左翼团体

---

① ［马］林水檺、何国忠等：《马来西亚华人史新编》（第 3 册），吉隆坡：马来西亚中华大会堂总会 1998 年版，第 43 页。

被宣布为非法组织，全国各地的特务、警察、军队等大举出动，逮捕了大量共产党人、左翼分子、反英人士等，全国笼罩在白色恐怖中。1949年2月，马共成立马来亚人民解放军，武装反抗英国殖民政府。英国政府为切断马共与人民（主要是华人）之间的联系，断绝马共的物资供应，用武力等方式强迫华人迁入"新村"，"新村"四周用带刺的铁丝围起，并在出入口设置守卫，以加强管理和控制。"紧急状态"下的华人社会陷于恐慌当中，华人的政治活动受到极大的限制，华人甚至害怕涉及政治，因为任何有关于争取权益的言论都可能被政府扭曲为亲共和反政府，而遭到逮捕和惩罚。在此期间，有大批华人被驱逐出境，据统计，"自从紧急法令实施之后，至1950年8月的两年多些时间内，据说有3.5万名以上华人被驱逐出境"。①

　　1952年5月，马来亚联合邦立法议会通过《1952年马来亚联合邦公民权修正法令》，对申请公民权的资格有所放宽。从1954年下半年开始，华人社会争取公民权的运动逐渐热烈起来。1954年9月19日，雪兰莪中华大会堂召开全州华人社团代表大会，商讨促进华人申请公民权的问题，从而带动了华人社团参与公民权运动。1955年以后，马来亚的政治前途渐趋明朗，1956年初，英国人原则上同意马来亚实现独立。在此背景下，华人社团积极投身公民权运动。1955年8月28日，霹雳中华大会堂和中华总商会召开全州华人社团代表大会，提出对华人较为公正合理的申请公民权资格，呼吁马来亚所有中华大会堂或华人最高团体加以支持。1956年4月11日，雪兰莪华人行团总会联合雪兰莪中华大会堂、霹雳中华大会堂和联合邦华校教师总会，共同致函各州华人最高领导机构，发动召开华人团体大会，商讨向英国政府派来马来亚的宪制调查团提交修订宪法的意见，争取华人在马来亚的合法权益。雪兰莪

---

① 《新华月报》1950年12月25日（3卷2期），第311页。

行团总会的建议得到其他华人社团的支持，但马华公会反应冷淡。

1956 年 4 月 27 日，454 个马来亚华人注册社团齐聚吉隆坡，代表千余人，召开公民权大会。此次大会通过了四项提案：所有马来亚出生之人，均是其当然公民；移居马来亚者，住满 5 年以上即可以申请为其公民，免受语言考试；所有马来亚公民都有同样平等的权利和义务；华语、马来语、印度语均应列为官方语言。① 马华公会认为列华语为官方语文有违宪法，因而坚决反对，并导致其后与华团和教总（即马来亚联合邦华校教师总会）决裂。1957 年 4 月 14 日，马来亚注册社团大会工委会召开会议。大会谴责马华公会不反映华人心声，决定组织一个四人代表团，前往英国谈判，争取四项提案能被列入即将独立的马来亚的宪法中。代表团赴英的消息传出后，立即受到了首席部长东姑·阿都拉曼及马华公会的指责，东姑·阿都拉曼指责代表团的行动破坏了马来亚的独立进程。代表团远赴欧洲后最终无功而返，英国政府不可能同意其要求。8 月 6 日，工委会再次召开会议，决定全力协助推动申请公民权的运动，为此致函所有华人注册社团，吁请它们尽力协助华人申请公民权；同时，仍提出在适当时机将继续争取四项原则。

3. 马华公会的成立及华人维护自身权益的政治诉求

在"紧急状态"下，华人政治在一段时期内处于"真空"状态，陷于沉寂。为了填补这一状态，1949 年 2 月 27 日，陈祯禄等 16 人在吉隆坡发起成立了"马来亚华人公会"（The Malayan Chinese Association，缩写 MCA，简称马华公会或马华），陈祯禄担任会长。马华公会的宗旨是加强华侨社会的团结，促进马来亚各民族之间的了解、和谐；支持政府扑灭马来亚共产党，恢复和平与秩序；通过宪法途径，为华人争取政

---

① 参见［马］何国忠《马来西亚华人：身份认同、文化与族群政治》，吉隆坡：华社研究中心 2006 年版，第 66 页。

治、经济、社会等合法权益。在吉隆坡的成立大会上，陈祯禄谈到了马华公会成立的主因："我党之成立，近因主要就是效忠马来亚的华人在紧急状态下受到苦难，紧急状态不但危及许多华人的性命，威胁华人的切身利益，而且还使人怀疑我们对本邦的传统效忠诚意。其实，许多华人已把马来亚视为自己永久的家乡。"①

马华公会的宗旨反映了马来西亚华人本土政治意识的深刻化和广泛化。马华公会的成立对马来西亚华人社会而言有着积极意义。但成立初期的马华公会未就马来亚当时的主要政治问题提出纲领性的政治主张，实际上，它也是在英国殖民当局的支持下成立的。正因为如此，成立初期的马华公会不被视为政党，而是福利性组织，因为它的作用主要是协助英国殖民政府安抚华侨社会，通过发行福利彩票筹集经费，以安置"新村"中华侨的生活。

马华公会在其筹建过程中，曾得到当时作为马来西亚华人社会领导团体的各地中华总商会的协助，因而许多商会的领导人成为马华公会成立后的首届重要成员。这些人注重社会工作，甚至过于关注自身的社会地位，其政治觉悟和政治意识并不是很敏感和强烈，不能及时充分地维护华人社会的利益。

1951年12月2日，在会长陈祯禄领导下，马华公会代表团面见英国殖民政府大臣莱特爵士，呈交备忘录，对非马来人被排除于马来亚联合邦宪法之外的做法表达不满。

1952年2月26日，马华公会与巫统首次组成华巫两党联盟，参加首届吉隆坡自治市选举及随后在马来亚联合邦各地16个市议会的选举。两党联盟成功胜选，在总计124个议席中赢得94席，马华公会在所参选的43个议席选中共赢得24席。华巫两党联盟的这次胜选奠定了后来

---

① 《马华公会党史》，http：//www. mca. org. my/1/Content/SinglePage？ _ param1 = 26 - 022019 - 87 - 02 -201926&_ param2 = M。

的巫统、马华公会、印度国大党三党联盟的基础。同年 6 月 20 日，马华公会中央委员会通过由陈祯禄提出的改组建议书，将该党组织性质从福利机构改成政治团体，从此，马华公会才正式成为一个政党并积极参与政治。①

1953 年 3 月，马华公会与巫统正式结为联盟。1955 年 2 月，马来亚印度国大党也加入联盟。同年 6 月 4 日，联盟提出了"维护马来人特权，尊重非马来人（其他人民）的合法利益，并主张马来亚联合邦尽快取得独立"② 的竞选纲领。7 月，联盟在竞选中大胜，取得 52 席中的 51 席。东姑·阿都拉曼组织新政府，马华公会以华人执政党的身份参与新政府，在东姑·阿都拉曼的支持下，9 名内阁成员中马华议员占了 3 名。1956 年 1 月，新政府与英国政府谈判马来亚独立问题，并最终取得成功。1957 年 8 月 31 日，马来亚联合邦脱离英国的殖民统治，正式宣布独立。

然而，马华公会为了维护与巫统的良好关系，在华人教育问题（尤其是华文教育）等方面与巫统妥协，1956 年马华中央工作委员会甚至宣布了"国家第一、政党第二、华人利益第三"的政治路线，这引起了华人社会的强烈不满。但是马华公会在争取国家独立、公民权等方面所做的贡献亦是不可否认的。根据相关数据统计，到 1957 年 6 月 30 日，在获得公民权的 413.9 万人中，华人有 115.7 万人，印度人（包括巴基斯坦人）有 22.2 万人。③ 另有研究表明，"1957 年申请公民权获准的人有 1003831 人，其中华人有 803064 人，约占 80%。包括之前已经

---

① 《马华公会党史》，http：//www.mca.org.my/1/Content/SinglePage？＿param1＝26－022019－87－02－201926&＿param2＝M。

② ［马］林水檺、何国忠等：《马来西亚华人史新编》（第 2 册），吉隆坡：马来西亚中华大会堂总会 1998 年版，第 51 页。

③ K. J. Ratnam, *Communalism and the Political Process in Malaya*, Kuala Lumpur：University of Malaya Press，1965，p. 92.

获得公民权的华人，此时大概有 2000000 华人成为公民，占华人人口
（约 233 万人）的大多数"。①

总的来说，独立期间，在国内政治环境改善的情况下，马来亚华人
对政治的态度由冷漠逐渐转为关心，通过参与华人政党及社团请愿等途
径来表达其政治愿望，维护自身的利益，积极参与到马来亚的独立运动
中。各华人政治团体也在摸索中逐渐发展成熟起来，为今后华人在政治
舞台上发挥作用奠定了基础。

第二节 "二战"后至独立前马来亚印度人
政治参与

日本投降后，马来亚印度人一时陷入政治上的尴尬和消沉时期。与
日本法西斯的合作毕竟是不光彩的，重返马来亚的英国殖民者也不会轻
易放过战时的敌对者。"英方当局以各种理由逮捕并审讯 97 名普通印度
人和 752 名 INA 的成员"②，包括关键人物 N. 拉佳万（Raghavan）和约
翰·迪威（John Thivy），他们当中一些人被关押至 1946 年 3 月尼赫鲁
访问马来亚时才释放。而那些战前曾受雇于政府和欧洲人公司的印度人
公务员，只要他们与印度独立同盟或印度国民军有关联，一时也很难找

---

① ［马］林水檬、何国忠等：《马来西亚华人史新编》（第 2 册），马来西亚中华大会堂
总会 1998 年版，第 61 页。

② Series 203, 4381 and 4382, War Office Records (Public Records office, London), quoted
in M. Stenson, Class, *Race and Colonialism in West Malaysia: the Indian Case*, St Lucia: University
of Queensland Press, 1980, p. 141.

另一方面，为了加强战后马来亚各族群事务的管理，1945 年后期，殖民政府也在成立了
顾问委员会，其中包括 7 名印度人，他们中 4 人是专业人士，2 名商人，1 名种植园办事员，
他们主要来自上层阶级，因而得不到整个印度人社群的支持。参见 Rajeswary Ampalavanar, *The
Indian Minority and Political Change in Malaya*, 1945 – 1957, Oxford: Oxford University Press,
1981, pp. 106 – 107。

到工作；英国殖民者的报复和威慑也让城市印度人中的英语教育出身者士气消沉、萎靡不振，领导群体的大批被捕和处于困境使印度人社会一度"群龙无首"。

总体而言，日本投降后，印度独立同盟和印度国民军命运的虽然随即终结，但它们在马来亚遗留下了大批高度政治化的印度人，"独立同盟最重要的遗产是马来亚印度工人阶级的政治化，这是经由公众集会、电台广播、书籍出版、群众游行和政治目的的罢工造就的"①。独立运动失败，昔日的敌人重返马来亚，英国人重建殖民统治，马来亚印度人一时在政治上失去方向，陷入迷茫，直至1946年3月尼赫鲁来访马来亚后才改观。与此同时，日据期间，一些印度人加入了马来亚人民抗日军和马来亚人民抗日同盟，不少人甚至加入了马共。这些人在创建与前印度国民军成员的联盟方面发挥了关键作用，后者往往在离开军营后纷纷投身政治组织和工会。② 政治化的印度人社会开始积极参与马来亚的政治事务，进而促进了本族裔社会的本土化。

1946年英国殖民政府先后公布的白皮书和蓝皮书，也引起了马来亚印度人的抵制和反对。1946年12月22日，泛马来亚商贸联合会（Pan Malayan Federation of Trade Unions，简称 PMFTU）、马来亚印度国大党等其他组织一起成立了全马联合行动委员会（All Malayan Council of Join Action，简称 AMCJA），由陈祯禄领导。该组织的成员都是非马来人，在大会上提出了把新加坡包括在马来亚联合邦内，给予视马来亚为自己祖国的人平等的政治权利，肯定马来苏丹的政治地位但必须听取民主组织和民众的建议等要求。然而，虽然泛马来亚商贸联合会是一个拥

---

① Rajeswary Ampalavanar, *The Indian Minority and Political Change in Malaya*, 1945 - 1957, Oxford: Oxford University Press, 1981, p. 8.

② M. Stenson, Class, *Race and Colonialism in West Malaysia: the Indian Case*, St Lucia: University of Queensland Press, 1980, pp. 134 - 135.

有不同种族的广泛联合组织，但它的运作并不成功，不同种族的政治诉求并不能得到完全满足。此外，由于它是一个非马来人的组织，因而受到马来人的敌视，加之英国政府的阻挠，泛马来亚商贸联合会在政治上并未取得较大的成果。

1948 年 6 月，英国政府宣布马来亚进入"紧急状态"，许多与马共有密切联系的劳工联合会（以印度人为主的团体）等组织和人员，遭到政府的取缔和逮捕，甚至一些与马共并无关系的民族主义者也遭到了逮捕。"仅 1948 年 6 月 20 日一天就有 600 多人被拘捕，12 月又有 185 名工会会员被监禁。在这一时期，约 800 名的印度人被捕直到 1949 年 9 月才被释放。"① 他们被看到或被怀疑帮助共产党员。② 但总的来说，印度共产主义者的贡献在于动员种植园中的印度劳工，他们在马共中的作用很有限；③ 印度人中只有少部分的印度人跟随马共进入丛林与政府进行游击战，多数印度人则采取观望的态度。在"紧急状态"白色恐怖的笼罩下，由于任何有关于争取权益的言论都可能被政府扭曲为亲共和反政府，而遭到逮捕和惩罚，因而马来亚印度人在政治上的活动也暂时陷于平静。

1. 马来亚印度人工人阶级的活动

日据时期，许多马来亚印度人加入了印度独立同盟和印度国民军，并与日军合作，来争取祖籍国印度的独立；也有少数人加入马抗和马来亚人民抗日联合会（以下简称马联），反抗日本的侵略。这一时期，马来亚印度人的民族意识和参政意识都有了一定的提高。

---

① Carl Vadivella Belle, *Tragic Orphans: Indians in Malaysia*, Singapore: Institute of Southeast Asian Studies, 2015, p. 253.

② M. Stenson, Class, *Race and Colonialism in West Malaysia: the Indian Case*, St Lucia: University of Queensland Press, 1980, p. 168.

③ Rajeswary Ampalavanar, *The Indian Minority and Political Change in Malaya*, 1945 - 1957, Oxford: Oxford University Press, 1981, p. 60.

日本投降后，许多马来亚印度人仍生活贫困，他们大多在种植园里从事繁重的体力劳动，长期营养不良，衣衫褴褛，居无定所。战后，受马抗和马联的影响，一些前印度独立同盟和印度国民军的成员加入马抗和马联，并成立了一些印度劳工联合会，如 A. M. 萨米①（Samy）领导的吉打州印度劳工联合会、梅农（M. C. P. Menon）领导的霹雳印度劳工联合会、H. K. 乔杜里（Choudry）和 P. P. 纳拉亚南（Narayanan）领导的森美兰印度劳工联合会，这些印度劳工联合会后来合并到了劳工总会（General Labour Unions，G. L. Us）中。② 同时，许多马来亚印度人在 G. L. Us 的领导层中担任了重要的职务。到 1946 年，大多数的印度劳工联合会加入了 G. L. Us。在联合会的组织下，许多马来亚印度劳工开展了罢工运动，以争取提高工资和改善工作环境。1945—1946 年，尽管马来亚印度劳工的工资没有恢复到战前的水平，但在总体上还是有了一定的提高。

1945 年 12 月初，在新加坡，马哈德维·辛格（Mahadev Singh）领导组建了印度共产党（Indian Communist Party）。另外，马来亚许多的种植园和印度工人群体中还成立了一些青年兵团（Youth Corps-Thondar Padai）。这些青年团除了组织工人罢工外，还在社会改革、禁喝椰花酒、改善健康、解决婚姻问题及争议等方面扮演了重要的角色。如 1947 年，在 A. M. 萨米的领导下，吉打州美农镇（Bedong Town）开展了禁止椰花酒店的运动。青年兵团主要活跃于吉打、马六甲、柔佛以及雪兰莪，

---

① A. M. 萨米，生于印度，1920 年后居于马来亚，吉打州居林种植园的一名店主。日据时期，他受到了印度国大党民族主义、印度国民军以及马共思想的强烈影响，后来也受到泰米尔沙文主义和团结劳工阶级思想的影响。战后，担任位于双溪北大年的吉打工会联合会的秘书，以及青年兵团（Thondar Padai-Youth Corps）的领导人。参见 Rajeswary Ampalavanar, *The Indian Minority and Political Change in Malaya*, 1945 – 1957, Oxford：Oxford University Press, 1981，pp. 49，218。

② M. Stenson, Class, *Race and Colonialism in West Malaysia：the Indian Case*, St Lucia：University of Queensland Press, 1980，p. 135.

这些地区是印度劳工比较集中的地方。

1947 年 3 月，雪兰莪种植园工人联合会中央委员会（Central Committee of Selangor Estates Workers'Unions）代表印度劳工提出了以下主要要求："1. 增长一倍的工资以达到和华人工人一样的工资水平；2. 支付一笔类似于公务员和欧洲员工的战争津贴；3. 24 小时内取缔开除工人的行为；4. 不论性别，生病期间都带薪休假；5. 妇女分娩的两个月产假期间，支付全额工资；等等。"[1]

除了为印度劳工争取以上权利外，印度劳工联合会和 G. L. Us 还站在了为印度劳工孩子争取更好的教育环境的前线。它们在槟城和新加坡等地为印度劳工的孩子争取更好的学校，并修建了许多泰米尔学校。

战后的 1945 年到马来亚宣布实施紧急状态的 1948 年 6 月，在印度人社会占据绝对主体地位的泰米尔人，深深卷入广泛传播的劳工骚乱和工会斗争。[2] 他们在政治上的觉醒和参与，既在一定程度上维护了自身权益，也在整体上提高了印度人社会的参政意识。

2. 马来亚印度国大党的成立及早期政治活动

"二战"后，许多与日本合作的马来亚印度人在战后受到了起诉和定罪，其中就包括后来的马来亚印度国大党首任主席约翰·迪威。正是战后英国人在德里进行的对印度国民军成员的审判，引发了印度国内对马来亚和缅甸印度侨民的关切，他们认识到两地的印度人在印度争取独立的进程中扮演了光荣角色。早在 1945 年年中，《印度报业》（*The Indian Express*）就开始报道近 4 年来马来亚印度人的苦难和牺牲。[3] 印度

---

① Janakey Raman Manickam, *The Malaysian Indian Dilemma*, Kuala Lumpur: Nationwide Human Development and Research Centre, 2012, p. 106.

② Rajeswary Ampalavanar, *The Indian Minority and Political Change in Malaya*, 1945 – 1957, Oxford: Oxford University Press, 1981, p. 46.

③ Siva Rama Sastry, *Congress Mission to Malaya*, (India) Tenali: The author, 1947, p. 2.

国内对马来亚印度人的热切关注和巨大同情最终促使尼赫鲁来到马来亚。

虽然尼赫鲁的到访让马来亚印度人在政治领域又开始活跃起来，但其内部仍然存在种种矛盾与隔阂。比如，印度穆斯林教徒依然厌恶印度教徒；锡兰泰米尔人为体现自身独特的"高贵"身份，并不愿意与其他印度人群体合作；切迪亚人也提出要与其他印度人群体分开居住；等等。他们热衷于各自的小群体，建立属于自身的小协会，并向英国递交请愿书争取在议会中的席位。然而，这样的小团体并未实现他们在政治上的目标。

在尼赫鲁的建议下，马来亚印度人决定成立一个代表他们共同政治愿望的组织。

也是在尼赫鲁推动下，为了帮助处于生存困境中的马来亚印度人，1946 年 4 月 16 日，印度国大党马来亚医疗队（The Congress Medical Mission in Malaya）经仰光、曼谷到达了马来亚，医疗队总部设在吉隆坡安邦路。它随即开展活动，直至 8 月 6 日在瑞天咸港登船回国。[1] 印度国大党除了派出一个医疗队，同时还送去了数量可观的成捆成包的衣物。[2] 此外，针对马来亚多元族群的社会状况，医疗团并未限定只服务于印度人，还包括马来人、华人等。在马来亚期间，医疗队总共为122860 名各族病人提供服务，其中，印度人 82475 名，华人 20615 名，欧洲人 66 名，美洲人 2 名，19770 名马来人和其他人。[3] 这是尼赫鲁亚

---

① Siva Rama Sastry, *Congress Mission to Malaya*, （India）Tenali：The author, 1947, pp. 26 – 27.

② Siva Rama Sastry, *Congress Mission to Malaya*, （India）Tenali：The author, 1947, p. 74.

③ Siva Rama Sastry, *Congress Mission to Malaya*, （India）Tenali：The author, 1947, Preface, wrote by M. R. Cholkar.

M. R. Cholkar 担任印度国大党马来亚医疗队队长，他也是原印度国大党中国医疗队（印度援华医疗队）副队长，中文名卓克华。

洲主义的生动体现。

受到医疗队的推动,1946 年 8 月 3—5 日,第一次全马来亚印度人会议(All-Malayan Indian Conference)在吉隆坡的洗都举行。约翰·迪威积极参与了此次会议,从而促成了会议的成功举办。医疗队的 J. 巴塔查雅(J. Bahttacharya)担任大会主席,参加会议的有 500 名代表。此次会议主要处理成立马来亚印度人国大党的章程和手续。[①]

此次会议制定了马来亚印度国大党的提案草案(Draft Proposals),马来亚印度国大党(下文主要简称 MIC)正式诞生了,这是一个跨宗教、地域、语言、阶级的马来亚印度人政治组织。

根据提案草案,MIC 的成立目的是保护马来亚印度人的利益,防止他们内部的误解和分化,加强他们的团结协作。该党的创建者包括第一次马来亚印度人会议临时委员会的成员、所有参加此次会议的代表、地方国大党的创建人。该党设有劳工、政治、贸易和工业、联络、卫生和社会福利、妇女、教育和文化、信息和宣传等部,它们各司其职。该党由国大党总部、国大党区部、国大党支部组成。国大党支部的成员不能少于 200 人。成员少于 200 人的设立地方党务中心,并隶属于地方国大党。[②] 加入 MIC 的资格,必须是印度裔的马来西亚公民,年满 18 岁。[③]

虽然马来亚印度国大党是受到尼赫鲁和印度国大党的影响成立的,它也支持印度政府和印度国大党的反殖立场,但并不隶属于印度国大党,实际上,印度国大党也不鼓励海外印度人的组织隶属于该党,不过,该党鼓励海外印度人代表出席党的年度会议。在 1946 年 11 月、

---

① Siva Rama Sastry, *Congress Mission to Malaya*, (India) Tenali: The author, 1947, p. 81.

② 参见 Malayan Indian Congress, *Draft Proposals For an All-Malayan Indian Organisation*, Kuala Lumpur: the Malayan Printers, 1946。

③ Paul D. Wiebe, *Indian Malaysians: the View From the Plantation*, New Delhi: Manohar, 1978, p. 94.

1948 年 12 月，马来亚印度国大党曾两次派代表出席印度国大党的会议。出席 1946 年 11 月印度国大党会议的，就包括 MIC 的首任主席约翰·迪威等三人。① 另有学者认为，直到 1950 年，MIC 都派代表出席印度国大党的年会。② 而在 1947 年，MIC 派代表出席了由印度国大党组织的"泛亚国际关系会议"（Pan-Asian Inter-Relations Conference），巫统拒绝接受会议邀请，亲巫统的报纸不满 MIC 与外国及外国领导人的密切联系，质疑其领袖无人是马来亚公民。③

约翰·迪威（John Thivy），1904 年生于马来亚，是泰米尔人出身，基督教徒。其父路易·迪威（Louis Thivy）是马来亚印度人中央协会④以及"二战"前印度人政治的杰出人物。⑤ 约翰·迪威先在怡保的圣密执安学院学习，后在伦敦学习法律。在伦敦期间，他与甘地有一次会面的机会，进而对印度独立运动产生兴趣。回到马来亚后，迪威开始涉足印度民族主义运动。1930 年，在怡保执业律师。作为专业律师，也是一名印度民族主义者，他全力为马来亚印度人服务⑥。1942 年，担任印度独立同盟霹雳支会会长，不久又升任印度独立同盟马来亚分会主席。1943 年，迪威加入印度国民军，并曾投身缅甸前

① 参见 "Report by Indian Section, Special Branch", FCO 141/14412, Singapore：Malayan Indian Congress Party, 1949 Jan 01 – 1954 Dec 31, the National Archives, U. K.。

参加 1946 年 11 月会议的另外两人分别是来自怡保的 Sucha Singh 和来自新加坡的 Dr. M. Abraham。参加 1948 年 12 月会议的马来亚印度人代表共有 4 人，分别是来自新加坡的 Budh Singh、Sadhu Singh 和 Lobo 女士，以及一名来自霹雳的印度人。

② M. Stenson, Class, *Race and Colonialism in West Malaysia：the Indian Case*, St Lucia：University of Queensland Press, 1980, p. 159.

③ 参见 Rajeswary Ampalavanar, *The Indian Minority and Political Change in Malaya*, 1945 – 1957, Oxford：Oxford University Press, 1981, p. 26。

④ 英文名 Central Indian Association of Malaya, 简写 C. I. A. M., 1937 年尼赫鲁访问马来亚后成立，是"二战"前马来亚各地众多印度人协会的总会组织。

⑤ Sinnappah Arasaratnam, *Indians in Malaysia and Singapore*, Kuala Lumpur：Oxford University Press, 1970, p. 114.

⑥ Siva Rama Sastry, *Congress Mission to Malaya*, (India) Tenali：The author, 1947, p. 26.

线。"自由印度临时政府"成立后，钱德拉·鲍斯起用他为秘书，约翰·迪威也是该临时政府的内阁大臣①。因此，战后遭到英国的逮捕与监禁，被关押于新加坡樟宜监狱。在尼赫鲁访问马来亚期间，约翰·迪威被释放，此后他积极投入 MIC 的筹建工作中。1946 年 8 月，他出任了新成立的 MIC 第一任主席，次年卸任。作为一名强有力的领袖，在他担任 MIC 主席期间，印度人族群出现了一段时期的相对团结。他的个性也成功影响了 MIC，在其掌党时期，MIC 具有温和社会主义、民族主义以及非社群的特征，这些特征或多或少表露了该党在20 世纪 50 年代的发展前景。② 约翰·迪威后回到印度，曾担任印度驻毛里求斯大使。

成立之初，MIC 主要致力于举办印度民族主义的活动，传播印地语和促进社会改革。它尤其关注在印度人社会消除椰花酒的运动。不久又深度卷入马来亚制定民主宪法的斗争，以及解放印度劳工的运动。③

泰米尔人在马来亚印度人人口中占大部分，同时他们也是一股不可忽视的政治力量。G. 萨伦潘尼（Sarangapany）是一家泰米尔报社的编辑，并注重泰米尔人的文化和政治意识的培养。他批评英国政府在政治上偏袒非泰米尔印度人，呼吁泰米尔人积极加入 MIC 中以提高他们在政治领域的存在感。

MIC 成立后不久即受到了 G. L. Us 等的反对，它并没有争取到占多

---

① "Cabinet Member of the Provisional Government of Free India", Edited by S. S. Yadava, *Forgotten Warriors of Indian War of Independence*, 1941 – 1946: *Indian National Army*, (1) Gurgaon: Hope India Publications, 2005, p. 23.

② Rajeswary Ampalavanar, *The Indian minority and Political Change in Malaya 1945 – 1957*, Oxford: Oxford University Press, 1981, p. 168.

③ M. Stenson, Class, *Race and Colonialism in West Malaysia: the Indian Case*. St Lucia: University of Queensland Press, 1980, p. 149.

数人口泰米尔人的支持，它的主要成员是受英文教育的精英人士。在约翰·迪威的领导下，MIC 更加倾向于印度民族主义活动，此后，它又投入马来亚民主宪政和解放印度劳工的运动中。然而，MIC 在这些运动中并未取得实质性的效果，于是它开始转向左翼阵营中。1947 年，布迪·辛格（Budh Singh）出任第二任主席。布迪·辛格祖籍北印度，他原是铁路职员，忠诚的国大党人（congress-man），强烈的民族主义者①，激进的社会主义者②，和迪威一样，是尼赫鲁和印度国大党的追随者③。他曾作为代表出席过 1942 年 6 月在曼谷举办的东亚会议④，表明他也是积极参与马来亚印度独立运动的代表性人物之一。

MIC 转向左翼后，其内部也开始出现分裂。一些专业人士和商人先后退出了 MIC。实际上，在专业人士和管理人员看来，布迪·辛格不仅仅是狂热的社会主义者，不明智于仅纯粹关注印度事务，更糟的是，他只是一名毫无地位的铁路职员，因此，他们不愿成为一个由社会地位低下者领导的组织的成员。⑤ 与此同时，在 1948 年 2 月抵制联邦宪法的运动中，一部分 MIC 会员选择支持联邦委员会而遭到 MIC 的开除；同年 8 月，马六甲地区党部总体退出 MIC。1950 年 7 月，从国大党分离的印度专业人士、商人等成立了印度人组织联合会（Federation of Indian Organisation，F. I. O）。

MIC 印度民族主义及左翼性质的政治活动，招致殖民者的忌惮。紧急状态宣布后，殖民当局决定孤立 MIC，因为他们认为该党激进，与左

① Siva Rama Sastry, *Congress Mission to Malaya*, (India) Tenali: The author, 1947, p. 68.

② M. Stenson, *Class, Race and Colonialism in West Malaysia: the Indian Case*, St Lucia: University of Queensland Press, 1980, p. 150.

③ Rajeswary Ampalavanar, The Indian minority and Political Change in Malaya 1945 – 1957, Oxford: Oxford University Press, 1981, pp. 168 – 169.

④ Siva Rama Sastry, *Congress Mission to Malaya*, (India) Tenali: The author, 1947, p. 69.

⑤ M. Stenson, *Class, Race and Colonialism in West Malaysia: the Indian Case*, St Lucia: University of Queensland Press, 1980, p. 172.

派的代表性组织联合行动委员会①有关联，又杯葛联邦协议。英国殖民者认为 MIC 妥协以及不可靠。② 事实上，正是在约翰·迪威的建议下，各种左派政治组织在 1947 年联合起来成立了全马联合行动委员会。③ 不过，关于取消 MIC 在社团法令的注册豁免权的提议，殖民政府有关官员认为此举极不明智而遭否决。④

马来亚政治形势的变动也迫使 MIC 调整自身立场。根据 1949 年 6 月 20 日《海峡时报》的报道，MIC 当天出台章程草案，计划将该党名称改为马来亚国家印度国大党（Malayan National Indian Congress）；而那些不认可马来亚为他们真正家园和效忠对象的印度人，将被排除成为该党普通会员；这些人可以成为 MIC 的准会员，但不能参加该党的选举，无权投票表决，也无权在该党任职。该章程草案声明，那些以马来亚为家园，效忠马来亚，年满 18 岁的所有马来亚印度人（包括这一时期的巴基斯坦人和锡兰人）都可以成为该党普通会员。章程草案也计划在改名后的党旗上加入 12 颗星，每颗星分别代表马来亚联合邦（Federation of Malaya）的州、槟城和马六甲殖民地、新加坡殖民地；新党旗的上半部为红色，下半部为白色，12 颗星分布在红色部分，每行 4 颗，3 行排列，旗上也有两条黄色横条纹。按照章程草案解释，红色和白色代表马来亚国家的颜色，两条黄色横条纹代表该党的奋斗目标：

---

① 它是一个不同政治组织的松散联盟，其成员包括马来亚民主联合会、马来亚新青年民主同盟、马抗老同志协会、全马工会联合会，马来民族主义党、青年觉醒团 Angkatan Pemuda Insaf-API，新加坡印度人商会、锡兰泰米尔人协会以及 MIC，1946 年 12 月建立，是当时各族群左翼组织的联盟。参见 Rajeswary Ampalavanar, *The Indian Minority and Political Change in Malaya*, 1945 - 1957, Oxford：Oxford University Press, 1981, p. 85。

② Carl Vadivella Belle, *Tragic Orphans：Indians in Malaysia*, Singapore：Institute of Southeast Asian Studies, 2015, p. 277.

③ "The Indian Factor in Malayan Politics", FCO 141 - 14438, Attitude of the Local Indians Towards the Future of Malaya, the National Archives, U. K..

④ "Report by Indian Section, Special Branch", FCO 141/14412, Singapore：Malayan Indian Congress Party, 1949 Jan 01 - 1954 Dec 31, the National Archives, U. K..

独立和民主。① 从新的章程草案可以看到，MIC 已经十分重视推动和引导当地印度人对马来亚的政治认同。而且，从当时的新闻报道分析来看，当年 3 月，MIC 时任主席布迪·辛格在吉隆坡与马来民族主义党（Malay Nationalist Party）主席布哈努丁博士（Dr. Burhanuddin）在吉隆坡会晤，同年 6 月，布迪·辛格与马华公会主席陈祯禄在马六甲会谈，之后，MIC 出台了修改的章程草案。②

1949 年 6 月 MIC 出台的章程草案在马来亚印度人社会引起很大争议及反弹。国大党新加坡区部在 7 月 2 日开会，针对新章程草案展开讨论。一些当地印度人报纸也刊文对新章程草案加以批评，认为它会破坏印度人社会的团结统一，说明当时很多的印度人对认同马来亚仍然举棋不定，也担心获得当地公民权后各种权利会否有保障。而英国殖民政府也观察到新章程草案的出台导致了马来亚印度人的分裂，并预计 MIC 会很快分崩离析。③

1950 年，MIC 修改它的纲领，明确了对马来亚的身份认同，并强调其渴望参与到马来亚联合邦的宪法修订工作中。同年，K. 拉马纳丹·切迪亚④（Ramanathan Chettiar，泰米尔人）担任第三任主席。此后，MIC 开始积极争取印度人获得马来亚公民权，积极参加马来亚各个

---

① "M. I. C：'Loyal Malayans Only'"，FCO 141/14412，Singapore：Malayan Indian Congress Party，1949 Jan 01 – 1954 Dec 31，the National Archives，U. K. .

② 参见 "Indian Affairs"，FCO 141/14412，Singapore：Malayan Indian Congress Party，1949 Jan 01 – 1954 Dec 31，the National Archives，U. K. 。

③ "Extract from Minutes of 12ᵗʰ meeting of Singapore Intelligence Committee，Held 21. 7. 49"，FCO 141/14412，Singapore：Malayan Indian Congress Party，1949 Jan 01 – 1954 Dec 31，the National Archives，U. K. .

④ K. 拉马纳丹·切迪亚，1899 年出生于南印度，马德拉斯大学法律系毕业。20 世纪 40 年代后期在马来亚担任所得税顾问，1954 年后是联邦立法委员会委员。也曾担任全马切蒂亚商会（the All Malayan Chettiars Chambers of Commerce）的秘书。参见 Rajeswary Ampalavanar，*The Indian Minority and Political Change in Malaya*，1945 – 1957，Oxford：Oxford University Press，1981，p. 217。

市镇的议会选举，并与巫统、马华公会等组织开始合作。在华人、印度人政党及社团的积极争取下，英属马来亚殖民政府出台1952年条例，根据该条例规定，在联邦居住至少10年，以及在海峡殖民地出生者，或者出生在联邦，并且父母也在本地出生，都可获得公民权。基于上述规定，22万印度人成为马来亚公民，并有18.6万印度人拥有上述公民权获得条件。[①]

　　马来亚印度人比较主动地申请居住地公民权，还缘于印度政府的"推动"。面对政治认同转变问题，马来亚印度人和当地华人一样，大多不愿成为当地公民，而是宁愿继续保持祖籍国国民身份，最起码可以保留印度和马来亚的双重国籍。然而，新独立的印度政府坚持否认实行双重国籍，同时鼓励海外印度人积极加入所在国国籍，并成为当地的良好公民。当然，如果他们的利益受到不公正对待，印度政府承诺会介入，印度仍然是他们的祖籍国。[②]

　　1951年，MIC向政府提出请愿书申请官方议会代表。同年，K. L. 德瓦萨（Devaser）[③] 接任第四任主席，直至1955年。1951年9月，拿督翁离开巫统，成立了走多元族群路线的马来亚独立党（Independence

---

　　① Carl Vadivella Belle, *Tragic Orphans: Indians in Malaysia*, Singapore: Institute of Southeast Asian Studies, 2015, p. 283.

　　② 参见"Report by Indian Section, Special Branch", FCO 141/14412, Singapore: Malayan Indian Congress Party, 1949 Jan 01 – 1954 Dec 31, the National Archives, U. K. 。

　　MIC曾公开声明它根本上反对双重国籍，但是，直到马来亚联邦公民权赋予国籍时，印度人被建议仍保留印度国籍。1949年2月，时任MIC主席的布迪·辛格访印期间，提请双重国籍问题。4月，在给印度政府提交的一份特殊备忘录中，MIC请求马来亚印度人可被允许保留印度国籍，因为马来亚联邦公民权立法含混不清，印度人发现自身处于尴尬境地。同年8月14日，印度政府通过的国籍立法最终让马来亚印度人保持双重国籍的所有希望破灭。参见Rajeswary Ampalavanar, The Indian Minority and Political Change in Malaya 1945 – 1957, Oxford: Oxford University Press, 1981, pp. 125, 157, 177。

　　③ K. L. 德瓦萨，1912年出生于印度旁遮普，印度教徒，曾入读新加坡莱佛士学院，后成为专业律师。1950年，他当选为吉隆坡印度人国大党支部的秘书。1955—1957年，担任联邦议员。在马来亚印度人社会，德瓦萨的影响主要在城市精英阶层，而缺乏草根阶层支持。

of Malaya Party），MIC 给予了极大的支持，而且，当时印度人社会积极支持走多元族群政治路线的人数很多。[①] 1952 年 5 月 31 日至 6 月 1 日，MIC 在巴生举办年度会议，再次当选主席的德瓦萨希望马来亚当局调整公民权资格的居住年限，由 10 年减至 5 年。[②]

MIC 还与 F. I. O 争夺马来亚印度人的代表权，最终 MIC 打败了 F. I. O，并于 1953 年 12 月获得了立法委员会提名席位的资格。同年 12 月，英属政府"史无前例"地要求 MIC 提交立法委员会任命人选名单，MIC 提呈了三人：K. 拉马纳丹·切蒂亚、K. L. 德瓦萨、V. 玛尼卡瓦萨迦（Manickavasagam，泰米尔人），最终殖民政府正式任命了 K. 拉马纳丹·切蒂亚。当年后期，V. M. N. 梅农（Menon）被任命为邮电部部长，印度人内阁成员问题也平息了。[③]

20 世纪 50 年代初，MIC 又面临加入巫统和马华阵营，共同组建政党联盟的问题。早在 1950 年 8 月，目光敏锐的前主席迪威就极力主张 MIC 与巫统和马华在即将举行的市政选举中联手合作，11 月，MIC 全马委员会也发出同样呼吁。[④] 马华会长陈祯禄建议组建包括所有族群的马来亚民族联合组织或政党。与此同时，巫统的领袖劝说 MIC 加入联盟，东姑·阿杜拉曼争取到了德瓦萨的支持。而在印度人向殖民政府争取政治权益时，由于自身族群力量的弱小，常常被忽视。

---

① 在马来亚，第一次试图将所有反对英国殖民统治的力量联合起来的倡议就是由印度国大党于 1946 年 11 月提出的，而不是由巫统或马华率先提出，这反映了非马来人特别是印度人对联合马来亚社会各种力量推翻英国人的殖民统治，比马来人更为积极，也反映了马来亚印度人在政治上敏感和成熟的一面。

② CO 1022/186, Activities of the Malayan Indian Congress, 1951, the National Archives, U. K. , p. 5.

③ Rajeswary Ampalavanar, *The Indian Minority and Political Change in Malaya*, 1945–1957, Oxford：Oxford University Press, 1981, p. 115.

④ Rajeswary Ampalavanar, *The Indian Minority and Political Change in Malaya*, 1945–1957, Oxford：Oxford University Press, 1981, p. 185.

1952 年 2 月，巫统和马华组成联盟，参加首届吉隆坡自治市选举及随后在联合邦各地 16 个市议会的选举，并取得压倒性胜利，巫华两党联盟的此次胜选奠定了后来的三党联盟的基础。① 在 1954 年 4 月召开的年会上，德瓦萨特别强调与联盟党的合作，他认为没有巫统马华联盟党，MIC 注定会变为一个福利组织，② 而不是积极有为的政党。不过，由于很多代表仍对德瓦萨的主张持怀疑看法，该党仍拒绝加入联盟，并决定独立参加当时举行的选举。但在马来亚积极争取独立的浓厚氛围中，印度人不能成为旁观者或"另类"，经过一番犹豫之后，同年 9 月，MIC 委员会决定与联盟商谈，持续的讨论之后，该党同意接受先从吉隆坡开始，结成局部、初步联盟的提议。次年 3 月，经正式商谈之后，MIC 适时选择全面加入巫统马华联盟。③

1955 年 5 月 24 日，V. T. 善班丹（Sambanthan）④ 获得泰米尔种植园劳工的支持，在竞选中以 15353 张绝对多数票打败了仅获得 1540 张选票的 K. L. 德瓦萨⑤，出任 MIC 第五任主席。与此同时，与 1945—1950 年间印度人社会主要受到印度国大党和穆斯林的影响不同，1950 年之后，泰米尔民族主义和马德拉斯德拉韦迪（Dravidian）政治不断影响马来亚印度人。⑥ V. T. 善班丹担任主席之后，MIC 越来

① 《马华公会党史》，http：//www. mca. org. my/1/Content/SinglePage？ _ param1 = 18 – 072018 – 87 – 07 – 201818&_ param2 = M。

② Rajeswary Ampalavanar，*The Indian Minority and Political Change in Malaya*，1945 – 1957，Oxford：Oxford University Press，1981，p. 190.

③ M. Stenson，*Class*，*Race and Colonialism in West Malaysia：the Indian Case*，St Lucia：University of Queensland Press，1980，p. 185.

④ V. T. 善班丹（Sambanthan），1919 年出生于霹雳，泰米尔人，既受过英语教育，也受过泰米尔语教育，获得马德拉斯大学艺术学士学位。

⑤ DO 35/9924 Malaya Indian Congress，1958 – 1959，the National Archives，U. K.，p. 1.

⑥ Rajeswary Ampalavanar，*The Indian Minority and Political Change in Malaya*，1945 –1957，Oxford：Oxford University Press，1981，p. 33.

越受到泰米尔人的影响，此前北印度人一直在该党政治领导层中占据明显优势地位的情况发生了变化，其中锡克人就从 MIC "淡出"。①

1955 年 7 月，MIC、巫统和马华公会结成的三大民族联盟在竞选中大胜，东姑·阿都拉曼开始组织新政府，善班丹被任命为劳工部部长。1957 年 8 月马来亚联合邦正式成立后，MIC 成为执政党之一，善班丹出任卫生部部长等职务。

MIC 虽然成为马来亚的执政党，但它却是联盟三大党中力量最弱的一个党，在保护印度人利益上也显得较为无力。而且，成立之初的 MIC 在印度人社会中代表性确实也不是很充分，1955 年时，该党有约 2 万党员，这一数字只占逾 30 万联邦印度人成年公民的很小部分。② 造成 MIC 政治地位弱小的因素大致有三：相当多的印度人支持非族群性的政党，如霹雳的人民进步党、雪兰莪和槟州的劳工党，导致 MIC 的党员不断流失；巫统和马华对 MIC 的政治角色进行了限制，这让印度人中有魄力的精英阶层感到挫败，致使他们不会全力去支持联盟党；来自吉隆坡、怡保、威斯利省、槟州和森美兰多地的派系攻击，导致善班丹在联盟党内的地位不稳固。③ 实际上，正是为了维护 MIC 在联盟中的良好关系，V. T. 善班丹往往采取温和的方式与巫统妥协，甚至一些印度人团体的合法要求被政府忽视时，他也不给予保护。V. T. 善班丹这种对联盟唯命是从的态度遭到了一些印度人政治家的强烈批评。何况，正是在加入联盟党一事上，MIC 和泰米尔人之间发生了最严重的冲突，后者

① Arunajeet Kaur, Sikhs Migration and Settlement in Southeast Asia, 1870s – 1950s: Social Transformations, Homeland, and Identity, Edited by Shamsul AB Arunajeet Kaur, Sikhs in Southeast Asia: Negotiating an Identity, Singapore: Institute of Southeast Asian Studies, 2011, p. 40.

② M. Stenson, Class, Race and Colonialism in West Malaysia: the Indian Case, St Lucia: University of Queensland Press, 1980, p. 186.

③ 参见 Rajeswary Ampalavanar, The Indian Minority and Political Change in Malaya, 1945 – 1957, Oxford: Oxford University Press, 1981, p. 199。

认为，只有联盟党有效改变其对印度人的政策尤其是教育政策，泰米尔才会支持 MIC 加入联盟。①

1956 年，在拉扎克计划（The Razak Plan）中，提出了独立后马来亚教育的新蓝图，该项计划旨在将各种学校置于国家教育系统之中。该计划构想了 4 种小学类型，分别以马来语、华语、泰米尔语、英语为教育媒介，在华语、泰米尔语等方言小学中，英语和马来语将作为第二语言进行教学。在对拉扎克计划审议的过程中，虽然计划中有涉及泰米尔学校的事项，但 V. T. 善班丹对计划的态度却表现得较为冷淡。此外，"在政府投入百万美元推动国家发展计划时，V. T. 善班丹也没能为印度人争取到足够的经费"。②

实际上，相比于华人社会对本民族语言教育和中华文化传承权益的积极坚持和争取，印度人的相关反应比较低调和平淡。在印度人社会，很多人原本是习惯说英语的，而印度人中许多次方言群有各自的语言和文字，因此，积极争取母语教育权益的，往往只是泰米尔人及其相关组织和媒体，MIC 的态度和行动不太主动和坚决。当时有舆论认为，为了维护联盟党的团结，MIC 的主席往往要忽视自身族群印度人的权益。③

1957 年马来亚独立，此后 MIC 在本土化程度不断加深的当地印度人社会中影响趋于增强，该党力量也不断壮大。到 20 世纪 70 年代初，MIC 有地方党部约 400 个。④ 1974 年初，在印度人人口比较集中的吉

---

① Rajeswary Ampalavanar, *The Indian Minority and Political Change in Malaya*, 1945 – 1957, Oxford：Oxford University Press, 1981, p. 35.

② Janakey Raman Manickam. *The Malaysian Indian Dilemma*, Kuala Lumpur：Nationwide Human Development and Research Centre, 2012, p. 121.

③ Rajeswary Ampalavanar, *The Indian Minority and Political Change in Malaya*, 1945 – 1957, Oxford：Oxford University Press, 1981, p. 199.

④ Paul D. Wiebe, *Indian Malaysians：the View From the Plantation*, New Delhi：Manohar, 1978, p. 94.

打州，国大党有地方党部 23 个，党员约 1 万人。[①] 20 世纪 70 年代，国大党也协助很多印度人申请到了马来西亚公民权，并在就业、教育、慈善公益等方面积极为印度社群服务。[②] 当时，国大党在马来西亚政坛尤其是在印度人社会中具有明显的影响和威望。1974 年全国大选，在吉打的 Pudthukuchi[③]，当地印度人合格选民中的约 90% 投票给 MIC 支持的候选人。他们也进而支持 MIC 所属的联合阵线（执政党联盟）。[④]

马来亚印度国大党的成立，无疑是马来亚印度人政治史上的标志性事件，也是马来亚由日据走向国家独立这一历史转折时期的重要事件，虽然该党自成立之日起其充分的族群代表性一直受到质疑。

随着印度人社会及政治认同本土化加深，MIC 在马来亚政治上发挥影响具有了重要基础。尽管 MIC 在联盟中有其软弱性和妥协性，但不可否认的是，它在争取马来亚独立以及争取公民权等方面做出了不可忽视的贡献。无论如何，马来亚印度人尤其是其代表性政党 MIC 的政治活动对马来亚的政治民主化和多元化起到了一定的推动作用，是马来亚族群政治中不可或缺的角色。

---

① Paul D. Wiebe, *Indian Malaysians: the View From the Plantation*, New Delhi: Manohar, 1978, p. 95.

② 参见 Paul D. Wiebe, *Indian Malaysians: the View From the Plantation*, New Delhi: Manohar, 1978, pp. 94 – 95。

③ 该地位于居林的 Ladang Gatah 种植园（1905 年建立）。1970 年的人口统计数据表明，居林总人口为 88421 名，三大主要族群马来人、华人和印度人的人口所占比例分别为 45%、30%、25%。Pudthukuchi 是 Ladang Gatah 种植园两个居民点中的较大一个，其人口以印度人和马来人为主，华人很少。参见 Paul D. Wiebe, *Indian Malaysians: the View From the Plantation*, New Delhi: Manohar, 1978, pp. 21 – 46。

当时印度人在马来西亚全国总人口中的比例约为 10%。所以，居林是印度人居住比较集中的地区。

④ 参见 Paul D. Wiebe, *Indian Malaysians: the View From the Plantation*, New Delhi: Manohar, 1978, pp. 95 – 96。

3. 其他主要印度人政治团体的政治活动

在马共的鼓励下,1945 年 10 月,印度人民主同盟在新加坡成立;同月,在雪兰莪举行的马共支持的人民委员会会议上,建立了雪兰莪印度人团结协会或雪兰莪印度人工会,该团体往往举办庆祝印度民族主义的活动,并支持亚洲独立运动。[①]

在实行马来人至上主义的马来亚,部分印度人和华人也都曾意识到自己在政治上不可能单独发挥重大作用,因而曾寄希望于建立多种族政党。在马来西亚,第一次试图将所有反对英国殖民统治的力量联合起来的倡议并不是由巫统提出的,而是在 1946 年 11 月由印度国大党提出的,这反映了非马来人对联合马来亚社会各种力量推翻英国人的殖民统治,比马来人更为积极,[②] 也反映了马来亚印度人在政治上敏感和成熟的一面。

1951 年,MIC 高层领导全力支持成立马来亚独立党(Independence of Malayan Party),一年之后,马来人和华人都觉得独立党实际上是一个印度人的政党。[③] 到了 1953 年 4 月,拿督翁召开了一次有广泛族群领导参加的会议,力图组建一个新的非族群性政党——马来亚国家党(Malayan National Party),以取代独立党,进而击败巫统和马华联盟。马来亚国家党成立后,独立党名存实亡。

劳工党(Labour Party of Penang)于 1951 年 5 月 15 日首先在槟榔屿成立,此后,在霹雳、马六甲和森美兰州也相继成立劳工党。1952 年 6 月,它们联合组成了一个松散的全国性政党,名为泛马来亚劳工党

---

① M. Stenson, *Class, Race and Colonialism in West Malaysia: the Indian Case*, St Lucia: University of Queensland Press, 1980, p. 145.

② 陈晓律等:《马来西亚——多元文化中的民主与权威》,第 129 页。

③ M. Stenson, *Class, Race and Colonialism in West Malaysia: the Indian Case*, St Lucia: University of Queensland Press, 1980, p. 178.

(Pan-Malayan Labour Party)。1954 年，改称马来亚劳工党（Labour Party of Malaya）。该党反对马来人特权政策，反对任何形式的种族歧视，赞同在国籍法中实行出生地原则。印度人 P. S. 拉马纳丹（P. S. Ramanathan）当选主席。该党旨在通过合法的政治选举来表达政治诉求，从建党之初，就有大量的印度人会员。从 1954 年到 1959 年，该党的领导人也主要由印度人担任，并占有压倒性优势。1955 年，劳工党开始在政治领域寻求更多的支持者，并取得了一定的成就。但在 1955 年大选中，它没能赢得一个议席。此后，劳工党开始吸收华文教育出身的劳工阶层加入，最终使华人成为劳工党的主体，进而使该党标榜的非种族主义色彩日益淡化。[①] 1956 年，它通过选举控制了槟城的市政议会。1957 年，劳工党和人民党组成马来亚人民社会主义阵线。"从 1958 年起，劳工党开始成为马来亚共产党从游击战转为合法政治斗争的主要工具。"[②] 虽然它在许多市镇中获得了印度工人阶级的支持，甚至在 1959 年和 1964 年的选举中获得了比国大党还要多的支持，但因为它本身的诸多因素制约，以及时代的发展变迁，该党在马国政坛上的影响趋于低落。总体上，劳工党在华人社会和印度人社会中并没有很大影响，后期印度人在党内的影响力日益削弱。"5·13 事件"后，劳工党被马来西亚政府撤销注册。

1953 年 1 月，印度人锡尼华沙甘（Seenirasagam）兄弟[③]成立了霹雳进步党，其成员多为怡保市和霹雳州的印度人和华工。1956 年，该党改

---

① 曹云华等：《东南亚华人的政治参与》，中国华侨出版社 2004 年版，第 120 页。

② M. Stenson, *Class, Race and Colonialism in West Malaysia: the Indian Case*, St Lucia: University of Queensland Press, 1980, p. 186.

③ D. R. Seenirasagam, 1921 年生于怡保，职业律师。1954—1957 年，他是怡保和万里望市议会的成员，1956 年，被选入联邦立法会，1959 年，成为国会议员。S. P. Seenirasagam，生于怡保，也是律师。他也是霹雳州议院和联邦国会的议员。参见 Rajeswary Ampalavanar, *The Indian Minority and Political Change in Malaya*, 1945 – 1957, Oxford: Oxford University Press, 1981, p. 218。

名为人民进步党（People's Progressive Party）。"该党反对马来人特权，主张保护华语和泰米尔语教育，因而被巫统指责为'反民族'、'反马来人'。"① 该党也明确反对以种族集团为基础的选举制度，在国籍问题上赞成实行出生地原则。同时，各民族应有权保留自己的语言、文化和习俗。在 1955 年大选中，它和劳工党一样未能赢得一个议席。②

此外，在战后到独立前的一段时间内，马来亚印度人还活跃在其他的一些组织中，如反英联盟（Anti-British League）、新加坡教师联合会（Singapore Teachers Union）、马来亚民主同盟（Malayan Democratic U-nion）、人民行动党（People's Action Party），等等。

总的来看，"二战"后至独立前，马来亚印度人的政治意识有了很大的提高，他们在马来亚政坛上也越发活跃，并取得了一定的成就。但他们的政治道路仍然充满曲折与艰辛，面临着来自各方面的挑战。

第三节 "二战"后至独立前马来亚华人与印度人政治参与及比较

"二战"后至独立前，马来亚华人与印度人的政治意识有了较大的发展，无论是华人还是印度人，他们中的大部分人在这一时期增强了自身对马来亚的认同，并把马来亚视为自己的祖国，积极投入争取反对英国殖民统治、马来亚独立的斗争中。有数据显示，1947—1957 年，本土出生率在马来亚华人总人口中所占比例从 63.5% 上升至 74.5%；马来亚印度人的本土出生率从 51.6% 上升至 64.5%，③ 当时英属马来亚殖

---

① 姚楠：《东南亚历史词典》，辞书出版社 1995 年版，第 39 页。

② R. K. Vasil, *Ethnic Politics in Malaysia*, p. 133.

③ K. J. Ratnam, *Communalism and the Political Process in Malaya*, Kuala Lumpur：University of Malaya Press，1965，pp. 9 – 10.

民官员估计,1955年当年在马来亚出生的印度人约有3万,而近5年马来亚印度人的年均出生人口为2.9万,以此推估,从1949年1月1日至1955年,马来亚本土出生的印度人约有25万。[①] 总体上看,这一时期,马来亚华人与印度人对马来亚的身份认同和政治认同都有了很大的变化、调适,甚至提高,在政治领域也取得了一定的成就。华、印两族为争取共同的利益,他们之间的合作也有所增多。不过,由于受到多种因素的影响,两大族群间的合作也并非亲密无间、牢不可破。

从20世纪30年代到日本占领马来亚的一段时间里,马来亚华人对中国的抗战表现了极大的关心,积极参加到抗日救国的运动中,并在马共的领导下,为维护自身利益以及支持国内抗战,进行了一些罢工运动等。马来亚华人的民族意识和政治意识在这一时期得到了进一步提高。而马来亚印度人方面,受印度国内民族意识觉醒的影响,各种马来亚印度人成立的协会纷纷出现,并开展了改善工作环境、提高工资的罢工运动;他们还开展了一场较有声势的争取祖籍国摆脱英国殖民统治的印度独立运动,这些都使马来亚印度人的民族意识和政治意识也有了一定的发展。不过,正是太平洋战争时期马来亚印度人与日本侵略者的积极合作,并在其帮助下开展印度独立运动,进而使当地华人与印度人之间难免产生歧见、隔阂、疏离。

观察"二战"后至独立前马来亚华人与印度人的政治活动,无论是华人还是印度人,他们在马来亚的政治领域都有了一定的发展。但由于受历史、环境、宗教信仰、教育等方面的影响,他们在马来亚政治领域的发展程度、影响力也有所差异。总体来看,比较"二战"后至独立前马来亚华人与印度人两大族群的政治活动,会发现两者间存在较大的差异。在马来亚独立前,华人的总体参政意识要比印度人高;从组织程

---

① DO 35/6397 National status of Indians in Malaya, 1955 – 1957, the National Archives, U. K., p. 8.

度、团结程度等方面看，相比印度人的组织，华人的组织更为严密，内部也更为团结；再者，由于马来亚的华人在总体人数上要大大多于印度人，参与政治活动的人数也比印度人多，因而华人在马来亚的政治影响力也要比印度人的政治影响力强。

另一个值得关注的现象是，华人在政治上更为激进，其政治观念受到共产主义思想的深刻影响；而印度人政治观念的基调是深具调和性的平民主义，这可能是受到甘地的影响，或者是更深层次的文化因素使然。在印度本土或者马来亚，印度人相对很少成为真正的共产主义者，因而马共中很少有印度人的正式党员。虽然1949年时马共任命印度人R. G. 巴兰（Balan）[①]为党的副主席，但缺乏马来人、印度人广泛深度参与的马共仍然主要是以华人为主的反抗英国殖民统治的政党。[②] 在此背景下，华人和印度人很难在政治上结成同盟。而由于英国人"分而治之"的统治策略，阻碍了两大族群在政治上走得更近。

总之，在政治影响力和参政意识上，虽然华人与印度人都不及主体民族马来人；由于人数相对较多以及在经济领域的相对强大，华人在政治上的影响力却往往要大于印度人的影响力。

此外，尽管华、印两族在马来亚政治活动中存在较大差异，但其政治活动都也存在共同的问题，如各个团体缺乏统一的行动、没有强有力的领导核心、在斗争的过程中存在一定的妥协性等。同时无论华人还是印度人，他们在进行政治活动的过程中，都忽略了与其他民族的合作，

---

① R. G. 巴兰，出生于霹雳安顺，先在种植园当职员，后任教师。太平洋战争时，他加入马抗，1945年后，成为劳工联合会中的马共积极分子。1947年，被任命为霹雳胶工联合会的主席以及马共中央委员会的成员。因为积极参与1948年的罢工，Balan被捕。1955年，当选马共副主席，尽管他仍在羁押中。1961年获得释放后，Balan入职于政府的内政部。参见 Rajeswary Ampalavanar, *The Indian Minority and Political Change in Malaya*, 1945 – 1957, Oxford: Oxford University Press, 1981, p. 213.

② 参见 M. Stenson, *Class, Race and Colonialism in West Malaysia: the Indian Case*, St Lucia: University of Queensland Press, 1980, pp. 137 – 138.

特别是争取占人口多数的马来人的支持，这是他们许多政治运动失败的主要原因之一。另外，由于马来人享有特权并在政治上取得了绝对的优势，华人与印度人在马来亚的政治领域仍属于弱势群体，不得不与马来人妥协，他们在争取本族权益的道路上困难重重。同时，马华公会、马来亚印度国大党还面临来自其他反对党派的挑战，华、印两族内部都存在不同的政治声音。在马来亚独立后，华、印两族的政治发展仍面临着巨大的挑战。但总的来说，无论是华人还是印度人，值得肯定的是，他们在争取马来亚独立等方面都做出了巨大的贡献；不可否认的是，马来亚华人与印度人的政治活动对马来亚的政治民主化和多元化起到了尤为重要的作用，他们的政治活动对马来亚政治今后的发展具有深远的意义。

第五章 1957—2000 年马来西亚华人与印度人政治参与及比较

1957 年马来西亚独立后，以土著自居的马来人权力不断加强，政治影响趋于强势，进而使华人和印度人在公民权、经济发展、族群教育等重要问题上压力日增，不满情绪也在积累。

1963 年，马来亚、新加坡、沙捞越和沙巴四地合并成立了马来西亚联邦。两年后，新加坡退出，独立建国。

在 1969 年 5 月举行的马来西亚第 3 届大选中，执政联盟中的马华公会和国大党损失惨重。5 月 13 日，华人与印度人为庆祝反对党选举的胜利举行游行活动，引发与马来人的对抗和冲突，导致各族群人口的流血伤亡。根据马来西亚全国行动理事会报告书公布的材料，此次事件中，死亡人数分别为华人 143 人、马来人 24 人、印度人 13 人，被警方拘捕并被指控于法庭者华人 5126 人、马来人 2077 人、印度人 1874 人。[①] 另有数据显示，"5·13"事件促使 6 万多名印度人于 1969—1970 年离开马来西亚返回印度。[②]

---

① 参见 [马] 谢诗坚《马来西亚华人政治思潮演变》，马来西亚凤凰印务有限公司 1984 年版；潘翎主编、崔贵强编译《海外华人百科全书》，香港：三联书店有限公司 1998 年版。

② J. Bahadur Singh, *Indians in Southeast Asia*, New Delhi：Sterling Publishers Private Limited, 1982，p. 44.

  "5·13"事件后，马来西亚在政治、经济、意识形态等诸多方面发生很大转变。此后，马来西亚政府实行的种种政策措施，如新经济政策、国家原则、国家文化政策等，均偏向于马来民族。1970年后是马来西亚"专制的、土著主义至上的政治体制，已与独立以来的多元体制的'谐和民主'作了意识上的决裂"。[①] 华人社会与印度人社会在政治、经济、教育、文化等方面的发展逐渐被迫陷入困境。

  "5·13"事件也进一步打击了马华公会和国大党，它们在联盟党中的地位更弱化了，巫统的地位大为巩固，马来人的特权地位更为加强。"5·13"事件在马来西亚政治发展进程中具有转折性的意义。

  "5·13"事件后，马来西亚政府制定并推出了重点扶持马来人的"新经济政策"（New Economic Policy），1971年6月，马来西亚国会通过"第二个五年发展计划"，标志"新经济政策"正式实施。该政策目标有两个：消除贫困和社会重组。具体来说，消除贫困是指消除各个种族的贫困，其解决途径注定与发展经济、提高收入水平是分不开的；而社会重组是指改变就业与股份持有的种族结构，纠正经济不平等，以便减少和最终消灭各种族之间在经济上的差距。

  也是在1971年2月，马来西亚国会通过修改国家宪法，禁止公开质疑马来文国语地位、马来人特权、马来统治者地位及非马来人公民地位等敏感问题。

  实际上，1969年骚乱也暴露出马来西亚各种族之间存在的不信任危机，族群间的矛盾已经到了不可调和的地步。经济政策的调整是1969年族群骚乱所引发的经济变化，与此同时马来西亚政治也发生了显著的变化。

  1969年也是马来西亚政治发展史上的一个转折点，它标志着马来

---

  ① 何启良：《独立后西马华人政治演变》，载［马］林水檺、何国忠等《马来西亚华人史新编》（第2册），第84页。

西亚由一个温和的民主政治转向了"一种权威主义的形式，在这种政治形式中，一个精英集团采取了任何有必要的措施来保证其继续控制政府"①。这种权威主义的政治形式在马哈蒂尔时期体现得尤为明显。

对于华人和印度人而言，新经济政策就是为改善马来人的经济状况而实施的一项优先政策。新经济政策时期马来人的贫困问题得到了很大的缓解，而且在公司的股权份额也得到了很大的提升。数据显示，马来人的总体贫困率由 1970 年的 64.8% 降到 1990 年的 23.8%，马来西亚农村贫困率由 1970 年的 58.7% 下降到 1990 年的 21.8%②；在 1970 年的股份持有率仅有 2.4%，但到 1988 年马来人的股权份额已经达到了 19.4%③。

新经济政策使华人和印度人在经济领域一定程度上也获益了。但是，伴随该政策的长期实施，华人和印度人日渐感到了在政治、经济、文化以及教育等诸多领域的被压迫感和被边缘化。两大族群或者主动、或者被迫采取相关政治诉求，来保护、捍卫本族群权益，进而推动马来西亚民主政治发展。

第一节 1957—2000 年马来西亚华人政治参与

1957 年马来亚独立前的争取公民权运动为华人能够参与马来西亚政治奠定基础。同时获取公民权也意味着华人的政治认同开始发生转变，华人的效忠对象开始固定为马来西亚。这种政治认同的转变意味着华人由马来西亚政治的旁观者转向积极的参与者。

---

① 陈晓律等：《马来西亚——多元文化中的民主与权威》，第 160 页。
② 参见《马来西亚第一远景计划 1970—1990》，转自廖小健《战后马来西亚族群关系研究》，暨南大学，博士学位论文，2007 年。
③ ［马］林水檬、何国忠等合编：《马来西亚华人史新编》（第 2 册），第 337 页。

华人参与马来西亚政治生活，主要途径包括：直接投票；华人政党政治参与；华人社团政治参与。

1. 直接投票参与政治选举

马来西亚实行议会选举制，凡是到达法定年龄的公民，都有权参加政治选举，按照正规程序投出自己心目中的一票。这意味着华人能够通过投票来支持偏好的政党及候选人，并通过这些政党和候选人的政治作为来影响政府决策，为华人谋取更多的政治权益。

在马来西亚的政治发展过程中，华人选民所发挥的作用是显著的，这也与华人数量、华人参与投票的积极性有着莫大的关系。如前文所述，华人是马来西亚第二大族群，人口众多，整个新经济政策时期华人人口的平均占比也高达30%①。华人参与投票的积极性体现在选民登记上，1959年，已登记的华人选民超过选民总数的1/3，1964年，华人选民更是占了高达38%的比例②。因此，在马来西亚历次大选中，华人选票的重要性不言而喻。

一般认为，华人支持的政党自然会代表华人利益的，20世纪60年代之前华人在政府中的唯一代表是马来西亚华人公会。然而，随着新的华人政党的出现，那些不满马华公会政治作为的华人逐渐转向支持新的华人政党。而这个转变的标志则是1969年大选马华公会在选举中的失利和民主行动党的兴起。1969年之前，马华公会的代言人角色一直未被质疑，但之后由于马华公会关于华人利益的种种让步和妥协，再加上新的华人政党民主行动党成立，对马华公会失望的华人转而支持民主行

---

① ［马］王国璋：《马来西亚族群政党政治》，吉隆坡：东方企业有限公司1998年版，第39页。

② 许梅：《独立后马来西亚华人的政治选择与政治参与》，《东南亚研究》2004年第1期。

动党。自 1969 年至 1990 年 6 次大选①中，华人中 70%—80% 的选票都投给了反对党——民主行动党②，因此民主行动党也成为马华公会最大的政治劲敌。总而言之，华人选票的流向反映了华人对政府现行政策的态度以及对执政党尤其是对华人执政党的满意程度，而马华公会的地位受到挑战便是最好的例证。

2. 华人政党的政治参与

政党与选民之间的关系是相辅相成、互相影响的。没有政党的参政议政，选民的利益就无法得到有效保障；没有选民的支持，政党的参政影响力就失去了依赖。前文论述过了华人选民的支持对华人政党的重要性，接下来论述的是新经济政策时期华人政党为华人选民的利益保障所做出的政治行动，其中最具代表性的政党是马来西亚华人公会和民主行动党（Democratic Action Party，DAP）。

政党为选民争取权利的主要途径是参与政治选举，然后获得一定的国会议席，最后参与新政府的组阁，掌握一定的政治话语权。自独立以来，马华公会就一直属于执政党阵营，参与政府组阁，同时在政府部门任职，把握重要职位。但马华公会扮演的角色所产生的影响力一直在下降，从最初的第二大党到 1972 年新执政党联盟的扩大。民主行动党一直扮演着反对党的角色，不光在反对党阵营中占据主导地位，而且是与马华公会争夺华人支持的最大政治劲敌。回顾 1970 年至 1990 年的大选，不难发现国民阵线始终是赢家，反对党始终处于下风。因此可以说，作为执政党联盟中的一员，马华公会在华人选民中的影响力还是比较突出的。但不能忽略的是，民主行动党在华人社会的影响力已经不可

---

① 这 6 次大选的年份分别是 1969 年、1974 年、1978 年、1982 年、1986 年和 1990 年。

② 许梅：《独立后马来西亚华人的政治选择与政治参与》，《东南亚研究》2004 年第 1 期。

同日而语了，特别是 1990 年大选华人社会的选票流向发生了较大转变。

在以族群政治为主的马来西亚，处在执政联盟中的华人政党马华公会能够为华人提供经济、社会和文化等方面的便利。

1958 年 3 月，马华公会举行党选，林苍佑医生以 89 票对 67 票击败陈祯禄，当选第二位总会长。次年 4 月 26 日，马华公会在霹雳怡保主办了全马华人社团大会，并通过了《华人对教育总要求》。林苍佑当年还向巫统提出华人文教方面的主张等诉求，但遭到首相兼联盟主席东姑·阿杜拉曼的拒绝。不久，林苍佑退出马华公会，由谢敦禄医生出任代会长。1959 年 8 月，马来亚第一次全国大选举行，马华参加国会 32 席竞选，获胜 19 席。1964 年 4 月 25 日，马来西亚举行全国第 2 届大选，联盟党大胜，马华公会在所竞选的 33 个议席中赢得 27 席。

华人社会一直希望官方能够将华文列为官方语言。马华公会内部对此意见不一。1966 年 9 月，马华公会雪兰莪州特别代表大会及马华公会青年团总团先后议决要求政府尽快实现"华文列为官方应用文"的诺言，它获得华团普遍支持。10 月，马华公会中委会通过议决，不支持争取华文列为官方应用文的建议，但是将促使华文在一些范围内作较广泛性的使用。华社对此决议颇感失望，认为马华公会政治立场不过强硬，而马来人社会则认为马华公会的要求是华人沙文主义的表现。

1969 年 5 月 10 日，在马来西亚第 3 届全国大选中，马华公会参加 33 个国会议席竞选，只赢得 13 席，低于半数，是该党创立后的首次败北。主要缘于华社对其政治诉求的过于软弱或不够积极深感失望，进而不再大力支持。大选失利后，5 月 12 日，马华公会中委会召开紧急会议，议决退出政府，但仍保留在联盟里。次日，"5·13"事件发生。5 月 20 日，经过权衡，马华公会决定重返政府。

1974 年 4 月，马华公会总会长陈修信以健康为由辞去职务，李三春被推举为代总会长。同月，马华公会在槟城举行华人文化大集会，通过宣言，强调马来西亚多元种族的文化不能以任何单元文化为基础，实际上是反对巫统的马来人至上主义。同年 8 月，马来西亚举行第 4 届全国大选，马华公会参加 23 个国会议席的选举，赢获 19 席，取得大胜，表明该党重新获得华社大力支持。

不过，由于巫统在政治诉求方面对马华公会的制约，后者逐渐将注意力越来越多投放于经济、文化、教育等领域。经济方面，1975 年马华公会创办了马华控股公司，希望借此来增强华人的经济实力，"以期推动华人经济由家庭商业向大企业发展"①。社会和文化方面，1982 年马华公会着手创办以华文华语为主要语言媒介的拉曼学院，推动华文教育的发展迈向新的台阶；在其他的关于华人社会的政治议题中，马华公会也积极参与讨论，维护华人的正当利益。值得一提的是，在 20 世纪 70 年代的独立大学案中，马华公会和民主行动党的态度截然相反，前者不接受独立大学这个概念，后者则表示支持。

1982 年，在第 6 届大选中，马华公会再次大胜而出，该党参加 28 个国会议席竞选，赢得 24 席，在 62 个席州议席竞选中赢得 55 席。1990 年举行的第 8 届大选中，马华公会获选 18 个国会议席。在 1995 年举行的第 9 届全国大选里，马华公会再次赢得选举，中选 30 个国会议席。1999 年大选，赢得国会议席 28 个。

但总体来看，在 1961 年林苍佑退出马华公会之后，该党在华社及马来西亚政坛中的影响暂趋于衰微。作为执政党，马华公会在政府和民间的地位比较尴尬。在以巫统为主导的执行种族主义路线的政府中，马华公会不可能代表华社强硬发声，而华社对其又寄予颇多期望。既然马华公会不能在华文教育、华人经济、华人文化等华社重要议题上有太大作为，其权威性只能日益削减，在政府中也不免被边缘化。

---

　　① ［马］谢诗坚：《马来西亚华人政治思潮演变》，槟城：友达企业有限公司 1984 年版，第 272 页。

以上是华社代表性的执政党马华公会的参政情况。接下来，我们再来了解代表性的反对党民主行动党的政治参与活动。

民主行动党，俗称"火箭"，原是新加坡人民行动党（People's Action Party）在马来西亚联邦各州的支部，1965 年 8 月新加坡退出马来西亚联邦后，10 月，留在马来西亚的原人民行动党党员重新组织了民主行动党，并在次年 3 月正式注册成立。

民主行动党的宗旨主要有：通过宪制议会途径，在马来西亚建立社会民主；重申并复原马来西亚宪法作为国家最高法律的世俗架构，尊重民主价值及基本人权，且让每一个马来西亚公民享有公正平等的权利；向所有族群灌输国民精神与团结观念，营造一个团结的马来西亚人的马来西亚共同身份认同；承认宗教自由的基本权利，包括保障个别宗教免于遭受法律压制和歧视性的对待；支持及肯定马来西亚文作为国语的地位，保障各个母语，包括华文、淡米尔文、英文及原住民语言等的地位，皆被肯定并享有推广、学习及使用的权利；设定以诚信、伦理和爱心为核心的道德价值观，以提倡透明且自由的态度，进而相互尊重和理解彼等的多元文化传统与宗教信仰；等等。[①]

民主行动党公开提出"马来西亚人的马来西亚"的奋斗目标，反对巫统马来人至上（Ketuanan Melayu）的单元种族主义路线，坚持落实多元民族与多元文化主义的理念。因此，该党被巫统中的右派视为延续李光耀挑战马来人特权的代理政党。

该党深得城市和新村中下层华裔选民的支持，也获得部分印度裔民众的参与。所以，民主行动党党员包括华人、印度人和马来人，但华人党员占 70% 以上，可以说该党是华人政党。

---

① 《民主行动党党章》，https：//dapmalaysia. org/cn/about-us/party-constitution/。

　　自 1969 年开始，民主行动党积极参与全国大选，并在当年的大选中取得不俗成绩，此后至 1999 年，民主行动党一直是马来西亚国会内的最大反对党。民主行动党的"温和改良主义，对于监督和制衡国阵政权，起了一定的进步作用，特别是在反对民族同化、揭露政府弊案、促进社会开放和扩大公民自由方面，行动党的表现获得各方的赞赏"①。

　　从建党到 2000 年，民主行动党的历史发展大致可分为两大阶段：20 世纪 70 年代至 80 年代反对国阵政府的同化政策，反对马来人特权，主张多元种族、多元宗教、多元文化和多元语言并存，实现"马来西亚人的马来西亚"；20 世纪 90 年代组成反对党联盟，以期打破国阵在国会议席中逾 2/3 的垄断特权。

　　1967 年，成立不久的民主行动党发表《文良港宣言》②，宣称自己为社会民主党，主张通过宪制手段实现民主社会主义。《文良港宣言》主张实行种族平等的原则，建设一个多元种族社会；坚决反对把公民划分为"土著"与"非土著"；在接受、宣扬及发展国语的同时，也要保障国内其他民族自由使用他们语文的权利；在解决城乡地区经济与教育发展不平衡的问题时，必须摒弃种族因素，消除各族之间的经济不平衡才是作为在一个多元民族社会中促使国家融合的正确途径。

　　1968 年，民主行动党通过《文化民主政策》宣言，提出"多元文化"是国家力量的泉源、集体文化的基础，而不是争端与不和的导火线。《文化民主政策》主要内容：无条件地接受马来语为国语；恢复英

---

　　① ［马］丘光耀：《马来西亚的"第三条道路"研究初探》，《当代世界与社会主义》（双月刊）2003 年第 5 期。

　　② 《文良港宣言》《文化民主政策》《八打灵宣言》及《丹绒宣言》，参见《党宣言》，https：//dapmalaysia. org/cn/about-us/vision-mission/party-declarations/。

语的官方语文地位；给予华文和淡米尔文官方地位，包括允许在国会及州议会自由地使用这些语文；平等对待国内巫、英、中、淡四大源流学校；提高英文与数学的教学质量；以及大学入学资格应以考试水平而非种族因素为筛选标准。《文化民主政策》集中体现了民主社会主义的基本价值理念以及多元文化主义的精神。

1981 年，民主行动党在《八打灵宣言》中，重申民主行动党是通过和平、民主和依循宪制的斗争，以达到缔建一个民主社会主义的"马来西亚人的马来西亚"目标。宣言认为，马来西亚的建国目标必须把不同的种族融汇成一个新的马来西亚人，同时在国民生活的所有领域提倡与实践民族平等、容忍礼让与同舟共济的精神。宣言也重申国家新经济政策必须摒弃"固打制"。

1992 年，民主行动党再发表《丹绒宣言》，重申了该党身为国际民主社会主义运动的一分子，誓为创造人类更美好的社会而团结一致，共同抗拒专政、独裁、贪污、剥削与压制等行动。《丹绒宣言》声明，在马来西亚国土上，每位公民都应该不分种族及阶级，彼此享有合法平等的地位。

"5·13"事件后，在种族主义政策陆续推行的氛围中，马国举行1974 年全国大选，民主行动党仅获得国会议席 9 席。1978 年大选中，民主行动党赢得的国会议席大幅增加至 17 席。1981 年 5 月，马哈蒂尔接任巫统主席和政府总理职务。1982 年 4 月举行的大选中，国阵政府以压倒优势取得议会选举胜利，民主行动党遭受严重挫败，只获得 9 个国会议席，12 个州议会议席。在 1986 年 8 月的大选中，由于巫统出现权力之争，民主行动党再次获得选举胜利，赢得国会议席 24 席，州议会议席 37 席。在 1990 年大选中，民主行动党获得国会议席 20 个。1990 年大选后，民主行动党最终迫使国阵和巫统在某些建国政策上，尤其是在语言、教育及文化领域做出了有限的让步，实现了民主行动党斗争的部分目标。①

在 1995 年大选中，由于与马来人政党结盟，尤其是支持以吉兰丹州为基地的回教党，民主行动党失去了大部分华人选民的支持，该党在大选中遭到惨败，只获得 9 个国会议席。1999 年大选前夕，民主行动党与回教党、国民公正党和人民党组成"替代阵线"（以下简称替阵），并发表了替代阵线的联合宣言《迈向公正的马来西亚》。民主行动党在 1999 年大选中又一次遭到惨败，仅获 10 个国会议席，三大党领袖林吉祥（秘书长）、曾敏兴（全国主席）、卡巴星（署理主席）全部落选，最大反对党地位被回教党取代。

3. 华人社团的政治参与

1957 年马来亚独立后，华人社团也积极推动华人社会争取公民权的运动。同年 11 月 10 日，马华公会召开联合邦华人社团代表大会，参会华人社团约 700 个。这次会议商讨了推动申请公民权运动的问题，并通过组建"推动申请公民权总机构"的决定，总机构成员包括马华公会中央公民权小组委员（5 人）、西马 11 州的马华公会代表和 11 州华人社团代表共 27 人。华人社会的申请公民权运动在马华公会、各地华人商会及其他类型社团的推动下，成效显著。根据 1957 年的调查数据，申请到公民权者共有 1003831 人，其中华人有 803064 人，约占 80%。加上此前申请到公民权的华人，当时获得公民权的华人已达 200 万左右，占当时华人总人口（2332936）的近 90%。马来西亚华侨社会正式转变为华人社会。结合当时马来亚国内外的局势来考虑，这一转变对马来西亚华人无疑具有重要的积极意义。

与此同时，华人社会始终没有放弃争取将华文列为官方语言的要

---

① 向文华：《马来西亚民主行动党的发展及其制约因素》，《当代世界社会主义问题》2005 年第 2 期。

求，虽然独立后的联盟政府力图避免这一敏感问题。1965 年，"马来西亚华人注册社团"发起向政府争取将华文列为官方语言的运动。时任马华公会青年团团长、教总主席、全国华人注册社团总会筹备委员会主席的沈慕羽通过发动全国华人社团签名盖章的方式，向马来西亚政府提出要求。但是，马华公会领导层反对态度非常强硬，1966 年 10 月，马华公会召开中央委员会紧急会议，通过了两项决议案，明确表示不能支持华文列为官方语言，认为马华公会如果这样做将违反马来西亚宪法中关于马来文为国语及唯一官方语言的规定；并宣布从马华公会中开除沈慕羽，因为其立场与马华公会的立场已决裂。华人社团争取华文为官方语言的运动严重受挫。此后，华人社会转而寻找他途，以维护和发展华文教育，此即 1967 年 12 月提出创办"独立大学"。

但是，以华人社团为主力的华人社会创办独立大学的努力，却最终因为 1969 年发生的"5·13"事件而遭受顿挫。

商会组织曾在华人社会中长期起着极为重要的作用，总商会或商联会是推行华人社会活动的召集人和主持人，例如反映民意、争取华人权益、维护华文教育、发起华人文化运动、传达官方政策法令、召集华人社团会议、领导华人社会移风易俗，等等。[①] 1976 年，马来西亚政府社团注册官致函马来西亚中华工商联合会，要求它遵循"在商言商"的组织原则，不得涉及有关语言和华文教育等敏感问题，否则撤销其注册。马华商联会因而特意致函各州华人商会，请求它们积极领导组织华人大会堂，以继承原属华人商会的领导地位，关注华文及华文教育问题，并在有关方面发挥积极作用。因此后来成立的华人大会堂，代替了商会原在华人社会中的领导地位。

1981 年，马来西亚政府颁布《社团修正法令》。该《社团修正法

---

① 曾松华：《华人社会发展（1957—1990）》，载林水檺、何启良等主编《马来西亚华人史新编》（第 1 册），第 184 页。

令》把全国社团明确划分为"政治社团"和"联谊社团"两类，其 17
条法令中，有些规定与华人社团密切相关。如：（1）社团注册官认为
某一社团有违反民主的行动，触犯伊斯兰教或其他宗教，轻视国语（即
马来语），质疑马来人和沙巴、沙捞越土著的特权，质疑其他种族的合
法权益等，可吊销该社团的注册。被吊销注册的社团可在 30 天内向马
来西亚政府内政部提出上诉。内政部的裁决为最后裁决，被吊销注册的
社团不能再向任何法院申诉。（2）凡触犯法律而被判入狱一年以上或
罚款 2000 马元以上者，在 5 年内不得担任社团的任何职位。（3）任何
社团与外国联系时，必须事先获得社团注册官的许可，等等。这些限制
性规定，给华人社团发展带来法制性困境，它们起而反对《社团修正法
令》。时任马华商联会会长的黄文彬代表所属各地商会提出两点批评意
见：反对授予社团注册官及内政部长以取代司法的权力；认为对"政治
团体"的定义过于含糊笼统，希望政府重新考虑。① 但在政府强大压力
下，华人社团还是被迫面对现实做了相应调整，采取了适时的应对举
措。各领导性社团组织以雪兰莪中华大会堂、中华总商会和董教总为
首，成立"协调委员会"，全力推动华人社团申请为政治性社团。除少
数华人社团（主要是地缘性社团）继续坚持保留其联谊性社团身份外，
大部分华人社团纷纷申请为政治性社团。这样就增强了华人社团参与马
来西亚政治的色彩。不久，由于遭到诸多的反对意见，马来西亚政府撤
销了 1981 年《社团修正法令》。

面对国家政治制度中日益浓厚的集权主义、种族主义的倾向，华人
社团作为华人社会的一支重要力量，起而抗争，为华人争取本应属于自
己的合法权益；同时，日益增强的政治性色彩也促成了华人社团参政出
现高潮。

---

① 周南京主编：《华侨华人百科全书·法律条例政策卷》，中国华侨出版社 2000 年版，
第 252 页。

1982 年，马来西亚举行大选，董教总提出"三结合"，以华裔为主的执政党、反对党和华人社团三方面结合起来，集合华人社会力量纠正政府在民族政策上的偏差，捍卫华人权益。大选前夕的 1982 年 3 月 31 日，董教总法律顾问郭洙镇和一些其他华文教育界人士王天庆、许子根、江真诚等人加入民政党参与竞选，他们还发表声明指出："华教运动的经验一次再次的告诉我们，作为一个压力集团，通过间接的方式来争取华人文化教育的合法权益，假手于某些政党，经过了最大的努力，也没法取得理想的效果。""所以，我们一致认为，在现有华教运动不断发展的同时，应该尝试另一个直接争取的政治途径。我们决定跨出一步走向政党政治。""在这关键性的时刻，我们决定加入民政党。我们的最终目标是通过民政党这股不断发展的政治力量，努力谋求结合其他华人政党和社团，把政治力量凝聚起来，促进华族趋向更大的团结。"①竞选期间，华文教育界的几位领导人也为民政党候选人进行宣传。郭洙镇在竞选中最终败下阵来，董教总也和那些积极参加政党活动、参与竞选的华文教育界人士分道扬镳，因为马来西亚的华人社团和政党之间不存在直接的联系。②事实证明，"三结合"的方式在马来西亚政治体制中行不通。

1982 年大选之后，华人社团参政走入低潮。到 1985 年，华人社团参与政治再起热潮。当年，马来西亚 15 个华人社团制定《马来西亚全国华团联合宣言》，并由代表 5000 多个华人社团的 27 个领导机构和联合总会签署，它们分别是:③

---

① 《星槟日报》1982 年 4 月 1 日，转引自袁慧芳《平等与民主——80 年代的马来西亚华人政治》，暨南大学，硕士学位论文，2002 年。

② 何启良:《独立后西马华人政治演变》，载〔马〕林水檺、何国忠等主编《马来西亚华人史新编》（第 2 册），第 101 页。

③ 《雪兰莪中华大会堂 72 周年纪念特刊（1923—1995）》，第 263 页。

雪兰莪中华大会堂	槟州华人大会堂
霹雳中华大会堂	森美兰中华大会堂
吉兰丹中华大会堂	登嘉楼中华大会堂
柔佛中华总会	沙捞越华人社团总会联合会
马来西亚华校董事会联合会总会	马来西亚华校教师会总会
马六甲中华总商会	彭亨中华总商会
吉打中华总商会	玻璃市中华总商会
沙巴州中华商会联合会	马来西亚福建社团联合会
马来西亚广东会馆联合会	马来西亚广西总会
马来西亚潮州公会联合会	马来西亚琼州会馆联合会
马来西亚嘉属会馆联合会	马来西亚永春联合会
吉隆坡暨雪兰莪中华工商总会	马来西亚留台校友会联合总会
马来亚南洋大学校友会	柔佛中华商会联合会
沙巴州华文独立中学董事联合会总会	

　　《马来西亚全国华团联合宣言》内容分为"前言""宣言""要求与建议"三部分。①前言说明华人社团发表联合宣言的缘由，指出马来西亚政府的政策"土著利益至上""过分偏重马来人"，导致人权被侵犯，其他种族在经济、政治、文化方面受到压制，马来西亚社会产生不公平现象，从而造成种族关系紧张，而当时执政的国阵政府（国阵即国民阵线的简称，它是以巫统为首、由马华公会等十多个政党组成的政党联盟，1974 年后开始执政）和以华人为基础的政党并未能解决这些问题。因此，华人社团要求争取自己的合法权益。"宣言"中声明，"政府的政策必须符合联邦宪法、国家原则及联合国宣言，以

---

① 《雪兰莪中华大会堂 72 周年纪念特刊（1923—1995）》，第 257—263 页。

确保基本人权及民主权利不受侵害"，认为"平等的公民权利和政治权利是促进国民团结和国家进步的先决条件，唯有在自由、民主及平等的基础上国民才能团结一致"，要求马来西亚政府尊重人民的基本民主权利，"采取有效的方案，不分种族地消除贫困及提高人民的生活水平"。接下来的"要求与建议"则分政治事项、经济事项、社会事项、文化事项和语文教育事项几部分，分别提出华人社团具体的要求和建议。

《马来西亚全国华团联合宣言》是一份华人的民主、人权宣言，它表明华人社团要以独立的政治身份推动马来西亚政治的民主化，是马来西亚华人社团在政治上的最高行动纲领，也标志华人社团参与国家政治达到最高潮。

1985年12月28日，"全国华团民权委员会"成立，它是贯彻华人社团联合宣言的执行机构，主席邱祥炽，副主席林晃昇。它提出了"贯彻华团联合宣言第一阶段九大目标"：废除对民族以土著和非土著的划分，反对土著利益至上的经济政策；严厉取缔非法移民，以维持社会安全；选区划分必须坚持"一人一票"的公平民主原则，使各选区选民数目大致相同；文化资产的制定必须承认并接受马来西亚社会的多元性本质；公平对待不同民族源流的学校和各民族语言文字；建立廉洁有效的行政体系，严厉对待贪污；全面发展新村，把新村发展纳入国家发展主流；政府应尽快处理批准符合条件的公民权申请书；重新检讨违反基本人权的法令。[①] 上述内容仍围绕经济、政治、社会、教育、语文方面提出，核心是维护民权，反映了华人社团对国阵政府偏向马来人政策的不满。

1986年4月13日，为贯彻联合宣言和九大目标，各州华人社团领

---

① 转引自何启良《独立后西马华人政治演变》，载［马］林水檺、何国忠等主编《马来西亚华人史新编》（第2册），第101—102页。

导机构高层领袖会议做出决议，授权全国华团民权委员会，采取具体步骤，促进马来西亚民主制度能够更加健全发展。

在同年举行的大选中，"全国华团民权委员会"为了削弱国阵的势力，在经过深入研究马来西亚的政治后，推出"两个阵线"概念。民权委员会期望通过"两线制"打破国阵尤其是巫统在马来西亚政治中的垄断地位。它认为："只有当形成两个足以相互取代的阵线时，当权的一方，才会表现的比现在更加民主，更加开朗，人民的意愿才会更加受到尊重。""由此可见，两个阵线概念的提出，对我国的政治来说是具有健全我国的民主制度，解救我国严重的经济、社会与政治危机的现实意义，"[①] "只有产生两个势均力敌、可以相互取代，轮流执政的阵线局面，才有可能促使民事服务机关恢复其中立的性质，有效地消除违反宪法的种族主义政策与措施"。[②] 民权委员会希望通过建立两线政治体制，促进马来西亚政治制度的更加民主化。不过，它拒绝支持任何政党，坚持自己在政治上的独立性。"超越政党，但不超越政治"，这是其一贯的原则。为了宣传自己的政治主张，扩大自身的影响，全国华团民权委员会一方面向华人社会宣传、推介"两个阵线"的主张，另一方面和其他政党进行联系、沟通。

"两线制"本质上仍具有民主政治的基本特征，"两个阵线"的民主思想不断得到广泛传播，从而为其进一步发展并走向成熟奠定了重要基础。

20 世纪 80 年代后期，马来西亚国内相继发生一系列事件，尤其是政治领域的争斗事件：巫统的分裂及"四六精神党"的成立，华小高

---

① 林晃昇：《两个阵线制度与马来西亚民主》（全国华团联合宣言与民权研讨会讲稿），1986 年，转引自袁慧芳《平等与民主——80 年代的马来西亚华人政治》，第 17 页。

② 林晃昇：《两个阵线制度与马来西亚民主》（全国华团联合宣言与民权研讨会讲稿），1986 年，转引自袁慧芳《平等与民主——80 年代的马来西亚华人政治》，第 17 页。

职风波和 1987 年大逮捕，1988 年 8 月因巫统上诉案最高法院院长被撤职等。它们引起马来西亚社会局势动荡不安。当时国内政治领域的急剧变化使马来西亚人民认识到必须构建稳固牢靠的民主与法制，以对政府的权力进行必要的监督和制约，这为"两线制"再次付诸实践提供了重要的社会条件和基础。

1990 年 8 月，在马来西亚进行大选前夕，一些华人社团的领袖如林晃昇、李万千等 27 人加入了主要的反对党民主行动党，他们希望趁势加强反对党的力量，以实现建立"两线制"的目标。他们在加入的仪式上发表声明："我们决定加入民主行动党及反对党联合阵线，以实践我们对当前国家政治局势的分析，及为我们的政治信仰而奋斗。我们相信，在国阵长期一党做大的政治局面下，要恢复我国的民主人权与司法独立，就必须加强反对党与反对党阵线，以达到分权制衡，……其实，早在 1986 年全国华团民权委员会为贯彻全国华团联合宣言的九大目标时，我们就已提倡及宣扬两线制。我们今天加入民主行动党，正是为了要达到这个理想。在即将来临的大选，由于四六精神党的出现及反对党阵线雏形的确立，打破国阵在国会内三分之二绝大多数席位的可能性已经形成。只有加强反对党，促成两线制，人民的意愿和权利才能得到伸张，我国的民主制度才具有真正意义。"①

同年 10 月 21 日，大选结果公布。投票统计表明，国阵获得 127 个国会议席，反对党阵线获得 53 个。不过，国阵的得票率为 51.95%，反对党阵线为 45.4%，双方差距不大。反对党中，民主行动党由于赢得 70% 以上的华人选票，获利最大。虽然，"两线制"的民主思想得到更为广泛的传播，但是，反对党阵线未能赢得 1990 年大选，这使"两线制"的实践再次受挫。

---

① 《星洲日报》1990 年 8 月 19 日。

20 世纪 80 年代，"三结合"和"两线制"的提出及实践表明了当时华人社团作为一种政治力量在马来西亚的崛起。这是那个时期马来西亚社会、马来西亚华人社会政治发展的重要特征。

1990 年，经过多年的申请，全马华人社团的最高领导机构——马来西亚中华大会堂联合会（以下简称堂联）终于被国阵政府批准注册成立。堂联的成立表明华团和政府紧张关系开始缓和、改善，是华团和政府关系发展的转折点。① 此后，在堂联的领导下，华团对政府秉持协商的态度。"民权委员会"遭到冷落，15 个华人社团的领导机构走向解体，《马来西亚全国华团联合宣言》的合时性被进一步质疑。董教总的领导层更换，由在教育界保持低调的人士出掌主席。此时，华团领导人已经相信"超越政党，但不超越政治"是华团最理智的政治斗争策略。1996 年，《新教育法令》出台，它的许多条文非常不利于马来西亚华文教育的发展，但起而抗争的只有董教总。不过，董教总政治影响力已显然衰弱。

1995 年马来西亚大选时，马华商联会和堂联先后发表支持国阵政府的宣言，达到了华团"解去政治化的极致"。此次大选结果是，国阵大胜，反对党惨败。局势发展表明，马来西亚"民主理念退潮，两线政治于是沉默无声了"。②

20 世纪 50 年代，马来西亚华人公民权的普遍获得是以承认马来人的特权为代价的。新经济政策实施后，随着马来人经济地位的增强，马来人中产阶级的发展壮大，马来人的特权地位更是越加稳固。"事实上，土著至上主义在大马政治意识里根深蒂固而广泛蔓延。在政治、文化、

① 何启良：《独立后西马华人政治演变》，载［马］林水檺、何国忠等主编《马来西亚华人史新编》（第 2 册），第 111 页。
② 何启良：《独立后西马华人政治演变》，载［马］林水檺、何国忠等主编《马来西亚华人史新编》（第 2 册），第 111 页。

经济各领域里，土著社会已出现了一股生猛凌厉之势。大马的各项政策，显然已把土著和非土著摆在难以调和的地位。"[①] 与此同时，华人在国家政治生活中则日益处于被动、从属的地位。在此背景下，华人社团在政治领域要谋求华人社会的权益，难以有明显的成就，虽然它们的参政活动仍然是积极活跃的。

第二节　1957—2000 年马来西亚印度人政治参与

1957—2000 年，尤其在新经济时期，马来西亚政治局势整体上相对稳定。在此背景下，马来西亚印度人可以通过投票选举的方式直接表达其政治意愿，同时也可借助特定政治性社团和组织的帮助来维护其合法权益，比如马来西亚印度国大党（Malaysian Indian Congress，简称印度国大党、MIC）和全国种植园工人工会（National Union of Plantation Workers，简称 NUPW）。

1. 印度人政党政治参与

印度人作为马来西亚第三大族群，其人口数量也是不可小视的。数据统计显示，1970 年马来西亚印度人的人口数量约是 98 万，占比9.14%，到 1991 年人口增至 141 万，占比 7.94%[②]。人口的比较优势在一定程度上会反映在选举投票上。而代表印度人的政党是马来西亚印度国大党，故而印度人选民的选票基本流向国大党。不过随着国大党内部爆发出的斗争和腐败问题，印度人选民的政治态度也发生了一定程度

---

① 何启良：《权威危机和协商困局——为马华公会和民政党定位》，载［马］何启良《政治动员与官僚参与——大马华人政治述论》，第 22—37 页。
② 何启良：《独立后西马华人政治演变》，载［马］林水檺、何国忠等主编《马来西亚华人史新编》（第 2 册），第 111 页。

的改变，政治取向更加理性化。

回顾新经济政策时期的大选，从印度国大党的表现来看，即议席和选票的变化，可以从下表看到，国大党在议会中的席位少之又少，而且变化不明显，这说明了印度国大党所处的尴尬境地，特别是 1974 年新的执政党联盟"国民阵线"的成立；选票数的变化趋势是不断上升的，从 1978 年的 67119 票到 1986 年的 104701 票，这主要取决于马来西亚人口的稳步增长和民众的参政意识的提高。从席位来看，马来西亚印度国大党在马来西亚议会中所发挥的作用微乎其微，而且与 1969 年之前相比地位明显下降了；从选票数来看，印度国大党的民众基础还是稳定的。总之，从马华印联盟到国民阵线的扩张，意味着巫统有意要改变长期依赖华人和印度人的状况，也意味着印度国大党在深知形势对本族群不利的情况下，依旧要保留对国民阵线的幻想。

表 5 - 1　　　　1978—2018 年十次大选马来西亚印度人国大党的
选票和议席变化

年份	1978	1982	1986	1990	1995	1999	2004	2008	2013	2018
选票	67119	79825	104701	304000	—	171681	221546	179422	286629	167061
席位	3	4	6	6	7	7	9	3	4	2

资料来源：选票数据整理自马来西亚选举委员会，自 1978—1999 年席位数据整理自 NSTP Research and Information Services，Elections in Malaysia: facts and figures, Kuala Lumpur: New Straits Times Press, 1994；2004 年、2008 年、2013 年和 2018 年的数据整理自 https: // undi. info/。

除了执政联盟中的国大党，马来西亚印度人还建立或参与了许多其他政党。

随着印度人人口在东马地区的增加，印度人在东马的政坛上也开始"崭露头角"。1963 年 9 月 16 日，沙巴加入马来西亚。1964 年 4 月，沙巴进行州议会选举。选举结果是，沙巴国家统一机构依旧保持沙巴第一大党的地位，争得了 15 席；沙巴马华公会有 9 席，新成立的沙巴印度国大党获得 1 个官委席位（沙巴宪法允许六个官委议员进入州议会）。①

1974 年，在原首相、巫统主席敦·拉萨（Tun Abdul Razak）推动下，新的政党联盟"国民阵线"（National Front）正式成立，它取代了原来的马华印联盟党。国民阵线当时共吸收了 14 个政党加入，其中包括马华公会、国大党、人民进步党等，马华公会和国大党作为执政党的政治地位进一步下降②；而且，国民阵线的成立也进一步削弱了马来西亚政治中反对党的力量。

新成立的国民阵线在 1974 年的大选中取得巨大胜利。此后一段时期，代表马来人利益的巫统的政治地位不断强化，马来西亚政治体制中的威权主义倾向日益明显。

在巫统政治地位不断强化的同时，其内部出现了分裂。1988 年和 1989 年，巫统最终一分为二，即新巫统（New UMNO）和四六精神党（Semangat 46）分别注册成立。新巫统依然是马来西亚政坛影响最大的政党，党员人数超过 100 万，全为马来人。作为新巫统的反对派，四六精神党联合其他的反对党，组成反对派联合阵线。1990 年，以四六精神党为首的反对党联盟终于建立起来，它包括印度人前进阵线（Indian Progressive Front，简称"IPF"，1990 年成立，目前有 38 万名党员，大部分来自印度人社会下层）、马来西亚穆斯林印度人国大党（1977 年成立）等印度人政党。该联盟在 1990 年的大选中取得很大胜利，但未能

---

① ［马］林水檺、何国忠等主编：《马来西亚华人史新编》（第 2 册），第 139 页。

② 有学者认为，国大党是联盟党内最听话的政党，不敢发声。从拉赫曼到巴达维，马国历任首相一再表明从未在国大党那里遇到过麻烦。实际上，国大党在印度人社会缺乏强大的政治基础，完全依赖巫统的支持，不能扮演独立政党的角色。参见 Janakey Raman Manickam, *The Malaysian Indian Dilemma：The Struggles and Agony of the Indian Community in Malaysia*, Klang：Nationwide Human Development and Research Centre, 2012, third edition, pp. 120, 132。

从根本上动摇执政党国民阵线的优势地位。

1999 年，三大反对党"伊斯兰教党"（马来人政党）、"民主行动党"（华人政党）和"印度人人民党"（印度人政党，20 世纪 50 年代成立）组成了新的反对党联盟——"替代阵线"，该政党联盟的目标就是要最终取代国民阵线的执政地位。在当年举行的大选中，替代阵线虽未能最终赢得选举，但重创了国民阵线的核心大党巫统。[①]

20 世纪 70 年代后，原本政治主张比较激进的人民进步党的路线有所改变，并于 1974 年加入执政的国民阵线中。创党人锡尼华沙甘兄弟相继逝世后，该党势力逐渐衰落。

从参与执政的印度人政党在政府中的地位可以观察到，在马来人权利不断加强的同时，印度人政党和华人政党一样，一直处于弱化的境地。在 1969 年之后的马来西亚内阁席位上，原本还占据 2 席的印度国大党在此后不到几年的时间里只剩下象征性的 1 席了。例如，在 1964 年 6 月组阁的含正、副总理在内的 22 位部会首长中，印度人占 2 席，即工程、邮务与电讯部部长以及劳工部部长；在 1973 年 4 月组阁的 26 位部会首长中，印度人亦有 2 席，这次他们担任国家团结部部长和劳工与人力资源部部长；而在 1975 年 8 月 6 日组阁的 23 位部会首长中，印度人仅剩下 1 位通讯部部长；从 1975 年开始，尽管内阁不断扩充其部会数量，但印度人仅获得 1 席部长席位，且仅能担任工程部部长（1984 年、1997 年、2008 年）、通讯部部长（1975 年）或能源部部长（1992 年）。2000 年，印度人在马来西亚国会两院中各占 7 个席位，其中包括 1 个内阁职位、2 个副部长级职位，以及 2 个国会秘书职位。[②]

---

① 廖小健：《世纪之交马来西亚》，世界知识出版社 2002 年版，第 242 页。
② 参见陈中和《马来西亚印度族群边缘化的根源在哪里？一个宪政体制的分析观点》，[马]《视角》2007 年第 12 期。2000 年的资料来自（India）The High Level Committee on Indian Diaspora：The Report，p. 258。

20 世纪 70 年代以来，国大党的重要活动也聚焦如何应对新经济政策。

国大党曾长期做过大量的尝试，力图说服马来西亚政府采取补救措施解决印度贫困人群所面临的难题。然而这些努力收效甚微，而且巫统的回应通常只是象征性的。

1974 年，国大党召开了第一次经济研讨会，主题是"新经济政策与马来西亚印度人"，旨在向正在制定第三次马来西亚计划（1976—1980）的政府提建议。研讨会结束后，一份包含提升印度人经济建议的蓝图呈交给了政府。这份蓝图包括两个方面的内容：首先是要求政府制定具体政策，到 1990 年将印度人在国民经济中的地位从 1.0% 提高到 10%；其次是建议将种植园产业纳入农村发展部的职权范围，以便有效解决种植园工人的经济问题，建议根据 FELDA① 计划吸收流离失所的种植园劳工来保证就业。国大党希望至少有一些建议会被纳入第三次马来西亚计划（1976—1980），但实际上时任总理的拉扎克对这份蓝图并不感兴趣，因此国大党的建议并没有在第三次马来西亚计划中得以体现。尽管后来政府保证重视印度人的经济落后并采取措施来解决这个问题，但在整个第三次马来西亚计划时期并没有具体的措施来帮助印度人缓解经济落后的困境。

1980 年，国大党组织了第二次经济研讨会。这次研讨会的背景是新经济政策实施的第十年，也是马来西亚第四次经济计划的制定年。就新经济政策的执行情况来说，印度人在国民财富中占 1.0% 的经济地位仍未得到提升显然不符合最初新经济政策的目标期望。从马来西亚经济计划的制定来看，第三次经济计划已然忽略了国大党的建议，也没有对

---

① FELDA（英文全称 Federal Land Development Authority，中文可译作"联邦土地发展局"）的作用就是开展土地开发和农业活动、工商业社会经济项目，来达到就业和消除贫困的目的。1990 年，FELDA 不再吸收新的定居者。

印度人福利的提升有多大的帮助。所以，这一次的研讨会的目的很明确，要让应邀出席的代表政府的财政部部长东古·拉沙里（Tengku Razaleigh Hamzah）认识到印度人真实的经济状况，与 1974 年相同的还是为印度人的经济提升给政府建言献策，不同的是这一次的目标由原先的 10% 改为 6%。[①] 结果总是相似的，尽管东古·拉沙里给了保证政府意识到印度人的困境并将采取行动去克服这个困境，但实际上第四次经济计划中并没有附加行动来缓解印度人的困境。

从两次研讨会的目的来看，国大党的行为动机明显是维护印度人的权益，这十分符合族群政党的定位。但从两次研讨会的后期影响来看，两次经济计划的制定和实施都忽略了国大党的建议，也没有给印度人带来更多的福利，这对于国大党来说是失败的。从国大党的综合表现来看，能够得出的结论是国大党的作用以及影响力已经远远跟不上马来西亚政局的变化，也满足不了印度人群体的需求了。

2. 种植园分裂运动与种植园劳工：NUPW 和 MIC 的努力

种植园分裂运动指的是马来西亚外国资本家把所拥有的种植园分割成几个部分卖给当地人，主要是在 20 世纪 50 年代开始出现的，即伴随马来亚独立运动开始而出现，60 年代发展态势强烈，贯穿 70 年代、80 年代和 90 年代。种植园分裂运动带来的后果是灾难性的，工人失业，流离失所，教育和医疗都成问题。1970 年，马来西亚种植园工人约 15 万户，约 25 万人，其中印度人占 45%，马来人占 32%，华人占 22%[②]。明显的是，种植园分裂运动对印度人的影响会比对其他两族的

[①] K. Anbalakan, "The New Economic Policy and Further Marginalisation of the Indians", *Kajian Malaysia*, Vol. XXI, Nos. 1&2, 2003, p. 389.

[②] ［日］土屋敬三：《马来西亚的社会贫困状况及各民族间的经济差距》，李述文译，载《南洋资料译丛》1978 年第 4 期。

要大得多。全国种植园工人工会和马来西亚印度国大党很快就注意到这一现象，并为此付出了较为明显的努力。

首先，NUPW 和 MIC 都以自己的方式来寻求政府的帮助，比如 NUPW 撰写的研究报告和 MIC 的游说行为。在分裂运动演进到 60 年代的高潮期，NUPW 认为政府至少要禁止 40 公顷型种植园的买卖行为。[①] 因为大型种植园的分裂不仅伤害的是种植园产业，对种植园劳工的影响更是恶劣的。经过双方的努力，马政府组建了调查委员会，1963 年 "阿奇兹报告" (the Aziz Report) 出台。报告的内容详细分析了种植园分裂运动的实质是投机行为而不是正常的土地需求，认为分裂运动对国家经济发展和对印度劳工都有着不利影响。[②] 但是，马政府的回应令 NUPW 和 MIC 失望了，马政府认为现行的法律能够应付当前的情况，拒绝采纳报告中所提出的建议。

在寻求政府帮助无果的情况下，NUPW 和 MIC 都通过自助合作的方式来帮助印度种植园劳工。1960 年印度国大党主席善班丹成立了全国土地金融合作社 (National Land Finance Cooperative Society，NLFCS)，旨在缓解种植园劳工的无家可归和失业问题。NLFCS 筹集资金购买分裂出来的种植园土地，同时鼓励印度种植园劳工购买份额加入合作社。这一行动得到了广大印度种植园劳工的支持。到 80 年代中期，成员数量增长到约 75000 人，股金增加到 9.087 亿林吉特（马来西亚货币名称）。[③] 1961 年 8 月，NLFCS 在吉打州购买了第一份土地。到 1985 年，

---

① K. Anbalakan, "*Socio-Economic Self-Help among Indians in Malaysia*", in K. Kesavapany, A. Mani, P. Ramasamy, *Rising India and Indian Communities in East Asia*, Institute of Southeast Asian Studies, 2008, p. 424.

② Carl Vadivella Belle, *Tragic Orphans: Indians in Malaysia*, Singapore: Institute of Southeast Asian Studies, 2014, pp. 314 – 315.

③ K. Anbalakan, "*Socio-Economic Self-Help among Indians in Malaysia*", in K. Kesavapany, A. Mani, P. Ramasamy, *Rising India and Indian Communities in East Asia*, Institute of Southeast Asian Studies, 2008, p. 425.

NLFCS 共有 12 处种植园，价值约为 35 亿林吉特，并且成为"马来西亚劳工拥有的最大经营机构"。① 与 MIC 一样，NUPW 也发起了一些项目来帮助印度种植园劳工，如成立类似 NLFCS 的组织。但与 NLFCS 不同的是，NUPW 的项目执行力是差劲的，NUPW 的领导层在管理这些项目的过程中缺乏专业性和义务性。另外，NUPW 也涉足买卖种植园，但也因管理不善被迫卖掉种植园。

　　总而言之，NUPW 和 MIC 为印度种植园劳工所做出的努力是有成效的，种植园劳工的权益也得到了一定的保障。尽管 NUPW 在经营管理方面存在缺陷，无法为种植园劳工争取到更多的权益，但是对于本来就已经身临绝境的劳工们而言，这无疑是雪中送炭。

第三节　1957—2000 年马来西亚华人与印度人政治参与比较

　　1957 年马来亚独立时，当地印度人总人口为 735038②，其中，本土出生率所占比例为 64.5%。1957 马来亚联合邦独立。面对这一巨变，到 20 世纪 50 年代末，绝大多数的当地印度侨民和华侨一样，选择加入马来亚国籍，以马来亚为永久家园，他们在政治上开始认同马来亚为祖国。相关统计数据表明，到 1957 年 6 月 30 日，印度人（包括巴基斯坦人）已经有 22.2 万人获得公民权。③

　　随着政治认同本土化的不断加强，到 20 世纪 70 年代，华人社会和

---

　　① Muzafar Desmond Tate，*The Malaysian Indians*：*History*，*Problems and Future*，Selangor：Strategic Information and Research Development Centre，2008，p. 121.

　　② Edited by Verinder Grover，*Malaysia*：*Government and Politics*，New Delhi，Deep & Deep Publications PVT. Ltd，p. 300.

　　③ K. J. Ratnam，*Communalism and the Political Process in Malaya*，Kuala Lumpur：University of Malaya Press，1965，p. 92.

印度人社会对马来西亚政治的普遍参与已经呈现出持久的稳定性。通过下表，我们可以了解 20 世纪 50—70 年代参加西马地区历届选举的各族群选民人数及其所占比例的情况。

表 5 – 2 　　　　　　　历届大选西马地区选民族群构成简表①

年份	马来人		华人		印度人		总计
	人数	百分比（%）	人数	百分比（%）	人数	百分比（%）	
1955	1077562	84.1	142947	11.2	60356	4.7	1280865
1959	1244827	57.0	752846	34.5	184665	8.5	2182338
1964	1503836	54.4	1039264	37.6	223431	8.1	2766531
1969	1835908	55.7	1055958	36.3	264890	8.0	3156756
1974	1971305	57.9	1176361	34.5	258995	7.6	3406661

Source：1955, 1959 and 1964 data obtained from Barisan Nasional Office, Jalan Ipoh, Kuala Lumpur. 1969 and 1974 figures based on electoral registers for respective years. （1955 年、1959 年和 1964 年的数据参见 Barisan Nasional Office, Jalan Ipoh, Kuala Lumpur；1969 年和 1974 年的数据基于相应年份的选区统计人数。）

上表数据可以说明，从 1959 年的大选开始，在马来西亚的政治和经济中心，也是绝大部分印度人居住的西马地区，参加选举的马来人、华人和印度人的选民人数，他们在全部选民中各自所占的比例，和三大族群人口分别在马来西亚全国人口所占的比例基本相近。仅就印度人而言，1959 年以后的历届大选，其选民人数所占的比例在 8% 左右，接近印度人人口在全国人口中的比例。1974 年时印度人选民人数接近 26 万人，在当时印度人约 100 万的总人口中所占比例已不小，在具有选民资格的印度人人口中所占比例更高。根据上述数据，我们可以认为，在基

① Edited by Zakaria Haji Ahmad, *Government and Politics of Malaysia*, Singapore, Oxford University Press, p. 63.

层的华人社会和印度人社会中，对马来西亚政治的参与还是具有明显的
普遍性的。

自独立后至 20 世纪末，随着马来人特权地位的不断强化，华人和
印度人的政治地位日益下降，或者被边缘化。华人和印度人的政治地位
在本质上是相同的，都属于"二等公民"，不过，在实际的政治体制
中，华人的政治重要性明显会高于印度人，这是由华人的经济地位决定
的。另外，不能忽略的是历史大背景，新经济政策实施期间的 20 世纪
70 年代与 80 年代两个时期显然又具备不同特点，主要体现在 80 年代马
来西亚权威主义更加强烈，而 70 年代更像是新经济政策的调整和适应
时期。进入 20 世纪 90 年代，马来西亚政治局势再呈现另一番景象。因
此，在分析华人和印度人的政治参与状况时不能脱离历史背景的考量，
也不能不顾政治形势的变化，要做到正确看待不同时期华人和印度人的
侧重点。

新经济政策时期是华印两族政治参与的目的较为明显的时期。综观
新经济政策时期华人和印度人的政治参与情况，无论是华人还是印度
人，都避免不了要参与选举投票来表达自己的政治意愿，华人政党和印
度人政党都不免为各自族群的选民服务，重要的民间力量社会团体组织
充当着中介人的角色为其会员和相关人员提供帮助。这期间虽然华人社
会和印度人社会各自面临着不同的难题，但在处理问题的方式上有一定
的相似之处。这些问题的处理模式是政党为主，社团辅助配合。

就相同点而言，可从政治诉求和政治活动来比较。就政治诉求而
言，政治上双方都希望政治地位能够与其经济地位相匹配，获得更多的
政治权利，追求政治平等；经济上希望解除双方在经商方面的某些限
制；社会文化上母语教育是双方共同的追求。从政治活动来看，参与选
举投票是最直观的政治参与形式，通过政党参政议政是应有之义，社会
团体的援助是马来西亚政治发展的民主表现，这些能够清晰展示的政治

行动是华人和印度人都能接触和实现的。具体来说，政治上华人和印度人选民参与政治选举的目的基本相同，主要有表达自己的政治意愿和支持本族群的良性发展；华人政党和印度人政党同属执政党联盟阵营，在新经济政策时期为各自族群争取利益的时候都竭尽全力；在各自族群民众遭遇困难之际社团组织所提供的援助是及时的、可行的。最后，还需要提到的一点是，华人和印度人的政治参与过程中政治领导层所呈现的矛盾性是一致的。这种内部矛盾所引发的外溢效应让民众对于各自族群领导层的认识更加理性化。

另外，马来亚华人与印度人的参政活动也存在较大的差异。具体体现：经济层面上的优势和教育水平的领先让华人参与政治生活更加主动、更加积极；马华公会有了较为强力的政治劲敌民主行动党，印度国大党的长期代言人身份未受影响，但本身的影响力在下降；这一阶段华社和印度人社会面临的主要问题是不同的，华社更多关注的是政治权利的提高和华文教育，而印度人社会主要需求的是经济层面的改善，尤其是种植园劳工。

如果只是简单列举政治活动的不同，很显然没有触及背后的实质，也没有厘清华人和印度人在政治参与过程中所呈现的差异性。具体来说，选民参与政治选举除了要满足基本的选举条件外，还要有政治意愿，也可以说是政治关心。并不是所有选民都有参与投票的意愿，一些忙于生计或自觉政治与我无关的选民参与投票的概率明显很低。这背后就涉及经济基础的好坏问题和受教育程度的高低问题。举例来说，就经济收入来看，1970 年华人的平均家庭收入比印度人高 90 马元，到了 1979 年，华人的平均家庭收入比印度人高 192 马元[①]，可以看出华人的经济地位是高于印度人的，从而也为华人选民提供了足够的资金支持去

---

① 计算整理自 [日] 西口靖胜《当代马来西亚的种族对立与收入分配结构》，汪慕恒译，《南洋资料译丛》1987 年第 4 期。

参与政治选举；就受教育程度而言，就 1980 年的高等学府毕业生为例，华人获得大学学位的人数是印度人的 3 倍多，获得其他文凭的人数约是其 5 倍①，可以看出华人的整体教育水平是好于印度人的，另外也能从就业结构中可以窥之一二。在三大族群中，从事低薪工作如种植业、机械操作和装配工作的印度人比例最高，土著次之，华人比例最低②。因此，在经济基础良好和教育水平颇高的情况下，华人参与政治选举的意愿更高，即主动性和积极性更高，现实情况也是如此。

　　事实上，在没有选民支持的情况下，代表族群的政党也将变得毫无意义，所以说政党要维持其影响力离不开选民的支持，继而需要为选民的利益提供保障。但实际上，马来西亚是一个民族多元、政党族群化的国家，所以同族群的选民很少会去支持其他族群的政党，但族群内出现多个政党的时候，也意味着选民的意向可以发生转移。这一点在马来人政党和华人政党身上体现得更突出，印度人政党长期以印度国大党为主导。新经济政策时期，华人政党马华公会面临着新的政党民主行动党的挑战，而印度人政党依旧没有发生改变。作为执政党联盟的成员，马华公会和印度国大党都有着来自族群内部的难题需要解决，特别是突发性的。整个新经济政策时期，马华公会面临的主要问题是威信的维持和华文教育，而印度国大党需要做的是处理种植园劳工的贫困问题和与大马政府协商关于经济计划中印度人的利益分配问题。就两大政党新经济政策时期的政治作为的成效来看，马华公会的权威受到新的华人政党民主行动党的挑战，威信有所下降。另外，华文教育方面，马华公会成立拉曼学院与对独立大学的拒绝形成了鲜明的对比。印度国大党对于种植园

---

　　① 整理自〔马〕林水檺、骆静山合编《马来西亚华人史》，吉隆坡：马来西亚留台校友会联合总会 1984 年版，第 470 页。

　　② 罗圣荣：《马来西亚的印度人及其历史变迁》，中国社会科学出版社 2015 年版，第 144 页。

劳工的援助是积极且及时的，但最终的结果并不令印度人如意，同时在与马国政府谈判的过程中成果也稀少。

另外，就民间组织而言，华人社团的政治参与远比印度人社团积极活跃。在马来西亚，华人社团参与政治活动的历史源远流长，最早可以追溯到殖民时期。值得一提的是，在华人政党诞生之前，华人社团就开始为马来西亚华人服务，帮助华人维护合法权益不受侵害。在马来西亚独立以后，华人政党的成立使华人社团逐渐演变成不可或缺的民间力量。这种民间力量有时候比华人政党更了解华人的意愿，华人社会也会更加青睐这种民间力量，实质上华人社团已经在扮演平衡者的角色，帮助民众与政府之间的沟通更加顺畅。

马来西亚的华团组织起初只是零零散散的，各地的组织也不集中，直到20世纪开始出现大联合的趋势，各州乃至全国性的华团组织相继建立起来。目前，马来西亚共有5000多个华团组织，全国性的华团组织中，较具影响力的主要有以下四个：马来西亚中华大会堂总会，马来西亚中华工商联合会，马来西亚华校董事会联合总会和马来西亚华校教师联合总会。后三者的成立时间较早，基本是独立初期就已经存在了；而马来西亚中华大会堂总会则是在1991年建立的①。

与华人社团相比，印度人社团组织数量相对较少，类型相对简单，它们的政治活动的活跃度和影响力也远不能和华人社团相比。

总体上，比较1957—2000年华人和印度人政治参与，不难发现华人在少数族群中的政治参与程度明显高于印度人，影响力也是远高于印度人。但这并不能抹灭印度人参与政治生活的作用。另外，华人和印度人的政治参与都带有各自的特色，两大族群在其间也面临着不同的难题，族群政党也为各自族群的发展贡献力量，这是毋庸置疑的。

---

① 许梅：《独立后马来西亚华人的政治选择与政治参与》，《东南亚研究》2004年第1期。

　　总之，1957—2000 年，华人和印度人的政治参与既有相似之处，也存在诸多差异。尽管华人和印度人在马国政治地位有所不同，但他们作为少数族裔，与主体民族马来人之间始终存在隔阂。正是这种隔阂使华人和印度人参与政治生活面临着被土著社会拒绝的可能性，从而导致这种努力变得毫无意义。作为相对较小的移民群体，华人和印度人参与政治是一种自我保护、自我融入的过程，但在参政的过程中会引起土著社会的抵触，其间存在一个适应的阶段。同时，值得一提的是，马来西亚本身就是一个多元民族、多元文化的国家，这也给华人和印度人提供了充足的空间去适应并找到其在马来西亚社会的准确定位。

第六章　2001—2018 年马来西亚华人与印度人政治参与及比较

进入 21 世纪后，马来西亚政治发展最显著的特征是政治民主化，其目标是：结束一党长期执政，实现政权轮替；改变族群政治格局，超越族群政治；铲除贪污腐败和裙带关系，实现廉洁政治；发挥非政府组织的积极作用，扩大公民政治参与。① 作为少数族裔，华人和印度人积极推动了 21 世纪初马国的政治民主化进程。

第一节　2001—2018 年马来西亚华人政治参与

1. 华人政党的政治参与

2001—2018 年，受到马来西亚政治民主化浪潮的影响和推动，该国华人政党政治也发生颠覆性变化，原来长期参与执政的马华公会在政坛的地位日益式微，最终在大选中和国阵一道被淘汰出局，沦为在野党。而包括民主行动党在内的反对党联盟在 2018 年实现了自身的目标，上台执政。

进入 21 世纪，华基政党民主行动党的政治活动进入第三阶段

---

① 范若兰、廖朝骥：《追求公正：马来西亚华人政治走向》，《世界知识》2018 年第 12 期。

（2001 年至今），即维护世俗民主，反对巫统的马来人种族主义霸权和回教党神权政治回教国，提出走多元民主和自由开放的"第三条道路"。

基于不认同回教党关于建立回教国的主张，2001 年 9 月 22 日，民主行动党退出了反对党联盟——"替阵"。2001 年 9 月 29 日，时任首相马哈蒂尔宣布马来西亚为伊斯兰教国，民主行动党随即在全马发起"不要九二九"全民觉醒运动，呼吁全体人民，不分种族、宗教或政治信仰，捍卫国家的民主、世俗、多元宗教以及以伊斯兰教为国教的宪法，阻止马来西亚变成一个回教国。

2003 年，马哈蒂尔卸任总理，由巴达维接任。同年 11 月，伊斯兰党发表《伊斯兰教国文件》，正式提出在马来西亚建立伊斯兰教国的蓝图，民主行动党公开大力反对。2004 年 3 月，在第 11 届国会选举举行前夕，民主行动党发布大选宣言《与您同行，共创未来》，指出国家面临的两大挑战：一是捍卫民主及世俗国地位；二是要求有意义的基本改变。宣言呼吁人民"阻止马来西亚步上伊斯兰教国的不归路"，"要维持及延续独立宪法所制定的民主及世俗体制"。宣言包括了十大政治诉求：反对伊斯兰教国；扑灭贪污、裙带和朋党关系；废除所有恶法；恢复司法独立及开放上议院选举；工人享有平等的经济机会；改善公共服务；改善社会治安；根据人口需求增建华文小学和淡米尔文小学；恢复地方议会选举；签署国际人权公约。[①] 同月举行第 11 届国会选举中，民主行动党获得 12 席，席位比上届略有增加。

面对国家政治生活中日益频现的伊斯兰化，以及民众对民主化的强烈要求，2004 年大选后，民主行动党为落实 2004 年《大选宣言》进行了不懈的努力，其活动主要体现在以下几方面：①继续反对伊斯兰教

---

① 参见辉明《从华人政党到全民政党？——"安华事件"后马来西亚民主行动党的政策转变》，《当代世界与社会主义》（双月刊）2016 年第 2 期。

国，反对马来西亚当局的伊斯兰化政策。②发起恢复地方政府选举的民主运动，主张民选市长、市议员。③反对恢复新经济政策。④捍卫母语教育，呼吁马来西亚当局承认华语教育的合法地位，反对在小学基础教育中推行英化教育。⑤维护劳工权利。①

2008 年第十二届全国大选，民主行动党赢得 26 席，国阵第一次失去控制国会三分之二议席的优势地位，国阵长期一党独大的局面反转，反对党强盛崛起。受到大胜战绩的鼓励，2008 年大选之后，三个主要反对党——民主行动党、伊斯兰党和公正党决定组成"人民联盟"，期望进一步推动国家政治走向两线制，推翻国阵霸权统治。

民主行动党继续努力扮演好反对党的角色，推动国家政治的民主化潮流。2012 年，民主行动党发表《莎亚南宣言》，重申捍卫国会民主与君主立宪制度；坚守现有体制架构，进一步加强立法、行政与司法的三权分立；奉《马来西亚联邦宪法》为国家基本大法；维护马来人、土著的特别地位以及其他族群的权利；承认伊斯兰教的联邦宗教地位以及和平信仰其他宗教之自由；坚持马来语为国语，但不损害使用与学习其他母语之权利。②

2013 年第 13 届全国大选，执政党国阵获得国会 133 席，反对党人民联盟获 89 席，其中民主行动党获得 38 个国会议席、95 个州议席。这次大选被时任总理纳吉称为"华人大海啸"，因为华人基本上全部支持反对党。

由于伊斯兰党与巫统关系日益密切，2015 年 6 月，"人民联盟"宣告解散。同年 9 月，民主行动党、人民公正党、国家诚信党组建了"希望联盟"（以下简称"希盟"）。2016 年 9 月，从巫统分化出来的部分

① 辉明：《从华人政党到全民政党？——"安华事件"后马来西亚民主行动党的政策转变》，《当代世界与社会主义》（双月刊）2016 年第 2 期。
② 《献给马来西亚人民的新政》，参见 https：//dapmalaysia. org/cn/。

党员成立了土著团结党，党主席为内政部长、原副首相及巫统副主席慕尤丁，总裁为前总理马哈迪。同年 11 月，该党正式加入希盟。

2018 年第 14 届大选，反对党希望联盟赢得国会多数席位，有 113 个，拿下执政权，其中，民主行动党获得国会 42 席、州议席 101 席。国阵仅获得 79 席，最终落败，失去执政权。马来西亚政治上首次实现政党轮替。

值得注意的是，马来西亚华人尤其是年轻一代，开始全面抛弃基于不同种族政党的族群政治。而在民主行动党中，也有越来越多印度人、马来人参与其中，2004—2014 年，著名印度裔律师卡巴星（Karpal Singh）担任民主行动党全国主席，该党也公开不以种族为基础展开政治活动。

接下来我们再来了解马华公会的参政活动。

2002 年 5 月，马来西亚内阁决定，从 2003 年开始，率先在国小实行改用英文教理科，提升学生的英文水平和加强对科学工艺的吸收能力。马华公会与其他 4 个华基政党商讨后，提出 2－3－3 方案；而内阁与主张各源流学校全面实行英语教数理的其他成员党代表谈判，达成 2－4－3 方案，即华小可继续以华语教数理，同时从一年级开始每周上 2 节英文语文课，和增加 4 节英文词汇教数学及 3 节英文词汇教科学。这样的方案，可保住华小不变质，也可加强华小学生的英文水平。

2003 年 5 月 23 日，总会长林良实辞去所有党职，黄家定接任总会长。

在 2004 年 3 月举行的第 11 届大选中，马华公会在参选的 40 个国席中赢得 31 席，并在参选的 90 个州议席中胜出 76 席。首相阿都拉在第 11 届全国大选后公布新内阁阵容，其中共有 16 名马华代表出任官职，即 4 位部长、8 位副部长及 4 位政务次长。

为了赢得华社的支持，2004 年 7 月 16 日，总会长黄家定宣布，为

362 名在大马教育文凭考试中获全 A 的华裔优秀生，成功争取到获得公共服务局颁予奖学金到海外大学深造。2006 年 1 月，马华公会中委会会议通过《马华九大政纲》，主要内容：打造健康政治文化；终身学习运动；教育振兴；强化中文教育发展；提升经济竞争力；建设与发扬文化；推动新村发展；维护正义、关怀社会；贯彻马来亚国民精神。马华坚守以华文为主教数理底线。

2005 年 7 月下旬，巫统召开代表大会。在此期间，其青年团（以下简称"巫青团"）提出，针对即将出台的第九个大马计划，要政府恢复实行新经济政策，以继续扶助土著民族经济的发展，使其能控制国家股权达到 30％。此议一经发布，立即引起其他民族尤其华人的强烈震惊和深深担忧。华人政党、华人社团、华文媒体等华人社会力量纷纷以各种方式反对新经济政策的恢复实行，认为那将是逆历史发展潮流而动的行为。

在巫青团动议的促使下，8 月 11 日，马华公会联合具有领导地位的 14 家华团（包括华总、商联会、七大乡团及其他华团），决议成立了"经济咨询委员会"。成立该会的宗旨是：加强华社对政府的各项决策有更深入的了解；促进土著与非土著在经济领域的合作；致力于开拓新的财富及新的资源；密切关注政府的各项政策措施，以确保各民族在国家的经济发展中，获得公平参与权与提高国家的竞争力，使全民受惠；等等。[①]

2008 年 3 月，马国第 12 届大选，马华公会中选的国会议员从上届的 31 名大幅减少 15 名，中选的州议员则只有 31 人。在随后首相阿都拉宣布中央政府的新内阁阵容中，马华获分配 4 个部长和 6 个副部长职位。同年 4 月，马华公会中委会通过"全民共治，各族分享"的政治大方向，提出了 4 个核心价值，即民主、民权、民生、民愿的政治概念，

---

① 《南洋商报》2005 年 8 月 12 日，第 A14 版。

作为该党转型的目标。10 月，翁诗杰当选总会长。

2010 年，蔡细历当选总会长。同年 8 月，马华公会成功主办以"华社在迈向新经济模式和第十大马计划目标所扮演的角色"为主题的华人经济大会。蔡细历宣布全力支持首相纳吉提出的新经济模式，即通过开放经济让私人领域成为火车头，并确保扶弱政策是以市场导向与需求为基础，以符合目前全球竞争环境。同时，华人经济大会也全力支持推动一个大马概念、第十大马计划，以及政府转型计划。[①] 12 月，在国阵大会上，蔡细历指出国阵成员党是同等的伙伴关系，因此，重要的国家政策不应该在巫统大会或巫统最高理事会议上宣布。蔡细历的言论招致一些巫统领袖的指责。

2011 年 9 月，回教党挑起落实回教刑事法的争议，马华公会随即发布声明，如果巫统推动回教刑事法，该党将退出国阵。

但马华在华社影响力的下降趋势难以逆转，甚至一直在恶化。华人民众普遍的看法是，马华说得多，做得少，兑现得更稀缺。

2013 年大选，马华公会再次遭受历史性重挫，只赢得 7 个国会议席和 11 个州议席，后来被人讥为"7 - 11 政党"。同年，廖中莱当选第 10 任总会长。

2014 年 4 月初，伊斯兰党宣布将在 6 月向国会提呈一项私人法案，以寻求在吉兰丹州落实伊斯兰刑事法，马华公会坚决反对在马来西亚落实伊斯兰刑法。该党联合民政党等多个国阵成员党，召开联合记者会，共同反对伊斯兰党欲向国会提呈寻求在吉兰丹州落实伊斯兰刑事法的私人法案。5 月，马华公会宣布成立一个以署理总会长魏家祥为首的"捍卫宪法委员会"，以凝聚全民力量来反对伊斯兰党落实伊斯兰刑事法。同年 6 月，马国内阁重组，马华公会获得 2 个部长和 3 个副部长职位。

---

① 《马华公会党史》，http：//www. mca. org. my/1/Content/SinglePage? ＿ param1 = 19 - 092018 - 87 - 09 - 201819&＿ param2 = M。

2015 年 3 月，伊斯兰党所提呈的《1993 年吉兰丹伊斯兰教刑事法令二》修正法案，正式在吉兰丹州议会获得全体州议员一致通过，再度引发全国关注。马华公会随即与各主要华团举行交流会，一起深入商讨伊刑法课题的演变，并重申该党反对落实伊刑法、捍卫世俗民主宪政的坚定立场。交流会后，马华公会与华团发表宣言如下：①双方誓言坚决捍卫马来西亚世俗的民主制度和联邦宪法，这是马来西亚赖以建国的基础；②双方一致认同伊刑法的落实最终将侵蚀多元社会体制，并造成不公不义的情况出现；③双方一致认同国家法律必须一视同仁，捍卫各族群的权益，以符合法律面前人人平等的法治精神；④双方全力支持首相以中庸理念治国；⑤华团全力成为马华公会反对落实伊刑法的后盾，因为落实伊刑法违背联邦宪法。①

同年 7 月 28 日，时任首相纳吉改组内阁，马华在其中增加了 1 名部长和 1 名副部长。

作为执政党之一，马华公会在国阵内只能依附越来越强势的巫统。马华在国阵内影响力每况愈下、民心日益丧失的情境下，根本无力承担和彻底解决华人面对的问题，它虽"掌权"却不当家，虽身在朝中但有心无力，处于十分无奈和尴尬境地。吁求"公平正义"的华人社会只能对马华公会彻底灰心、失望，并加以抛弃。在 2018 年 5 月举行的第 14 届全国大选中，马华公会只获得 1 个国会席位和 2 个州席位，几乎全军覆没。

2. 华人社团的政治参与

自 1957 年国家独立以来，华团参政的方式大致有：集会、呼吁、抗议、发表宣言、提交备忘录、参加选举，等等。据有些学者研究，马

---

① 《马华公会党史》，http://www.mca.org.my/1/Content/SinglePage? _ param1 = 19 − 092018 − 87 − 09 − 201819&_ param2 = M。

来西亚华人社团的参政方式，目前主要以提交备忘录为主。这是因为，"以巫统为首的政府却成功将华团摒弃于决策程序之外。缺少了有效的（与政府、决策者）接触管道是华团最严重的缺陷。撰写备忘录似乎成了向决策者传达要求的唯一途径"。①

华团主要在政治领域内谋求维护、发展华人教育尤其是华文教育的权益。

2002 年，马来西亚政府在各类型学校中推行用英语教数理各科课程的措施。董教总认为这会影响到华小学生对华语华文的学习，最终导致华小变质为非华小。董教总和其他华团一道，同样呼吁政府取消这一教育政策。但直至 2005 年 4 月，马来西亚教育部长以及副首相纳吉表示，英文教理科课程的政策将不会改变。

2003 年，马来西亚政府推行"2－4－3"教学方案。这一教育政策已经实行，引起董教总的反对。按照该方案规定，华文小学中的华文授课时间将有所减少。这不利于华小的华文教学，也不利用华小的发展，最终导致华小变质，因而以董教总为首的华团，纷纷采取各种方式，反对政府的这一方案。华团一方面积极呼吁政府放弃压制华小发展的政策措施；另一方面，它们也与华人政党尤其是华人执政党就华小问题展开对话与交流，以图通过政党的力量，争取执政党发挥在政府中的影响，使政府纠正相关的政策偏差。

马来西亚政府将制定并推出 2006—2010 年第九个大马计划。为了表达华人社会心声，维护华人社会在政治、经济、文化以及教育等方面的权益，2005 年 3 月中旬，在华团中具有领导地位的马来西亚中华大会堂总会、马来西亚华校董事会联合总会、马来西亚华校教师会联合总

---

① 何启良：《论大马华人社团——大马政治中的权益组织》，载［马］何启良《政治动员与官僚参与——大马华人政治述论》，吉隆坡：华社资料研究中心 1995 年版，第 84—110 页。

会、七大乡团协调委员会、留台联总（马来西亚留台校友会联合总会的简称）、南大校友会（即马来西亚南洋大学校友会）、马来西亚校友会联合总会（简称校友联总）和全国校长职工会八大华团联合签署并向首相署提呈第九大马计划建议书。建议书内容概括社会、教育、文化以及经济四大领域。建议书要求政府达致以下四个目标：①

①促进全民团结；

②培养学识丰富、勤奋向上及知恩图报的国民；

③促进经济发展及提升国家在国际上的竞争力；

④继续发扬马来西亚的多元文化。

建议书含蓄地表达了华团希望政府实行公平、民主的国家发展政策。

其他一些华人社团，尤其是那些有重要影响的华团，也准备针对第九大马计划，提出维护华人社会的备忘录。例如，雪兰莪中华大会堂（以下简称雪华堂）已经成立了一个专门研究小组，草拟第九大马计划建议书，以提呈给政府有关部门。

也是在 2005 年 3 月，八大华团向首相署提呈第九个大马计划建议书中，对增建华文小学（例简称华小）的建议，希望能够获得政府的重视与接纳。一直以来，华人社团通过各种方式，争取政府能够采取措施，在华人聚居较为集中的地区，增建华小，以利于华人子女就近上学。同年 9 月，华总召开会员代表大会，大会通过了 21 项提案，其中包括坚决反对巫青团提出的政府继续实行新经济政策，同时，华总呼吁政府明确反映各族在经济领域所拥有的股权情况。

以巫统为主导的国阵政府一直试图推行以马来语为主的国民教育。2009 年，马国政府教育部提出在华小和淡小（泰米尔语小学）中实施

---

① 《南洋商报》2005 年 3 月 18 日，第 A10 版。

与国小同等水平的国文（马来文）科和英语科的课程和考试，引起华社和印度裔社会文教团体的普遍反弹。同年 12 月和次年 3 月，华团提呈备忘录给时任首相纳吉和副首相兼教育部部长慕尤丁，表达了反对的立场和相应要求。2010 年 3 月，马国内阁通过决议，不统一在国小、华小和淡小的国文科和英语科的课程和考试。2012 年 9 月，马来西亚政府出台《2013—2025 年教育发展大蓝图》，目的要使每名学生必须掌握马来语和英语两种国语，并且将华小每周国语授课时间增至 240 分钟，而华文课则很可能由必修课变为选修课。华小面临变质的威胁，引起华人社团尤其是华教界的不满和反对。董总发起收集反对教育发展大蓝图的 100 万份签名活动，准备向联合国申诉。华教界各团体和华裔民众对此活动踊跃支持。到 2015 年年中，签名运动胜利结束。同年 6 月，董总向马国教育部部长、首相、全体国会议员，以及联合国教科文组织和人权事务高级专员办事处提呈了百万签名及 2800 个团体的联署备忘录，要求马国政府检讨相关政策。

马国教育部于 2016 年开始在全马 300 所国民小学和国民中学（马来文学校）的一年级、四年级和初一中推行"双语言课程计划"。根据这项计划，相关国小和国中使用马来文或英文来教导数学、科学、信息及通信工艺，以及设计与工艺四个科目。根据教总所调查和收集的资料显示，政府将在明年继续推行此计划，而且还把这项计划扩大到各源流小学。教总强烈反对教育部在华小推行"双语言课程计划"，即数理科目以英语教导，认为此规定破坏了华小以华语为各个科目主要教学媒介语的特征。董教总与多个华团也展开全国华文小学签名运动，坚决反对在华小推行"双语言课程计划"。这些华团包括华总、七大乡团协调委员会、华校校友会联合会总会、留台联总和留华同学会。[①] 2017 年 6

---

① 《董教总率华团发起联署 反对华小双语教学政策》，http://www.zaobao.com/news/sea/story20160614－628666。

月，董总召开年度会员代表大会，大会呼吁全国华小三机构坚持立场，反对在华小实行"双语言课程计划"，以维护华小的特征与本质；大会提案促请政府修正《2013—2025 年教育大蓝图》内不利于母语教育生存与发展的政策和措施；制度化每年拨款予全国华文独中；政府应批准增建华文独中或兴建华文独中分校，以满足华裔子弟接受母语教育的需求；等等。

面对伊斯兰党过于激进的伊斯兰化举动，许多华人社团也积极加以应对。2016 年 6 月初，森美兰福建会馆青年团、森州潮州公会青年团、森美兰广东会馆青年团、森美兰广西会馆青年团、森美兰兴安会馆青年团、森美兰海南会馆青年团、马来西亚佛教青年团森州分会、青团运、基督青、马口青商会以及波德申青商会，共计 12 家森美兰州青年组织团体召开联席会议，一致反对伊斯兰党在国会提呈私人法案，反对落实伊斯兰刑事法，及反对一国两法，要求捍卫国家原有宪法、抗议伊斯兰教神权治国。同年 7 月，马来西亚福建社团联合会发动"坚决反伊刑事法，捍卫联邦宪法"百万签名运动，号召全民特别是非穆斯林响应，为下一代的权益努力。签名运动获得华社七大乡团支持。签名运动不局限于闽籍华人，而是开放予全民及各籍贯华人。①

1957 年以来，马来西亚华人社团政治参与的兴起与发展，首先与当时马来西亚及华人社会的变化密切相关。随着华侨社会本质性地转变为华人社会，华人必须积极参与当地事务，以维护自身权益。而 1957 年以来，由于殖民者的退出，马来西亚两大主要民族马来人、华人就各种关乎自身命运的权利展开较量，两大民族在国家政治层面上进行力量整合。由于马来西亚传统和现实中较强的马来因素，及殖民者对马来人

---

① 《福联会发动·吁华团响应·百万签名反伊刑法》，《星洲日报》2016 年 7 月 17 日，http：//blog. of21. com/？ p = 56611。

的偏袒,华人在战后的较量与整合中处于被动。"大马华人政治的被动性和附庸性是相当明显的",这就需要华人社会中各方面力量起而抗争,因为,"大马华人若要做到完全的认同于大马,随着国内政治的变化而应变是必需的。况且,在一个多元化的政治体制里,这种配合性和应变性毋宁说是一个健康的现象"。① 作为华人社会重要力量的华人社团适时地顺应了这种形势。

1957 年后马来西亚华人社团的政治参与又是当时马来西亚华人社会出现的"政党社团化,社团政党化"现象的一种反映。确切来说,1957 年后马来西亚政治较为剧烈的演变,使得华人政党不可能真正维护华人社会的利益,华人政党的政治作用、政治地位表现出社团化的特点。作为政党,马华公会等华人政党的政治活动是以维护、发展其自身利益为根本出发点的,而不可能是华人社会的利益,这是政党的本质属性决定的。但是,在马来西亚独立后数十年的政治演变中,华人社会的利益必须得到维护。作为华人社会重要力量的华人社团,承担了这一重任。通过政治参与,华人社团为维护华人利益发挥了重要作用,而其自身也出现了政党化的趋势。但是,华人社团不可能最终变成华人政党。因此,20 世纪 80 年代中期以后,华人社团的政治参与逐渐走向低落。不过,由于华人社团的努力,华人社会的权益在部分程度上得到维护。

代表并维护华人社会的利益是华团的根基和使命所在。在当前和未来的马来西亚,华团仍应作为一个政治压力集团在马来西亚的政治生活中发挥作用。"超越政党,但不超越政治"是华团理智的政治选择,华团应当避开政党政治,不要因为融进政党政治的成分而导致自身的分裂和衰败。简言之,马来西亚华团应该在未来的国家政治领域保持自身的

---

① 何启良:《独立后西马华人政治演变》,载 [马] 林水檺、何国忠主编《马来西亚华人史新编》(第 2 册),第 113 页。

独立自主性，① 以整体的团结来更好地维护华人社会的利益。此外，华人社团应与各政党维持良好关系，并能与任何愿意协助争取华人社会权益的朝野政党合作。华人社团还应以民间代表性机构的身份，要求任何以华人为基础的政党争取华人和华人社会的权益。②

第二节　2001—2018 年马来西亚印度人政治参与

进入 21 世纪，马来西亚印度人政治也发生了极大变化，长期参与执政的国大党、人民进步党等也在 2018 年大选中落败，黯然下台，成为在野党。与此同时，以兴权会为代表的印度人民间组织迅速崛起，成为马国印度人社会的重要政治力量，大批的印度人政治精英也不断涌现。

1. 印度人政党的政治参与

2004 年，含正、副总理在内的 34 个规模空前的马来西亚"超级内阁"名单中，印度人仍然只取得工程部部长 1 席。③ 2016 年大马内阁中，印度裔的职位有所增加，主要包括：首相署副部长拿督斯里迪瓦马尼上议员（来自国大党）、卫生部部长拿督斯里苏巴马廉医生（来自国大党）、联邦直辖区副部长拿督罗加谷拉莫汉博士上议员、青年及体育部副部长拿督沙拉瓦南（来自国大党）、教育部副部长拿督卡马拉纳丹

---

① 饶尚东：《21 世纪的新会馆》（未刊稿），2004 年 3 月在暨南大学华侨华人研究所的讲稿。

② 刘崇汉：《马来西亚华人社团》，《南洋学报》第 53 卷。

③ 参见陈中和《马来西亚印度族群边缘化的根源在哪里？一个宪政体制的分析观点》，[马]《视角》2007 年第 12 期。2000 年的资料来自 [India] The High Level Committee on Indian Diaspora：The Report，p. 258。

（来自国大党）。① 2018 年 5 月第 14 届大选后希盟上台，其组建的内阁
中有 4 位印度裔担任部长，包括人力资源部部长古拉（民主行动党）、
通讯及多媒体部部长哥宾星（民主行动党）、首相署部长瓦塔姆迪等，
开创马来西亚政坛历史先河。不过，印度裔担任的大多是地位不那么重
要的副职，担任正职的卫生部等部门也不是"实权部门"。

印度人政党在政府中的地位日益下降，其权益也得不到重视。2005
年初，马来西亚政府开始草拟第 9 个大马计划（2006—2010 年），该计
划为马来西亚实现 2020 年宏愿计划的第二阶段纲领。为了促使政府重
视印度人的发展权益，当年 1 月中旬，印度人前进阵线主席班迪丹
（M. G. Pandithan，原国大党副主席，后离开国大党，组建印度人前进阵
线。1986 年时担任马来西亚贸工部政务次长）在该党第 12 届大会上发
表演讲时表示，由于印度裔年轻人失业现象严重，该党希望政府兴建更
多职业学校，以便于他们学习各种技能，将来容易就业。同年 3 月，国
大党柔佛州联委会主席巴拉克里斯南呼吁政府增加对印度人的拨款，以
保护他们的利益。尽管印度人一再呼吁，但当第 9 个大马计划在 2006
年正式公布后，印度人政治领袖、民主行动党副主席古拉仍认为印度族
群未能从该计划中真正受惠，印度人再次被边缘化。② 越来越多的印度
人普通阶层对自身族群的困境感到不满。

2008 年 3 月，马来西亚举行第 12 届大选。3 月 8 日，大选结果公
布，执政党国民阵线仅赢得 51% 的选票，失去了在国会中 2/3 的多数地
位。该届大选也被称为马来西亚"政治大海啸"。国民阵线的重要成员
国大党竞选 9 个国会议席和 19 个州议席，只赢得 3 个国会议席和 7 个
州议席，党主席三美·维鲁（Samy Vellu）也落败。败选的国阵领袖还
包括人民进步党主席卡维斯。

---

① 《2016 年马来西亚内阁新阵容》，http://www.60malaysia.com/news/focus/51346.html。
② 《南洋商报》2006 年 4 月 13 日。

五年之后的 2013 年 5 月举行的第 13 届大选中，印度国大党再遭挫败，该党竞选 10 个国会席位、18 个州议会席位，结果只赢得 4 个国席、5 个州席。到了 2018 年的第 14 届大选，国大党和马华公会一样，几乎遭受"灭顶之灾"，只获得 2 个国会议席。

曾经长期执掌国大党的三美·维鲁，在马国印度人政治中曾具有举足轻重的影响。三美·维鲁 1936 年 3 月 8 日生于柔佛州居銮，1959 年加入国大党，1967 年成为国大党雪兰莪州秘书，到了 20 世纪 70 年代初期，他已经成长为国大党青年团的领袖。1974 年，他首次参加选举，竞争霹雳和丰选区的国会议席。次年，当选为国大党副主席。自 1974 年成为马来西亚国会众议院议员以来，因敢于仗义执言，三美被誉为"和丰之狮"。他也曾担任过马来西亚政府工作部部长等职务，是内阁高级成员。1979 年，因为竞争对手去世，三美轻松当选国大党主席。① 在三美的领导下，国大党在改善和加强印度人与其他马来西亚族群的关系方面，有着较多贡献。② 但他执掌国大党长达 30 余年，作风独裁，掌党后期对印度人的权益维护不力，屡遭诟病③。2008 年大选落败之后，三美政治声望大跌，面临党内外挑战。2010 年，落选党主席。

国大党及三美在 2008 年大选中的落选与印度人的投票趋向密切相关。此次大选中，印度人的举动令人关注。作为马来西亚较为贫穷的族群，他们和华人一样对马来人至上主义的政府政策已经非常厌倦。以非

---

① Janakey Raman Manickam, *The Malaysian Indian Dilemma：The Struggles and Agony of the Indian Community in Malaysia*, Klang：Nationwide Human Development and Research Centre, 2012, third edition, p. 351.

② the High Level Committee on Indian Diaspora：The Report, 2001, Citation-2003, p. 9.

③ 马国印度人确信，由于三美的领导风格，使他们失去了向政府争取的所有权益。参见 Janakey Raman Manickam, *The Malaysian Indian Dilemma：The Struggles and Agony of the Indian Community in Malaysia*, Klang：Nationwide Human Development and Research Centre, 2012, third edition, p. 352。

政府组织兴都权益行动委员会①（Hindu Rights Action Force，缩写 Hin-draf，也译为印度裔权益行动委员会，简称兴权会或印权会）为主导，印度人开展了一系列的示威游行活动，争取自身族群权益的改善。

2. 兴权会的政治活动

由于印度裔政治领袖无法为本族群社会中的贫困阶层（主要是信仰印度教的泰米尔人）争取权益，甚至朝野的多数印度裔领袖无法使用淡米尔语来沟通，进而无法赢取占印度裔社群大多数的泰米尔人②的支持，最终促使兴权会21世纪初迅速崛起为一股新兴的政治力量。

兴权会的兴起，直接缘于印度裔的宗教文化（主要是印度教）日益遭到压制甚至毁灭。自马来西亚经济发展起步，工业化程度不断加深以来，种植园被转变为工业区或住宅区，越来越多位于其中、超过百年历史的印度教神庙往往被拆毁。起初，印度教神庙被拆除时，政府的方式比较温和有序，也会给予妥善安置和补偿。但后来，做法趋于简单粗

---

① 国内也有学者翻译为"兴都权利行动力量"。本书中主要采用马来西亚华文媒体的普遍译名。

此外，2012年5月，印度人权利行动委员会（Indian Rights Action Force，Indraf）成立。它由与反对党民主行动党等联系密切的非政府组织"大马印度人之声"创建。当时，它曾在印度人集中居住的吉隆坡十五碑举行集会，有数百人参加，反对党著名领袖安华也有出席。数天后，该组织的两名领导人甘纳巴迪（即后文中提到的那位参加兴权会集会活动而被捕的民主行动党律师）兄弟因此次集会而遭袭受伤住院。该组织活动不多，影响不大。参见 Carl Vadivella Belle, *Tragic Orphans: Indians in Malaysia*, Singapore: Institute of Southeast Asian Studies, 2015, p. 437。

② 根据有关统计数据，1947年时，泰米尔人41.87万，占马国印度人总人数的78.9%；到1957年，泰米尔人人口增加到55.65万，占比为78.7%。参见 *1957 Population Census of the Federation of Malaya*, *Report No. 14*, Kuala Lumpur: Department of Statistics of Federation of Malaya, p. 14。另有学者认为，根据可靠推估，泰米尔人占马国印度人总人数的约85%。参见 Janakey Raman Manickam, *The Malaysian Indian Dilemma: The Struggles and Agony of the Indian Community in Malaysia*, p. 380. Janakey Raman Manickam, *The Malaysian Indian Dilemma: The Struggles and Agony of the Indian Community in Malaysia*, Klang: Nationwide Human Development and Research Centre, 2012, third edition, p. 380。

暴，严重伤害了泰米尔人的宗教感情。神庙，实际上是虔诚信仰印度教的泰米尔人的精神家园、灵魂所系。①

2003—2004 年，一些印度人非政府组织建立起来，以便监控更大范围的印度人社群的发展问题，如泰米尔教育等。到了 2006 年 1 月，48 个印度人非政府组织的代表联合建立了兴权会，在更广泛领域检视被边缘化的印度人族群面临的压力。②

2007 年 10 月 30 日，在雪州巴生，市政厅执法人员拆除甘榜林巴再也一所印度庙时，遭到 40—50 名印度教教徒阻挠，进而引发冲突，出现流血事件。15 名居民被逮捕。之后，4 名来自不同党团的律师尝试协助甘榜林巴再也居民进行投诉，以及询问 15 名被警方逮捕的居民状况，却反遭警方扣留。4 名被扣者分别是人权律师乌达雅古玛、瓦塔姆迪以及行动党律师玛诺哈兰、甘纳巴迪。③

甘榜林巴再也印度庙拆毁事件很快引发印度裔的普遍不满。2007 年 11 月下旬，在兴权会的发动、领导下，3 万名印度裔民众在吉隆坡市中心举行大集会，以表达对印度裔社群遭边缘化的不满。许多集会者手捧印度圣雄甘地的肖像，代表他们提倡和平及非暴力的抗争。但警方使用催泪瓦斯和水炮驱散抗议者，逮捕了 190 多人，数十人受伤。

大集会发生后，首相兼国安部部长阿都拉·巴达维援引广受诟病的《内安法令》，扣留被指控危害国家安全的 5 名兴权会领袖。他们分别是该会法律顾问乌达雅古玛、耿卡哈兰、甘纳巴迪、玛诺哈兰和组织秘书

① 参见 Carl Vadivella Belle, *Tragic Orphans: Indians in Malaysia*, Singapore: Institute of Southeast Asian Studies, 2015, pp. 405 – 406。

② Carl Vadivella Belle, *Tragic Orphans: Indians in Malaysia*, Singapore: Institute of Southeast Asian Studies, 2015, p. 406. 按照其领导人瓦塔姆迪的说法，兴权会早在 2005 年 12 月组建，2007 年 8 月后因为公开向英国政府发起索赔而开始受到关注。参见 http://www.hindraf.co/images/80460285 – media-statement-28th-january-2010-hindraf-discloses-its-accounts-to-publi1.pdf。

③ 《林巴再也木屋兴都庙拆迁冲突　四党团律师被控警局闹事遭扣》，https://www.malaysiakini.com/news/74196。

瓦山达古玛。4 名律师是兴权会所号召的 3 万人大集会的主要召集人。

在发给马诺哈兰家属的扣留令中，他被指主要以两个方式来危害国家安全：通过非法集会、提呈备忘录以及座谈会的方式，在印度裔之中掀起种族情绪和憎恨政府的情绪；兴权会尝试获得国际社会对其斗争的认同，以及向斯里兰卡叛军组织"淡米尔之虎解放阵线"寻求援助，以在国内展开更大规模的骚乱。①

瓦塔姆迪和其胞兄乌达雅古玛是兴权会的主要推动者，大集会前后数月内，他们成功在全国各地举办讲座，试图唤醒印裔社会的醒觉。兴权会也发展为首个回应印裔社会课题且能与草根阶层站在一起的组织。②

与不久前公平与干净选举联盟（即净选盟③）举行的选举改革大集

---

① 《兴权会领袖被扣两宗罪名：煽动印裔和求助淡米尔之虎》，https：//www. malaysiakini. com/news/76056。

② 《兴都权益大集会的真正英雄：三万名争权益不畏惧的群众》，https：//www. malaysiakini. com/news/75323。

兴权会起初只是印度教徒非政府的松散联盟，但后来逐渐被好斗和精力充沛的瓦塔姆迪兄弟控制。而两人因为"太极端"、不愿妥协而广受马国印度人的批评。参见 Carl Vadivella Belle, *Tragic Orphans*：*Indians in Malaysia*，Singapore：Institute of Southeast Asian Studies，2015，p. 416。

③ 2007 年，净选盟第 1 次集会估计有 1 万—4 万人参加，2011 年 2.0 集会估计有 5 万人参与，2012 年 3.0 集会的出席人数为 10 万—25 万人。2015 年 8 月底，净选盟再举行历时 34 小时的 4.0 大集会，主办方声称出席人数超过 30 万人，不过警方宣布的数字是集会人数只有 1.5 万人。前首相马哈迪一连两天出现在集会现场，表示支持。净选盟 4.0 大集会号召民众上街，提出包括选举改革的五大诉求，并要求首相纳吉下台。2016 年 11 月 19 日，净选盟 5.0 大集会举行，以抗议一马公司丑闻，要求首相纳吉下台，并提出五大改革体制诉求。大集会前夕，政府扣留了超过 10 名政党与社运人士，其中包括净选盟主席玛丽亚陈与秘书处成员曼迪星（印度裔）。参见《净选盟 4.0 集会关注些什么？》，http：//www. zaobao. com/print/news/sea/story20150829 - 520019，《30 万人净选盟大集会和平落幕 马国副首相警告将"秋后算账"》，http：//www. zaobao. com/print/news/sea/story20150831 - 520750。

"净选盟"大集会的参与者来自多个族群，2007 年首次大集会时，参与者以马来人为主，华人只占 10% 左右，以后华人越来越积极参与，2011 年大集会华人参与者为 30%，2012 年则达 40% 左右，2015 年参与者大多是华人。参见范若兰、廖朝骥《追求公正：马来西亚华人政治走向》，《世界知识》2018 年第 12 期。

会相呼应，兴权会组织的大集会是 11 月的第二场大型集会，掀起马来西亚民主运动特别是公民运动的又一次浪潮。

律师出身的瓦塔姆迪代表马国印度裔族群，也向前殖民宗主国英国提起一项诉讼，要求英国政府向 200 万印度裔马来西亚人赔偿 4 万亿美元。他提出，由于英国的殖民统治，他们至今仍遭受剥削和压迫。

11 月大集会后，面对政府的高压，兴权会主席瓦塔姆迪流亡于英国。此后直到 2012 年 8 月回国，5 年来他在国外一直努力争取国际社会对兴权会及其斗争的关注和支持。

印度人大集会发生后，巫统积极炒作兴权会课题，激起马来民族主义同仇敌忾的情绪。巫统和主流的马来媒体连日暗示和炮轰在野党勾结、支持兴权会，出卖马来人的权益。所以，首相阿都拉拖延之后才援引内安法令逮捕 5 名兴权会领袖，也是迫于巫统内部鹰派的压力。

大集会后的 12 月 20 日，16 名兴权会成员选择在黑风洞举行集体落发仪式，以抗议政府援引内安法令逮捕该会 5 名领袖。根据印度教仪式，教徒们落发表达哀悼之意。而著名律师兼民主行动党主席卡巴星（印度裔，见下文）批评政府援引内安法令扣留兴权会 5 名领袖不符合程序。卡巴星已经代表两名兴权会领袖玛诺哈兰和甘纳巴迪入禀吉隆坡高庭，申请人身保护令。①

2008 年 1 月 29 日，沉寂一时的前首相马哈蒂尔公开斥责阿都拉政府无能，他也批评政府扣留印度裔示威者的做法，并力挺无处宣泄不满的印度裔社会的抗议，已经凸显了政府的失误。

同年 2 月 16 日，兴权会发起"玫瑰运动"，目的是鲜花给首相巴达维，要求释放在内安法下遭拘留的 5 名兴权会领袖，以及向政府争取印

---

① 《抗议 5 兴权会领袖遭扣留　16 支持者黑风洞集体落发》，https：//www. malaysiakini. com/news/76269。

度人的权益。警方发射催泪弹及水炮驱散人群，并逮捕 135 人，包括 1 名 11 岁女孩。2 月 26 日，吉隆坡高庭驳回 5 名兴权会领袖的人身保护令申请，并裁决国安部长援引《内安法令》条文直接扣留他们两年是合法的。

政府对印度人的合理诉求置之不理或者施以高压，引起印度人极度的悲愤及失望。印度人认为政府拒绝正视他们的政治诉求，于是，在 2008 年 5 月举行的第 12 届大选中，大部分印度人选民将选票投向反对党，致使作为国民阵线联盟之一的国大党在大选中遭受重挫，党主席三美也落选。舆论普遍认为，大选之前印度人的集会示威，最终引发 2008 年大选的"政治海啸"，执政联盟国阵遭受沉重打击，首相阿都拉黯然下台。① 民调中心默迪卡研究中心的 2007 年第 4 季民调显示，首相阿都拉的支持率在净选盟与兴权会成功号召万人大集会之后，跌至历史新低的 61%。相对其在 2007 年 10 月所获得的 71% 支持率，他的支持率在短短的 1 个月内就跌了 10 个百分点。这也是阿都拉自 2003 年上任以来，所获得的支持率最低的一次。民调也显示阿都拉在巫裔、华裔及印裔之中的支持率，分别滑落了 8%、5% 及 41%，皆出现历史新低点。其中又以印裔的支持率从 79% 剧降至 38%，猛跌了 41 个百分点最受瞩目。相信与兴权会的活动遭弹压，进而导致印度裔社会大为不满有关。②

第 12 届大选落幕后，兴权会继续开展其政治诉求。2008 年 5 月 11 日，兴权会与数个非政府组织在全国 5 个地点展开反对内安法令示威，

① 卸任后的阿都拉曾指出，国阵在 2008 年大选时遭遇重挫，主因之一是政府在印度教屠妖节期间拆毁雪兰莪的印度庙，进而引发印度人社会尤其是泰米尔人的不满和反弹。参见《高举马来剑 拆印度庙 阿都拉：是 308 大选受挫主因》，http：//www.zaobao.com/news/sea/story20130808-238120。

② 《阿都拉支持率跌至历史新低 印裔支持率因兴权会降 41%》，https://www.malaysiakini.com/news/77478。

导致 7 名人士在槟州乔治市遭到警方逮捕。5 人中包括来自兴权会的威玛、史丹利和苏巴马廉。5 月 21 日，仍在海外流亡的瓦塔姆迪，其幼女在国会庆祝其 6 岁生日，许愿希望朝野国会议员推动废除《内安法令》，以便父亲早日回国，共享天伦之乐。

同年 10 月，开斋节当天，兴权会人员进入首相阿都拉的开放门户活动会场，向首相当面传达废除内安法令和释放被扣留者的诉求。此举引起国阵政治人物和巫统控制的马来文报《马来西亚前锋报》的批评，首相阿都拉也表示不满。政府随后在 10 月 15 日宣布兴权会是一个触犯法律的非法组织。10 月 22 日，已被政府列为非法组织的兴权会，出示两封被指由英国移民局发出的信函，证实大马政府已经撤销兴权会主席瓦塔姆迪的国际护照。

2009 年 4 月 5 日，两名被扣留的兴权会领袖耿卡哈兰、甘纳巴迪获释，但未恢复全面自由。警方规定他们在未来 1 年内不能对外发言、不得接受媒体访问、不得出席任何场合、必须定时向警方报到，更不能离开其住区。① 5 月 8 日，内政部突然宣布释放 13 名内安法令扣留者，其中包括 3 名兴权会领袖乌达雅古玛、瓦山达古玛和马诺哈兰。5 月中旬，乌达雅古玛在内安法令下被扣留 514 天后获释。但很快就被当局指令重返霹雳州甘文丁拘留营检讨获释决定。对此，兴权会要求首相纳吉撤销这一命令，否则恫言重新发动全国示威。

同年 7 月 2 日，拥有 100 年历史的槟州唯一传统印度村将被拆迁。6 月 27 日，约 50 名极为不满的豆蔻村村民发起和平请愿。数天内，豆蔻村课题逐渐升温，曾在上届大选支持民联的兴权会因不满槟州政府"护村无力"，正式号召全国支持者，6 月 30 日在槟州政府行政楼下与民主行动党各州总部示威。集会目的是要向民联槟州政府反映捍卫少数

———————

① 《两获释兴权会领袖言行受约束　不得对外发言，不得出席场合》，https：//www.malaysiakini.com/news/101737。

群体权益的诉求，豆蔻村事件也是一项主要议题。①

　　兴权会的政治诉求仍在持续发展。2010 年 11 月 25 日，为了纪念 3
年前的印度裔大集会，兴权会在吉隆坡双峰塔举行为时 18 小时的绝食
运动。该组织也再次向首相纳吉提出 18 项诉求②及要求对话，以解决马
国印裔社群所面对的问题。5 名兴权会代表成功将含有 18 项诉求的备
忘录呈给首相纳吉。18 项诉求是兴权会政治运动的纲领，表达印度人
对公平合理照顾各族群发展的国家政策的期望。

　　2011 年初，针对政府即将出台的被认为歧视印度裔的教材《连环

---

　　①　《豆蔻村面临逼迁课题延烧全国　兴权会号召明午向行动党示威》，https：//
www. malaysiakini. com/news/107466。

　　②　这 18 项诉求分别是：1. 终止大马联邦宪法长达 52 年的迫害；2. 终结种族主义、回教
极端主义及马来特权；3. 对国内所有贫穷的大马子民实施扶弱政策，特别是属少数的印裔；
4. 将所有的淡米尔文小学列为政府学校（全津贴学校）；5. 延长及即刻实施针对印裔的计划、
拨款、奖学金和贷款扶弱政策；6. 延长及立刻实施印裔回教徒的扶弱政策；7. 要求巫统为首
的政府停止"玩弄政治"，勿借由国大党通过媒体宣布"糖果计划"，实际上巫统才是政府掌
舵者；8. 在未来 15 年，必须确定 20% 的顶级公务员、公私领域的中级管理层、管理层、地方
官员及外交官必须是印裔；9. 政府必须透明处理所有扶弱政策；10. 停止任何违法拆除兴都庙
的计划；11. 警察及所有州政府必须停止迫害及歧视印裔；12. 政府应马上成立皇家调查委员
会，调查甘榜美丹（Kampung Medan）械斗事件的真相，谴责肇事者及向当地的印裔社群道
歉；13. 向 70% 的贫穷及赤贫印裔发补偿金；14. 提供国内所有无家可归者房子，立法制定
1000 令吉的最低薪金；15. 成立皇家调查委员会，调查上述受到联邦宪法所迫害的案件；
16. 停止任何针对印裔及兴都教徒的种族及宗教歧视及压迫；17. 政府应提呈特定法案以恢复
司法独立；18. 限定国会必须要有最少 20 名印裔国会议员。《双峰塔 18 小时绝食庆三周年
兴权会向首相署呈印裔诉求》，https：//www. malaysiakini. com/news/149112。
2001 年 3 月 4 日爆发的"甘榜美丹事件"，发生在雪兰莪旧巴生路的甘榜美丹。事件最初
缘于当地马来人婚礼和印度人葬礼的日常冲突，但很快上升为族群矛盾。这场暴力冲突持续两
周，其间有 6 人被杀，其中 1 人为印度公民，5 人为马国印度人，逾 100 人遭打伤。事件表明，
马来西亚的族群关系仍然比较敏感、脆弱，而印度人也处于易受侵害的困境，成为被边缘化、
无力有效发声的族群。参见 Janakey Raman Manickam, *The Malaysian Indian Dilemma*：*The Strug-
gles and Agony of the Indian Community in Malaysia*, Klang：Nationwide Human Development and Re-
search Centre, 2012, third edition, pp. 264 – 268。
Violence Against an Ethnic Minority in Malaysia：*Kampung Medan*, 2001 (S. Nagarajan,
K. Arumagam, Petaling Jaya：Suara Inisiatif SDN BHD, 2012) 一书对"甘榜美丹"事件有全面、
深入的研究。

扣》，包括兴权会在内的印度人组织再次举行抗议活动。1 月 18 日，马国教育部与印度裔社会代表开会，双方取得共识，即《连环扣》增加脚注、术语表和出版教师指南等。不过，印度裔非政府组织总会却在 1 月 22 日开始力控政府官员说谎和背叛印度裔社会。印总坚持教育部从选读本当中完全撤出《连环扣》。它强调未曾同意在特定条件让《连环扣》继续成为学生选读本。1 月 27 日，副首相兼教育部部长宣布教育部将维持该小说作为中五课本的地位，但会修改数个印度裔社会认为有敏感的地方。2 月 3 日，兴权会发出文告表示，虽然印度裔社会多次努力，但是巫统/国阵政府却拒绝撤回《连环扣》作为课本的决定。兴权会再度号召游行，呼吁全体人民"团结反对巫统/国阵的种族主义"。文告抨击政府在传播种族主义，认为巫统傲慢地把印度裔社会的担忧置之不理，执意使用充满社会阶层称号、族群言论、种族偏见和族群刻板印象的《连环扣》作为课本。[①] 2 月 27 日，兴权会发起了大游行，抗议被指歧视印度裔的小说《连环扣》作为中五文学课本。但在游行开始前，警方突然逮捕了兴权会 109 人，包括乌达雅古玛等 8 名领袖及 8 名女性，同时在各条进入市中心的道路设立路障，阻止示威者赴会。除了兴权会外，一批来自大马淡米尔语学生协会的会员也成功举行示威，抗议《连环扣》课题。[②] 他们主要不满书中提及的"贱民"（Pariah）字眼，把印度裔社群都描绘成低下层人民，并指该书内容含有触及部分族群的敏感话题。3 月 1 日，警方上门逮捕兴权会领袖，并以参与"非法组织"的罪名提控 5 人。被控的 5 人，分别是人权党（由兴权会分化出来）筹委会宣传主任再也达斯、人权党副主席淡米尔瑟万、纳瓦克里斯

---

① 《兴权会不满政府拒撤连环扣　月底发动"反种族主义"游行》，https://www.malaysiakini.com/news/155201。

② 《警方封城设路障阻兴权会示威　109 人包括乌达雅及记者被捕》，https://www.malaysiakini.com/news/157151。

纳、柏里三美和罗斯纳劳勿。

兴权会"双管齐下"，除了积极推动国阵政府满足印度人的政治诉求，也将目标对准在雪兰莪、霹雳等几个重要州执政的民联政府。2012 年 4 月初，兴权会邀请执掌数州政权的民联领袖（公正党实权领袖的安华、行动党国会领袖林吉祥与伊斯兰党主席哈迪阿旺）讨论，若民联来届大选获胜后入主中央，其执政的头 100 天，将如何扶持贫穷的印度裔社会。

同年 8 月 1 日，在完成了在伦敦法院的入禀程序，向英国政府追讨在马来西亚被边缘化的印度裔族群的权益和尊严之后，瓦塔姆迪回到马来西亚。此后，他将领导兴权会的斗争进入第二阶段，即把重点放在要求政府正视印度裔族群的困境，并迅速落实有效的解决方案。瓦塔姆迪所说政府指明是国阵政府和民联政府。他说，两个政府都必须立即真正落实，协助广大被边缘化的印度裔族群摆脱悲惨困境的政策和措施。[①] 也是在 8 月，瓦塔姆迪要求会见首相纳吉和反对党领袖安华，分别和他们讨论继续关注被边缘化的印度人的社会经济问题。[②]

进入 2013 年，在马国第 13 届大选即将举行之际，2 月 13 日，兴权会警告，由于民联一再敷衍执行承诺给兴权会的 5 年印度裔发展蓝图，该组织可能在大选中不再支持民联。2 月 27 日，针对民联不久前出台的《人民宣言》，兴权会表示，该宣言漠视了印度裔社会的利益，因此感到"极度失望"。瓦塔姆迪发表文告表示："（虽说）这宣言一次性地说明了许多事情，（但）民联的竞选宣言完全忽视这个国家的印裔社群的利益与需要。"[③]

---

① 《大马兴权会领袖成功回归国土》，http：//www. sginsight. com/xjp/index. php？id = 8641。

② *Waythamoorthy seeks meeting with Najib and Anwar*，https：//www. malaysiakini. com/news/207373。

③ 《遗憾宣言只关照其他族群　兴权会失望民联忽视印裔》，https：//www. malaysiakini. com/news/222484。

值得关注的是，2008 年大选失利后，国阵政府就开始通过各种手段积极争取印度人选民的支持，最终也成功让部分印度裔选票在 2013 年大选时回流于国阵。印度人虽然在马国总人口中所占比例不高，但在一些该族群人口集中的选区却是能发挥真正影响的"关键少数"。2013 年 11 月 2 日，首相纳吉穿上印度人传统服饰，出席国大党举办的屠妖节庆祝活动。纳吉感谢印度裔在第 13 届大选中支持国阵，并承诺将继续帮助印度裔社群，希望他们继续与国阵合作，为印度裔社群带来更好的发展。

纳吉政府还专门对兴权会积极加以争取。经过协商，2013 年年初，瓦塔姆迪代表兴权会与纳吉政府签署《国阵与兴权会 5 年蓝图》备忘录，它包含四大领域内容，即提升被边缘化的印度裔园丘员工生活水平、解决印裔公民权问题、教育及从商机会。这份备忘录是在国阵及纳吉迫切需要印度裔选票的情况下签署，因为失去印度裔支持的国大党已无法捞取到印度裔选票。因此，印度裔不会在这份备忘录中获得任何利益，因为它不是在诚意及透明的情况下签署。它不会协助提升印裔社群生活水平，或让马国印度裔受惠。①

在纳吉政府的极力拉拢下，2013 年 6 月 5 日，瓦塔姆迪受委为上议员，出任首相署副部长。上任时，瓦塔姆迪誓言做到最好，而他的任命也是对贫穷印族与"失声"群体斗争所给予的尊重②。由于不能真正受到重视、重用，瓦塔姆迪在任内"表现欠佳"。同年 8 月，警方开枪击毙 5 名印度人嫌犯，瓦塔姆迪批评警方没有先鸣枪警告。此举引来内政部部长反驳，并要求他辞职。因为不能实现政治抱负，不能有效维护自

---

① 《国阵与兴权会的协议对选票影响不大》，https：//www. malaysiakini. com/letters/227680。

② 《指政府未兑现大选承诺　马国印权会主席辞副部长职》，http：//www. zaobao. com/news/sea/story20140211 - 308665。

身族群的权益，2014 年 2 月 10 日，瓦塔姆迪辞去首相署副部长，结束短短 9 个月的任期。失望之下，他指责纳吉政府未能兑现大选时对印度裔的承诺。2 月 15 日，首相纳吉在声明中说，他接获瓦塔姆迪的辞职信函，同时也尊重和接受对方的决定。他并未挽留瓦达姆迪，显示马来西亚政府已经与兴权会分道扬镳。①

瓦塔姆迪辞职，也使纳吉争取印度裔支持的努力受到挫折，表明被视为"空头支票"的《国阵与兴权会 5 年蓝图》确实沦为一纸空文。

到 2014 年 12 月，兴权会创办人之一的乌达雅古玛承认，在争取印度裔权益的抗争中，该组织已输给了巫统和政府。② 兴权会的政治活动也趋于低落。

2015 年 5 月 21 日，首相纳吉公布《第 11 个大马计划》，其主题为"以民为主轴的成长"。但兴权会质疑，政府的发展计划能否真正惠及处于最低社会经济阶层的群体。

近些年，马来西亚政治上开始面对越来越强烈的伊斯兰化的压力。基于政治上共同需要，巫统和伊斯兰党对在特定课题上合作已达成共识，但它们不会因此结盟。在此情况下，马华及国大党等国阵成员党也不会退出国阵，因为一旦退出，这些族群政党将无法生存。不过，如果巫统在伊斯兰党的压力下过于妥协，允许提呈甚至通过伊斯兰党私人法案，则会促使更多的华人尤其是印度人转而支持反对党。③ 伊斯兰政治的崛起给马来西亚政治带来严峻考验，特别对华人和印度人造成较大冲击。印度人和华人、开明的马来人一道，抗击马国政坛的伊斯兰化

---

① 《马国政府与印权会分道扬镳》，http：//www.zaobao.com/news/sea/story20140215 - 310276。

② 《兴权会遭政府分裂瓦解　乌达雅承认输给了巫统》，https：//www.malaysiakini.com/news/282235。

③ 《分析师：无法生存　马华民政国大党不会退出国阵》，http：//www.zaobao.com/news/sea/story20161206 - 698670。

压力。

2017 年 4 月 5 日，67 个社会团及组织联署呼吁全体国会议员，尤其是反对 355 法令修正案的朝野政党议员提高警惕，全程参与国会会议，以免有关修正案以突袭方式，在本季国会提前讨论并通过。① 67 个组织中，印度裔的组织主要包括兴权会和大马淡米尔作家协会等。

面对即将到来的第 14 届大选的压力，纳吉政府再次设法拉拢印度人，一再向印裔社区释出善意。2017 年年初，马国政府出台《全国印度族社会发展蓝图》，拨出约 1.5 亿令吉改善印度族社会发展状况，例如用于基本需求、教育、增加就业机会、经商援助、社会辅助等，并设立秘书处确保所有计划都能有效执行。② 7 月中旬，在出席非政府组织印度裔穆斯林组织联合会的开斋节晚宴时，纳吉表示认同印度裔穆斯林是该国土著，因此政府将讨论及决定如何落实他们的土著身份。他还赞扬印度裔穆斯林一直是国阵的忠心支持者，并呼吁他们继续力挺照顾该社群及全马人民的国阵政府。③ 马来西亚目前约有 15 万名印度裔穆斯林。

2018 年 1 月 31 日，纳吉穿上印度人的传统服装，出席印度教重要节日大宝森节的庆典活动。当天，纳吉宣布拨款 300 万令吉，协助瓜拉雪兰莪印度庙兴建民众会堂。

面对国阵政府因为大选压力向印度裔"撒糖果"，拉拢利诱，已有前车之鉴的兴权会态度冷淡。2018 年 2 月 11 日，瓦塔姆迪出席兴权会主办的"给国阵零票运动"推展礼时指出，他们将在全国开展"给国阵零票"

---

① 《"国阵逆转立场仍需警惕" 67 组织促议员严拒 355 法案》，http://blog.of21.com/? p = 64857。

② 《马国正副首相 向印族社群派 "大礼"》，http://www.zaobao.com/news/sea/story20180201 - 831702。

③ 《纳吉认同印裔穆斯林是土著分析：频释善意显示大选将近》，http://www.zaobao.com/news/sea/story20170720 - 780359。

运动，呼吁印度裔选民支持反对党联盟"希望联盟"（2016 年 1 月成立，由人民公正党、民主行动党及国家诚信党组成）取代国阵成为新政府。他指出兴权会在全国 24 个国会选区具有影响力，并能确保至少七成印度裔选民在大选时支持希盟。① 2017 年 8 月，退出巫统、已成为反对党领袖的马哈蒂尔，也曾与瓦塔姆迪会面，希望兴权会在即将举行的第 14 届大选中助力希盟。不过瓦塔姆迪当时并未明确表态。大选结束后，希盟胜出，2018 年 7 月，马哈蒂尔委任瓦塔姆迪为首相署国民团结局局长。

与政府在大选时不断公开"撒糖果"形成显明对比的是，印度人的文化仍一再受到轻视、毁坏。2012 年 10 月，雪兰莪州政府批准房屋发展商在黑风洞毗邻兴建 29 层公寓计划，引起印度教徒及国大党不满。10 月 26 日，黑风洞印度庙委员会号召 300 人在黑风洞广场展开抗议集会，要求雪州政府终止这项计划，否则将起诉州政府。国大党前主席三美·维鲁也出席集会。朝野政党对印度人的此项诉求互相推诿、搪塞。2013 年 9 月 1 日，吉隆坡市政局官员拆除市区一所已有 101 年历史的卡里阿曼兴都庙，引起朝野印度裔政党不满。该庙是吉隆坡金三角地区唯一的兴都庙。国大党青年团团长莫汉等 7 人先后与市政局官员发生约 10 次肢体冲撞，遭警方逮捕。9 月下旬，在霹雳州，由于发展商没有通知就拆除庙宇，印度教信徒愤怒之下将被拆神像摆放在霹雳州政府大厦正门前，并举行和平集会，要求州政府给予土地及现金作为赔偿。2018 年 1 月，新山一座拥有 80 年历史的印度庙遭地主强拆，引起当地印度裔社会普遍不满，并可能演变成冲击大选选情的政治课题。柔佛州政府丝毫不敢轻忽，强调将公平处理此事。②

---

① 《称可影响七成印裔选民 马印权会：来届大选支持希盟》，http：//www. zaobao. com/news/sea/story20180213 – 834978。

② 《新山印度庙遭强拆 柔州政府称将公平处理》，http：//www. zaobao. com/news/sea/story20180114 – 826783。

在这些影响印度人政治权益的事件中，兴权会发声已经越来越"低调"。有论者认为，兴权会政治主张的感情用事和毫不妥协，使其政治诉求的效果适得其反；它又对官方和马来人的反应视而不见；它所提出的马国印度人遭受"族群清洗"的说法也可能使其失去大批的政治支持者。[①]

3. 杰出政治领袖卡巴星

除了上文中提到的三美·维鲁、瓦塔姆迪、乌达雅古玛、安美嘉[②]等人，卡巴星也是马国印度人中重要的政治精英，甚至更为杰出的政治领袖。

卡巴星（Karpal Singh），1940 年 6 月 28 日诞生于槟城乔治市。幼年家境贫苦，小时候曾从事过放牛、挤奶工作，以补贴家用。1961 年，在新加坡大学攻读法律专业。1963 年，首次到印度旅行。1969 年初，开始正式执业律师。1969 年"5·13"事件发生后，卡巴星开始考虑加入实行多元种族路线的民主行动党。1970 年，正式加入该党。同年，与同为锡克人的古蜜·卡吾尔（Gurmit Kaur）女士结婚，两人育有 4 子 1 女。1971 年，创立卡巴星律师事务所。1974 年，首次参加全国大选，赢得亚罗士打州议席。1978 年，同时赢得日落洞国会议席（直至 1999 年落选，担任 8 届）和武吉牛汝莪州议席（后曾经担任武吉牛汝莪区的 3 届国会议员）。1987 年 10 月 27 日，时任首相马哈蒂尔（兼任内政部长）援引《内安法令》展开"茅草运动"，包括卡巴星在内的多名反对党人士被捕，马国进入了马哈蒂尔"强人政治"统治时期。1989 年，

---

① Carl Vadivella Belle, *Tragic Orphans: Indians in Malaysia*, Singapore: Institute of Southeast Asian Studies, 2015, p. 413.

② 安美嘉，马来西亚公民社会运动重要领袖，曾组织并领导净选盟运动，并担任净选盟 2.0 主席，至 2013 年卸任。也曾担任大马律师公会主席、大马人权协会主席等。

卡巴星正式获得释放。

2004—2014 年，卡巴星担任最大反对党民主行动党全国主席。

在日落洞选区长期担任国会议员时，卡巴星因为敢于捍卫国家宪法，对抗司法界的贪腐黑暗，因此获得"日落洞之虎"的美誉。① 此外，因为他是锡克人（1921 年其父 Ram Singh 从北印度旁遮普省移居槟城），卡巴星也被称为"锡克雄狮"。

2009 年霹雳州变天引发的宪政危机中，卡巴星曾恫言起诉霹雳州苏丹而被控。2014 年 2 月 21 日，法庭裁决他煽动罪成立，并于 3 月 11 日判处他罚款 4000 令吉（约 1500 新元）。针对被控煽动罪名成立，卡巴星提出上诉，其律师团队由其从事律师行业的儿女组成，以哥宾星为首。卡巴星也宣布辞去民行党主席党职，但民行党保留主席位置，等待卡巴星归队。②

2013 年 5 月大选时，卡巴星第三次赢得武吉牛汝莪国会议席，他的得票数为 55839 张，对手马华候选人郑明炎 14061 票，卡巴星以多出 41778 张选票大获全胜。"虎父无犬子"，卡巴星长子惹迪星与次子哥宾星分别是槟城柑仔园区州议员和蒲种国会议员。2014 年 5 月 25 日，卡巴星之子、民主行动党候选人蓝卡巴星以 37659 张多数票，当选槟城武吉牛汝莪区国会议员。该区 82431 名合格选民中，华族占 74.49%，马来族占 14.48%，印族选民占 10.56%。③ 哥宾星目前担任民主行动党署理主席。

---

① 曾敏兴：《国家真英雄》，美丽莎露薇《卡巴星：真正的马来西亚人》，曾舒渝译，八打灵：民主行动党 2014 年版，第 15 页。

② 《被控煽动罪名成立 卡巴星辞民行党主席职》，http://www.zaobao.com/news/sea/story20140330 - 326565。

③ 《民行党武吉牛汝莪胜出》，http://www.zaobao.com/news/sea/story20140526 - 347144。

除了政治领域表现出色，卡巴星也是一位具有国际声誉的律师[①]，专业领域是刑事案件与毒品案件。无论是作为法律界的著名律师，还是反对党政治领袖，卡巴星都创下非凡成就。作为专业律师，他协助许多人逃过鬼门关，例如 1977 年，1 名 14 岁男孩因拥枪被判死刑，经卡巴星辩护而逃过死劫；他为超过 50 名被判死刑的囚犯打官司，争取免除死刑，虽然有失败案例，但卡巴星始终坚持政府必须废除死刑的信念。卡巴星也是安华自 1998 年被革除副首相和财政部部长职后，第一次和第二次肛交案的辩护律师。在政坛上，卡巴星以坚决反对伊斯兰国和伊斯兰刑事法的立场而著称。1990 年大选时，他甚至发表马国若要成立伊斯兰国，就需先跨过其尸体的豪言，其捍卫宪法的立场非常鲜明。面对曾经同为民联盟党的伊斯兰党，卡巴星从不畏惧地公开驳斥其建立伊斯兰国的野心。卡巴星在国会发言时往往言辞尖锐、敢怒敢言。[②]

2013 年 11 月 5 日，卡巴星公开提出，马国的政党和专业团体，都不该出现种族课题。他认为巫统、马华和伊斯兰党等所有单一种族政党都应该自行撤销注册，走多元种族路线，以更开放和多元的态度促进国民团结。[③]这是针对马来西亚痼疾难除的种族政治的"对症良方"、远见卓识。

2005 年，卡巴星遭遇一场严重车祸，下半身瘫痪，此后以轮椅代步。但此打击不能使他放弃政治和法律事业。2014 年 4 月 17 日，卡巴星再次遭遇严重车祸而不幸逝世，终年 74 岁。他的突然离世，使马来西亚举国震惊，朝野政治领袖和民众纷纷在社交媒体上留言表达哀悼之意。

---

① 关于卡巴星的律师生涯，可参见 Tim Donoghue, *Karpal Singh: Tiger of Jelutong*, Singapore: Marshall Cavendish Editions, 2014，该书中有全面、详细、精彩的记述。

② 参见《卡巴星，政治人物的表率》，http://www.zaobao.com/forum/views/opinion/story20140422 – 335133，原载《星洲日报/星·观点》2014 年 4 月 18 日。

③《卡巴星建议撤销 单一种族政党注册》，http://www.zaobao.com/news/sea/story2013 1107 – 273433。

2014 年 4 月 20 日，卡巴星出殡时，近 2 万名民众从全马各地赶到槟城送他最后一程，送殡队伍长达两公里。槟州政府也首次举行"州葬"仪式，赞颂卡巴星这位"槟州之子"一生的贡献与成就。槟州首席部长林冠英表示，"卡巴星的逝世意味着槟城失去了一名正直及杰出的领袖及律师，而人民失去了一名为贫弱、无自辩能力及权利被剥夺者发声，无畏无惧、不屈不挠的'老虎'"。① 舆论也认为，马来西亚失去了一名维护民权、捍卫宪法精神的杰出政治领袖。②

卡巴星的生命历程见证了独立 50 多年以来的马来西亚现代历史，以及将其塑造为一个国家的历次事件。③ 他当之无愧是一名"真正的马来西亚人"。

4. 印度人政治的分化

由于宗教、语言、种姓、职业、经济地位、祖籍地、教育背景等诸多方面的差异，马来西亚印度人社会内部存在严重的分化④。这一点很鲜明地体现在印度人的政党及社会团体中，进而严重影响到马来西亚印度人政治上的团结协作，也在一定程度上削弱了其在马来西亚政治的地位和作用。

受到祖籍国印度政治文化的影响，马来西亚的印度人，尤其是来自印度北方的印度人群体，政治上相对比较敏感、成熟。马哈蒂尔曾提及

---

① 参见《马国两万民众送卡巴星最后一程》，http：//www. zaobao. com/sea/politic/story20140421 - 334597。

② 参见《卡巴星，政治人物的表率》，http：//www. zaobao. com/forum/views/opinion/story20140422 - 335133，原载《星洲日报/星・观点》2014 年 4 月 18 日。

③ Tim Donoghue, *Karpal Singh*：*Tiger of Jelutong*，Singapore：Marshall Cavendish Editions，2014，p. xviii.

④ Rajeswary Ampalavanar 也曾深入探讨过马来亚印度人政治上严重的分化现象，参见其专著 *The Indian Minority and Political Change in Malaya*，1945 - 1957，Oxford：Oxford University Press，1981。

印度裔非常政治化，他提道："东姑阿都拉曼曾说过，如果有一个印裔就有一个政党，如果有两个印裔就有两个政党。"① 马来西亚主要三大族群中，印度人虽然人口最少，但其创建的政党却数量最多，这其实也从一个侧面说明了印度人社会在政治上的分化。

印度人最大的政党国大党，虽然它号称代表全马所有印度人的利益，但它与印度人的最大群体泰米尔人有很大隔阂。该党最初的成员是英语教育背景的精英，因而对泰米尔人没有号召力。1955 年，善班丹利用泰米尔劳工选票的推力，当选国大党第 5 任主席②，直至 1975 年卸任，掌党 20 年，国大党首次陷入长期的个人集权领导时期。而在善班丹领导时期，国大党实际上变成了一个泰米尔人的政党。③ 从 20 世纪60 年代后期至 70 年代初，善班丹拒绝召开章程大会④，使该党组织运转更加不正常。1971—1974 年，善班丹及其支持者与善班丹继任者 V. 马尼卡瓦萨甘（Manickavasagam）及其支持者两派之间陷入多场混战⑤，善班丹最终在党内严重的冲突中败下阵来。1975—1979 年，V. 马尼卡瓦萨甘⑥担任党主席。

---

① 《马哈迪：只要除掉三美维鲁　就能抚平印裔社会不满》，http：//www. zaobao. com/special/report/politic/mypol/story20080307 - 122731。

② 善班丹 1919 年生于霹雳和丰，在印度接受大学教育。马来亚独立后，曾担任政府部长。

③ Janakey Raman Manickam, *The Malaysian Indian Dilemma*：*The Struggles and Agony of the Indian Community in Malaysia*，Klang：Nationwide Human Development and Research Centre，2012，third edition，p. 116.

④ M. Stenson, *Class, Race and Colonialism in West Malaysia*：*The Indian Case*，St Lucia：University of Queensland Press，1980，p. 208.

⑤ Paul D. Wiebe, *Indian Malaysians*：*The View From the Plantation*，New Delhi：Manohar，1978，p. 93.

⑥ V. 马尼卡瓦萨甘，出生于瓜拉雪兰莪，商人和地主，曾担任 MIC 雪兰莪区部的主席，1957 年 8 月，被任命为劳工部长助理，并担任交通部部长，直至 1979 年 10 月他去世。参见Rajeswary Ampalavanar, *The Indian Minority and Political Change in Malaya*，1945 - 1957，Oxford：Oxford University Press，1981，p. 216。

1979 年时，三美·维鲁当选国大党主席，直到 2010 年被赶下台。三美主宰国大党 30 余年，使该党再次陷入个人独裁专制，进而导致该党后来陷入频繁的内斗。出身国大党的班迪丹（1940—2008），曾是一名深受印度裔工人阶层欢迎的领袖，更一度出任副主席的高职，却与三美不和。1988 年 6 月，班迪丹带着一副棺材在吉隆坡国大党总部前抗议，表达党内民主已死，并且展开罢食。7 月 16 日，他与 13 名支持者遭国大党开除。两年后，班迪丹成立印度人前进阵线，该党与国大党一直以来都是水火不容，它要求加入国阵，遭到国大党刻意阻扰。该阵线目前是国阵外围组织"国阵之友"成员①。而曾担任国大党署理主席的苏巴马廉和副主席的巴玛纳班（已故）也因为曾经挑战三美·维鲁的党主席职位，而与三美·维鲁决裂。苏巴马廉也是三美的政治死敌，两人的长期争斗使党内分裂为不同阵营。

2008 年大选之后，三美政治声望更陷于低谷，印度人社会甚至出现"倒三美运动"。前首相马哈蒂尔认为国阵在 2008 年大选中失利，主因是国大党主席三美·维鲁。他也批评三美拒绝让其他印度裔政党加入国阵。2008 年 3 月 6 日，他提出三美·维鲁应该辞去国大党主席，以安抚印度裔社会的不满。② 代表巫统的《马来西亚前锋报》封面整版报道，也要求三美引退。但他仍不服输，誓言继续领导国大党。2009 年 9 月 13 日，国大党代表大会修改党章，规定从当年起，限制党主席任期为最长三届 9 年。③ 此前，国大党并没有规定该党主

---

① 班迪丹去世后，印度人前进阵线内部出现严重分化和宗派主义。2012 年，包括首相纳吉在内的多名巫统政治领袖要求该党处理好内部纷争，以便协助国阵赢得即将到来的大选。参见 Carl Vadivella Belle, *Tragic Orphans*: *Indians in Malaysia*, Singapore: Institute of Southeast Asian Studies, 2015, p. 436。

② 《马哈迪：只要除掉三美威鲁 就能抚平印裔社会不满》，http://www.zaobao.com/special/report/politic/mypol/story20080307 - 122731。

③ 《马印度国大党修党章限任期》，http://www.zaobao.com/special/report/politic/mypol/story20090914 - 123576。

席的任职期限。2010 年 12 月 6 日，三美在党主席竞争失败后去职，
由巴拉尼威接任。[①]

　　三美离任后，国大党高层内部争斗并未平息，反而更加尖锐，导致
首相的介入。2013 年 11 月底 12 月初，国大党举行党选，国大党数名
党员曾向社团注册局举报，指责该次党选涉及滥权舞弊。2014 年 10
月，担任国大党策略局主任的威尔巴里（三美·维鲁之子）和数十名
国大党党员在布城集会，指控党选出现舞弊，并要求巴拉尼威下台。11
月 20 日，以威尔巴里为主的挑战派，借彭亨州金马仑地区发生洪灾之
机，大力讨伐国大党主席巴拉尼威（担任金马仑区国会议员、内阁天然
资源及环境部部长），要后者引咎辞职。他批评巴拉尼威既是不称职的
部长，也是非常失败的国大党主席。[②] 同年 12 月 5 日，社团注册局指示
该党除党主席和署理主席之外的其余 3 名副主席及 23 名中委，以及 8
个区部都必须重选，否则该党可能会被吊销注册。随即，国大党内斗升
级，在党领导层召开紧急会议，商讨社团注册局指示该党重选事宜时，
党内"挺重选"及"反重选"两派约 1000 人在国大党总部外互相争
吵。"挺重选"派要求党主席巴拉尼威下台，双方爆发肢体冲突，惊动
警方轻型镇暴队介入调停。"反重选"派则支持巴拉尼威留任，并要求
党领导与社团注册局协商，解决重选风波。[③]

　　2015 年 2 月初，社团注册局再次发函谕令国大党，必须在 4—7 月
全面重选，否则当局可能撤销该党的注册资格。当局要国大党于 4 月举
行全国各支部与区部重选、5 月重选全国主席、6 月重选女青年团、少

---

　　① Carl Vadivella Belle, *Tragic Orphans*: *Indians in Malaysia*, Singapore: Institute of Southeast
Asian Studies, 2015, p. 415.

　　② 《金马仑洪灾引发国大党两派内讧》，http://www.zaobao.com/print/news/sea/story20141121 - 414371。

　　③ 《国大党两派内斗升级至肢体冲突》，http://www.zaobao.com/print/news/sea/story20141220 - 426127。

青团、妇女组和青年团，最后在 7 月重选署理主席、副主席和中央委员。① 2 月中旬，巴拉尼威突然向社团注册局发出最后通牒，要该局收回之前发给国大党的重选信函，否则就将发起诉讼。同月，国阵总秘书表示，国阵成立特别秘书处协助国大党解决党内问题纯属建议，接受与否都由国大党自行决定。他表示，国阵无意接管国大党。国大党主席巴拉尼威则坚拒国阵干预或重选。

　　6 月中旬，国大党党争仍在升级，主席巴拉尼威与署理主席苏巴马廉相继宣布冻结对方党籍。国大党党争不断扩大，进而波及首相及国阵主席纳吉。6 月 20 日，巴拉尼威指责纳吉介入导致该党陷入危机及必须重选，纳吉为此表示将召见巴拉尼威，要求后者解释，同时促请他遵守法庭和社团注册局要该党重选的决定，停止怪罪他人。国大党副主席沙拉瓦南则明确支持首相，认为纳吉直接开除也是天然资源及环境部部长的巴拉尼威很合理。他说巴拉尼威"才是造成国大党乱局的罪魁祸首"。次日，署理主席苏巴马廉召开特别大会反击巴拉尼威，前主席三美·维鲁也出席特别大会。② 6 月底，社团注册局正式发函，指示巴拉尼威已不再是国大党党员，苏巴马廉暂代主席职务，负责党内重选事宜。国大党章程第 19 条文规定，任何党员若把党务带上法庭，将自动失去党员身份。

　　国大党党争难以平息。到了 2016 年 5 月，国大党召开特别大会时，前主席巴拉尼威的支持者与现任主席苏巴玛廉的支持者出现对峙，场面一度紧张，引来警方介入干预。10 月 16 日，双方人马又聚集在吉隆坡世界贸易中心外，巴拉尼威的支持者要求苏巴马廉辞职，双方发生争

---

　　① 《解决党职争议 马内政部下令国大党重选》，http：//www. zaobao. com/print/news/sea/story20150211 - 445558。

　　② 《国大党主席责怪纳吉介入导致党争》，http：//www. zaobao. com/print/news/sea/story20150622 - 494345。

斗，警方再次介入控制局面。

如果国大党的领导层能够团结一致，马来西亚的印度人将会因此而受益。① 国大党的严重内耗导致其本来在执政联盟中的弱小地位更加低落，也给其在马来西亚政坛中的声誉带来很消极的影响。

其他印度人的政党，它们之间难以达成团结协作，各政党内部也普遍存在严重矛盾。2009 年 5 月中旬，从兴权会分裂出来的派系筹建的大马人民力量党获得社团注册局批准成立。持亲国阵立场的人民力量党，对反对党阵营的民联政府不满，认为其执政的槟城、吉打、雪兰莪、吉兰丹，以及早前的霹雳州政府，都无法落实任何提高印裔社群地位的政策。② 正是因为不满民联政府，该党主要筹建人达能迪积极创党。而当时尚在海外流亡的兴权会主席瓦塔姆迪则与其意见相左，不支持成立一个与民联划清界限的政党，他认为，国阵与巫统更不如民联。正式成立不到两个月，人民力量党就陷入内部权力斗争。该党多名领袖指控主席达能迪独裁，作风犹如三美·维鲁，并且要求他立即下台。首相纳吉对该党曾寄予厚望，企图通过它赢回印度裔社群的支持。不过，国大党敌视人民力量党，担心后者加入国阵会导致国大党地位的进一步下降，它坚持本身才是印度裔社会的代表。

1998 年，印度裔的政党社会主义党成立，再经多年争取，2009 年成功注册为合法政党。该党在 2008 年大选后曾拥有一名国会议员和一名州议员，即击败国大党三美·维鲁的和丰国会议员贾也古玛，以及哥打白沙罗州议员纳西尔，后者也是该党主席。2010 年 6 月初，该党举行年度全国代表大会，经过辩论，议决不加入民联，不过会强化与民联的合作

---

① Janakey Raman Manickam, *The Malaysian Indian Dilemma*: *The Struggles and Agony of the Indian Community in Malaysia*, Klang: Nationwide Human Development and Research Centre, 2012, third edition, p. 130.

② 《兴权会分裂派系筹组新政党 获注册局批准预料下月推介》，https://www.malaysiakini.com/news/104524。

关系共同对抗国阵。该党内部分裂为赞成与反对加入民联两个阵营。

至于印度人中的穆斯林群体，他们作为印度人和伊斯兰教徒的双重身份，给其族群和政治认同往往带来困惑，他们要在印度人族群和马来族群之间做出选择。1946 年，槟榔屿的印度人穆斯林联盟和新加坡马来人联合会等组织联合组成泛马穆斯林联盟。由于国大党以印度教教徒占据主体和优势，因此印度人穆斯林认为该党代表了印度教教徒的利益，他们与国大党保持距离。基于伊斯兰教的共同背景，穆斯林联盟一直积极支持巫统，但它又不可能获得与马来人同等的权益。为了维护印度人穆斯林的权益，1974 年，马来西亚印裔穆斯林国大党成立，以便于表达自己在政治上的利益诉求。但该党支持者很少。和其他的印度人政党一样，该党也必须与其他族群政党联合或结盟，才可在马来西亚政治上发挥作用。因此，印裔穆斯林国大党积极寻求加入国民阵线。数次努力仍不成功，于是该党一度转而投向反对派阵营。到了 2010 年 8 月，成为巫统附属政党的马来西亚印裔穆斯林国大党，有一人被委任为上议员。但在 1999 年 2 月之后，该党也因内斗而四分五裂，它在政治上的影响也更趋于式微。

印度人创立的众多政党中，也包括号称代表锡克族的马来西亚旁遮普党，以及亲国阵的政党马国印族团结党，等等。

印度人的政党之间纷纷扰扰，内斗普遍，其民间组织也"不遑多让"。

2007 年之后"声名鹊起"的兴权会，在 2008 年 3 月的大选之后，并没有通过印度人选民巩固自己的地位和影响，反而变得群龙无首并迷失方向①。它先是分裂为以乌达雅古玛为首的"乌派"和以瓦山达古玛、甘纳巴迪为领导的"瓦派"。2009 年 11 月 25 日，两派各自举办活动庆

---

① Carl Vadivella Belle, *Tragic Orphans*: *Indians in Malaysia*, Singapore: Institute of Southeast Asian Studies, 2015, p. 413.

祝 3 万人兴权会大集会两周年。"乌派"在吉隆坡展开长达 18 小时的绝食抗议，以印度圣雄甘地的和平斗争方式来纪念 2007 年影响深远的大集会；"瓦派"则在巴生举办了一场名为"2009 年兴权会两周年全国庆祝活动"的大型集会，成功吸引 1500 名印度裔民众参加，并有多名民联重要领袖安华、拉玛沙米（印度裔，槟州第二副首席部长）到场发表演讲和支持。双方都没有出席对方的活动。同时，乌达雅古玛和其支持者创立了人权党，作为本身的政治平台[①]；瓦山达古玛则正式宣布加入反对党公正党，他批评和炮轰首相纳吉和巫统，表示本身并不相信纳吉提出的"一个大马"的口号，反而拥护民主行动党的"马来西亚人的马来西亚"概念。他提出纳吉应该实行其父亲时推行有助于印度人发展的一系列政策，如把所有半津贴淡米尔小学转为全津贴，以及为园丘工人推行"居者有其屋"计划。甘纳巴迪则发布"瓦派"所草拟的"大马印裔之声"10 大要求。这些要求包括均等的财富机会、消除贫穷、平等的教育机会、母语教育、宗教自由、保护工人政策、园丘工人政策、种族关系法和少数民族保护法、印裔无国籍问题，以及政治代表权。[②]

兴权会的迅速分化，也缘于政府的有意拉拢、离间。2009 年 3 月 31 日，国大党主席三美·维鲁突然亲自前往医院探访卧病在床的兴权会全国协调员达能迪，积极拉拢印度裔选票回流到国阵。同年 4 月初，新上任的首相纳吉宣布释放 13 名内安法令扣留者，其中包括两名兴权会领袖耿卡哈兰和甘纳巴迪，其余 3 名（乌达雅古玛、马诺哈兰和瓦山达古玛）已被扣留 15 个月之久的兴权会领袖并未获释。这导致兴权会

---

① 人权党的组建目的，是在来届大选中号召印度人给该党投票，争取赢得 2—3 个席位，进而可以在国会持续发声。但其注册申请被政府拒绝，期望落空。参见 Carl Vadivella Belle, *Tragic Orphans: Indians in Malaysia*, Singapore: Institute of Southeast Asian Studies, 2015, pp. 406, 414。

② 《兴权会兄弟阋墙炮轰昔日战友 瓦派两周年集会获两千人出席》，https://www.malaysiakini.com/news/118387。

内部再起分歧。仍然被扣留的兴权会组织秘书瓦山达古玛，透过表妹拉塔向媒体表示，若纳吉全数释放兴权会其余 3 名领袖，他个人愿意支持国阵。当时曾有分析指出，纳吉只选择性地释放两人，是要以心理战术，分化兴权会。[①]

　　纳吉政府的拉拢、分化策略最终奏效。2013 年 6 月 6 日，乌达雅古玛被高级法庭判处煽动罪名成立，监禁两年六个月。兄长被问罪关押，弟弟瓦塔姆迪当天却在国会宣誓成为上议员并出任首相署副部长[②]。乌达雅古玛对弟弟加入纳吉内阁十分不满，认为他背叛了兴权会的 18 项诉求，因此兴权会已经开除瓦塔姆迪。[③] 兴权会内部的严重分化不断削弱其社会影响力。

第三节　2001—2018 年马来西亚华人与印度人政治参与比较

　　进入 21 世纪以来，华人和印度人都面临更加被边缘化的政治命运，他们在主动与被动的双重因素之下，积极参与马来西亚政治，争取自身发展权益，推动马来西亚不断走向民主、公平、多元。

　　在华人社会和印度人社会，不管是政党，还是民间团体，都以多种方式积极投身马来西亚有关政治事务。在政治参与意识普遍不断增强的当今时代，马来西亚华人和印度人政党、社团在政治上的表现也"不遑多让"。

---

　　① 《纳吉选择性放人分裂兴权会？　瓦山达求释心切称愿支持国阵》，https：//www. malaysiakini. com/news/101708。

　　② 同时入阁担任副部长的另一名印度人来自槟城人民进步党。两名非国大党成员入阁，表明首相纳吉和巫统希望抛开国大党，扩大与印度人的联系渠道，尤其是加强与那些了解草根阶层关切的代表的交流。参见 Carl Vadivella Belle，*Tragic Orphans*：*Indians in Malaysia*，Singapore：Institute of Southeast Asian Studies，2015，p. 441。

　　③ 《两兄弟一坐牢一入阁　印族兴权会高层命运不同》，http：//www. zaobao. com/news/sea/story20130607 – 213235。

马来西亚族群政治中，另一个值得关注的现象是，分别代表华人和印度人长期参与执政的马华和国大党，进入 21 世纪后，两党在自身族群的声誉和影响力日趋衰微，最终和国阵政府一起，被选民尤其是本族群彻底抛弃。直接原因是他们不能真正有效维护本族群的权益，"口惠实不至"，说得多，做到的很难、很少；深层原因则是长期执政的国阵政府问题丛生，更多的民众最终产生换政府的念头。

进一步观察近些年的马来西亚族群政治就会发现，与印度人相比，华人在政治上更为活跃，尤其数量众多、类型多样的华人社团。

同时，华人政治理念更复杂，诉求更多元，尤其是关于华文教育、华人文化、华人经济等，积极争取。而印度人尤其是泰米尔人主要关注维护自身族群的宗教文化发展权益。有论者认为，与华人相比，印裔也较倾向宗教认同而非语文认同。华社多的是华教斗士，可泰米尔族更多的是宗教斗士。若发生政府当局要拆印度庙，他们则会群起抗争。从语文言，泰米尔也只有小学而没有中学，不像华人有小、中、大专院校。相对而言，印度裔是多元异体，而华人则是多元一体。[①] 正是印度人社会的内部分化比华人社会更严重，也导致他们在政治上难以一致发声，也容易被执政者所忽略和轻视；进而使印度人陷入更严重的边缘化，特别是下层印裔，处境更为艰难、悲惨。

印度人的政治诉求没有得到重视，更谈不上被满足。印度人社会普遍贫困的问题未能改善，其犯罪率是三大族群中最高的，虽然其人口总数最少；印度人的私会党也日益兴盛、猖獗，给马来西亚社会治安带来诸多挑战。

2006 年 10 月，由马来西亚亚洲策略研究院属下的公共政策中心提交的题目为"低收入的大马印裔"（Case of Low Income Malaysian Indi-

---

① 孙和声：《多元异体的大马印度裔》，《东方日报》2018 年 12 月 9 日。

ans）报告指出，大部分印度裔自国家独立前，在经济和政治领域方面被有系统地边缘化；该报告提出 12 项建议，其中一项是设立基金供印度裔社会发展特定计划；报告强调，当局若缺乏政治意愿去执行这些提议，将导致印裔社会继续生活在贫困之中。该研究报告引述数据说，印度裔虽然只占马国 2600 万人口的 7.55%，但其自杀率却是全国最高的[①]。另外，也有很多印度裔涉及严重罪案和私会党活动而被捕。[②] "先

---

① 1990 年的统计数据表明，印度人的自杀人数分别是男性 377 人、女性 293 人，华人的自杀人数男女分别为 179 人、127 人，马来人的则分别是男性 62 人、女性 40 人。参见 Janakey Raman Manickam, *The Malaysian Indian Dilemma*: *The Struggles and Agony of the Indian Community in Malaysia*, Klang: Nationwide Human Development and Research Centre, 2012, third edition, pp. 159 - 160。

② 目前，马国私会党以印度人居多，占 70% 以上，另外超过 25% 为华人及 4.77% 为马来人。印度人原本受雇于华人私会党华人成员，但他们逐渐取代华人在组织中的地位，进而使各私会党成为印度人的天下。而且，马来西亚最可怕与凶悍的印度人私会党不是近来举止嚣张的 "04 党"，而是 36 私会党。36 党是华人老牌私会党洪门会支派。如今在 36 党内还有华人，但他们主要是 "金主"。而以 04 为代号的印度人黑帮，和 08、36 及 18 等黑帮一样，皆源自华人私会党，曾经由华人主导，如今印度人成员已是核心，华人摇身成为 "金主"。

2013 年 8 月，马来西亚内政部公布的私会党组织名单中，包括印度人为主的党派如 04、08、21 以及 36 党，华人为主的洪顺堂、3821、5 色旗、洪门、华记党，等等。印度人黑帮表现凶恶，倾向于向商家如小贩、夜店、商店等收保护费或看场、卖枪、贩毒等。其成员年龄层大部分为 15 岁到 30 岁。

而印度族私会党内部仇杀事件频繁发生，引起警方高度重视。2016 年 2 月 28 日，私会党 "36" 雪兰莪两名前科累累的头目，几乎同时在加影和八打灵再也遭枪杀与刺死。同年，印度族私会党 "一条心" 的两名老大分别在增江和文良港被枪杀。

马来西亚警方也多次开展行动，打击私会党。2013 年 8 月 17 日，马来西亚警方展开 "除暴特别行动" 后，截至 9 月 18 日，共逮捕了 8898 名涉及私会党活动的人士。其中，据传一些印度族私会党头目在警方展开除暴特别行动不久，随即离开马来西亚逃往印度暂避风头。2017 年 2 月初，警方在全国各地联手扫黑，并逮捕 34 名黑帮头目。这 34 名华族与印度族黑帮分子，都来自 "36 党" 及 "一条心" 等两个帮派。2018 年 2 月，霹雳州警方联合全国警察总部洗黑钱罪案调查组展开代号 "银色扫黑" 行动，在霹雳、雪兰莪、马六甲及柔佛州逮捕 36 名恶名昭彰的 "04 党" 私会党徒。他们的年龄为 20 岁至 60 岁，大部分为该党派的分部头目。

参见：《内政部公布华巫印黑帮组织名单显示 马私会党获重量级政治人物撑腰》，http://www. zaobao. com/news/sea/story20130828 - 245930；《内政部公布华巫印黑帮组织名单显示 马私会党获重量级政治人物撑腰》，http://www. zaobao. com/news/sea/story20130828 - 245930；《内长：一个月来 马捕近 9000 涉黑帮分子》，http://www. zaobao. com/news/sea/story20130925 - 256920；《霹雳州 115 特警 押 36 私会党徒上庭引骚动》，http://www. zaobao. com/news/sea/story20180221 - 836709。

进国家的研究指出，犯罪案和不平等的待遇是有关联的。如果某个群体涉及违法的活动，也说明他们通过正当管道争取发展的机会很小。"①

　　总体来看，在马来西亚政治中，与华人相比，印度人扮演着不太重要的角色。在联盟党、国民阵线中，国大党是一个弱小的伙伴，有时甚至显得默无声息。在反对党中，印度人的党派也得联合甚至依靠马来人和华人的政党，才能真正发挥作用。

　　造成印度人在马来西亚政治中的弱小地位的原因较多。其中最直接的原因是，他们在国家总人口中所占比例最多时不足 15%，目前下降至约 7%，而且"也没有很多的选举人区可以让他们组成一个大的投票集团，进而对选举的结果发挥决定性的影响"②。早在 1957 年马来西亚刚独立时，印度人人口大约占全国总人口的 10%③，而当时马来人和华人的人口比例大体接近，因此，当时的印度人可以在马来西亚的族群政治中扮演平衡者的角色。然而，根据马国统计局 2017 年的数据显示，三大族群人口比例分别变化为土著 68.8%、华裔 23.2%、印裔 7%。④世易时移，印度人族群政治平衡者的角色已完全失去意义，反而是要和华人一样，共同面对马来人至上或者说"马来霸权"的压力。

　　而与华人相比，印度人在政治、经济、文化、教育等诸多领域更被系统边缘化，他们的权益也更被轻视或忽略。不满情绪强烈的印度人认为自身族群在马来西亚社会处于最底层，自嘲他们为马国的"四等公民"：一等公民马来人，二等公民其他土著，三等公民华人，四等才是印度人。

---

　　① 《印裔自国家独立即被边缘化》，http：//www. of21. com/v1/historyCollection/otherHistory/afterIndependent/2015 - 03 - 05/6902. html。

　　② R. K. Vasil, Ethnic Politics in Malaysia, pp. 119 - 120.

　　③ 参见 Edited by Verinder Grover, *Malaysia：Government and Politics*, New Delhi, Deep & Deep Publications PVT. Ltd, p. 300。

　　④ 《大马人口 3204 万　非公民 332 万》，http：//blog. of21. com/？p = 67821。

印度人政治上的弱小地位，也是由印度人社会的特点造成的。与华人社会相比，印度人社会内部分化因素更复杂、更深刻。华人社会可能因为祖籍、方言、教育背景、经济地位、思想观念等而出现分化，这些往往在事关华社的重大问题和切身权益时会暂时消弭、缝合。而印度人族群本身因为不同的阶层、民族、宗教信仰、教育背景、种姓制度等，而严重分化，甚至难以妥协、调和，对于基本的政治和族群问题，不能团结一致，各怀心事。单就国大党而言，该党内部错综复杂的派系斗争，也严重削弱了它在政治上的力量。[①]

印度人而且还与其他族群保持距离，自己过自己的生活。由于收入低下，不能受益于完善的教育设施，胶工们常常处于种植园主、官员、贸易工会领袖甚至有时是印度人国大党领袖的强力影响之下。他们对政治毫无兴趣，不关心意识形态或族群问题。基本上，这些人是政治领袖或贸易工会领袖的忠心可靠的追随者。[②] 另外，不管是来自劳工阶级还是来自专业人士，城市印度人在政治上成熟而又老练。

总体上，马来西亚的印度人是一个独立封闭、政治上弱小的群体，他们的社会和文化传统阻碍了他们能够像华人那样在政治上和经济上组织起来。印度人的这一特点影响了他们在政治上发挥更大作用。

总之，多种原因造成了印度人在马来西亚政治中的弱小地位，印度人政党在马来西亚政党政治中难以发挥较大的影响。但是，完全漠视印度人的政治诉求也是不明智的，毕竟，印度人人口在马来西亚全国人口中仍占有不可忽视的比例，印度人手中掌握的选票仍可以给国家大选带来一定影响，尽管这些影响可能不会是那么强烈。此外，由于受到英国长期统治的影响，加之在殖民政府担任公务人员，印度人在政治上有

---

① 梁英明：《马来西亚种族政治下的华人与印度人社会》，《华侨华人历史研究》1992 年第 1 期。

② R. K. Vasil, Ethnic Politics in Malaysia, p. 119.

"早慧"、敏感乃至成熟的一面，尤其是北印度的锡克人等群体。

　　至于华人，由于他们在全国总人口仍占有不小的比例，经济实力和影响较为强大，在马来西亚政治中仍会发挥比较重要的作用，尤其是会积极推动马来西亚公民社会的建设，推动马来西亚政治走向多元、公平、民主。

结　　语

目前，马来人政治地位的稳固和马来西亚伊斯兰化趋势的加强，可能使华人和印度人的政治权益遭受更多侵害，两大少数族裔的文化可能日益受到忽视、压制甚至剥夺，进而会影响马国族群关系的稳定和谐。根据默迪卡民调中心在2015年2月14日至6月8日所做的研究表明，国内种族关系已恶化，令人担忧。数据显示，自2006年以来，国民对族群关系的乐观情绪渐少，在2015年情况更加恶化。2006年时，43%的受访者认为族群关系会改善，但是这种乐观情绪在2011年降至37%，在2015年更下降到27%；另外，2015年时有27%的受访者认为，族群关系正在恶化，2006年时这一比例只有15%。55%的受访者认为，国家正朝错误的方向前进，只有30%的受访者认为国家朝向正确方向。① 同时，2015年8月，根据默迪卡民调中心最新调查显示，马来西亚各族群之间互信程度偏低，只有不到四成受访者愿意相信其他族群。调查显示，在"他族会公平对待我"与"他族会占我便宜"之间，高达62%马来西亚民众认为其他族群会占自己便宜；信任他族的马来受访者仅32%，华族有37%，印度族有40%，其他土著为33%。②

---

① 《民调显示族群关系恶化 研究员忧国民团结受创》，http://blog.of21.com/。
② 《调查：马国各族互信程度低于四成》，http://www.zaobao.com/print/news/sea/story20150812-513508。

　　另有数据显示，截至 2012 年的过去 40 年间，马来西亚有 200 万名华人移居他国，50 万名印度人移居海外。40 年里，60 万名持红身份证的华人与印度人申请公民身份时不断被拒绝。与此同时，有 300 万名印度尼西亚人移居到马来西亚，成为马来西亚公民并享有土著地位。①

　　2014 年 4 月，美国总统奥巴马在吉隆坡发表谈话时认为，马来西亚的非马来族受到压迫。如果马来西亚的宗教和种族少数者被边缘化的话，马来西亚就无法繁荣起来。②

　　在马来人权益更加强化的当下马国，种族政治将对作为少数族裔又被边缘化的华人和印度人更加不利。在多元种族以及多元宗教并存的马来西亚，许多潜在的纷争如果沾染上种族或宗教的因素，就有了高度的敏感性，甚至会爆发族群冲突。而种族以及宗教课题常常会被政客和极端分子操纵、利用，导致族群冲突更加复杂，冲击华人和印度人两大族裔社会。

　　马来人特权是一个宪法规定不能讨论的课题，但质疑还是越来越多，甚至来自马来人内部。不摈弃马来人至上的保守思维，不摈弃种族政党政治，马来西亚就不可能摆脱种族主义政治，实现正义的政治转型。有论者建议应该以"国家民族"（State Nation）的概念框架来取代"民族国家"（Nation State）的分析思路，来重新认识和重新书写马来西亚的建国史，解构巫统的马来治国霸权，培育"马来西亚人的马来西亚"精神，打造马来西亚民族（Bangsa Malaysia），建立一个新兴国家。③

----

① 笑摇罗汉：《这就是大马政策！》，http：//bbs. tianya. cn/post-worldlook-429513 – 2. shtml。

② 《奥巴马：若边缘化非马来族 马国无法繁荣》，http：//www. zaobao. com/realtime/world/story20140428 – 337400#prettyPhoto。

③ ［马］丘光耀：《从民族国家到国家民族》，http：//www. sginsight. com/xjp/index. php？id = 18081。

2018 年 5 月举行第 14 届全国大选前，马来西亚智库政改研究所建议首相改革选举制度，特别是从"领先者当选制"改为"比例代表制"，以促进多元族群政治。此举有利于马来西亚社会的未来发展。①

在第 14 届大选中，马哈蒂尔高龄出战，领导希望联盟参加竞选。大选结果出人意料，选情看好的国阵最终败选，希望联盟赢得选举，马来西亚实现首次政党轮替。

国阵下台，并不完全是因为时任首相纳吉的无能和错误，或者完全是纳吉政府的无能和错误，责任不能全部归到纳吉和其政府身上。实际上，从最初的联盟党，到后来的国阵，长期的执政，使以巫统为首的执政联盟积累了太多的负面因素。比如，严重的贪污腐败、官僚主义、裙带政治，国家利益被以巫统为首的官僚集团绑架；此外，族群关系也长期得不到改善，甚至出现恶化，华人、印度人的权益越来越受到侵害，政治地位越来越低落，马来人（主要体现的巫统）霸权更加明显，华人、印度人对马来人特权问题严重不满。伊斯兰化的不断加强也引起华人、印度人、很多开明马来人的反感。这些问题，许多是在马哈蒂尔执政时造成的或强化的。马哈蒂尔掌权时虽然使马来西亚国家整体发展表现不错，但其强人统治、威权政治也给马来西亚带来很大负面政治影响，并在他下台后得以延续甚至恶化，马来西亚政治长期陷入贪污腐败、官僚主义、马来人特权、族群关系敏感、伊斯兰化加强、经济发展缓慢等困境。纳吉政府对上述问题无力或不愿纠正。总之，执政联盟长期掌权积累的诸多负面问题，严重阻碍马来西亚政治、经济、文化、教育等健康发展，人民普遍厌弃，希望变天，出现转机。

再次出任首相的马哈蒂尔政治经验丰富，他应该有智慧、有能力应对目前大马政治的困境并加以扭转，使国家步入民主、公平、公正、清

---

① 《从选举制度改革巩固多元族群政治》，http：//blog.of21.com/? p = 73580。

廉的发展道路。但马哈蒂尔也是一位很有争议的政治强人，反复无常，强势好斗。所以还要谨慎观察他上台后的马来西亚政治走向。如果他顺利交权给安华，带大马政治走入正轨，那他确实将是一位明智的政治家；如果还是变化无常，翻云覆雨，在交接班问题上"节外生枝"，那就会引来马国政治的再次动荡。

第14届大选应该是大马政治发展的转折点，而且是正面的、积极的转折点。希盟上台，敏感复杂的族群问题应该会得到一定程度的缓解和纠正。这次大选结果表明，不以族群划界的公正党，以及虽然以华人为主但不走种族路线的民主行动党得票率都不低，公正党得到49个国席，民主行动党得到47个国席，是得票率最多的两大反对党，代表马来人的土著团结党和代表伊斯兰教徒（实际上也是代表马来人）的伊斯兰党，它们的得票率都不高，都只有10多个国席，远低于公正党和行动党。原执政联盟党国阵中，老牌的华人政党马华和印度人政党国大党得票都很少，马华只得1个国席，国大党只有2席。两党被选民尤其是本族群选民基本彻底抛弃。这些就表明越来越多的马来西亚民众对族群政治、宗教政治普遍反感，希望出现民主、平等、公平、公正的国家政治。

但是，马来西亚敏感的族群政治已经持续了数十年，沉疴在身，难以短期内消除。无论是政治地位还是人口总数，马来人都已经非常强大，马来人特权问题也不可能被立即废除，否则会引发马国政局不稳。

在希盟执政不到一年间，就接连输掉金马仑、士毛月和晏斗三场补选，在部分程度上表明民众对希盟执政越来越失望，也表明以巫统和伊党为代表的马来种族主义势力的顽强。同时，2019年3月，巫统宣布与伊斯兰党"结婚"，两党紧密合作既会不断冲击希盟政府，也不利于该国多元种族和多元社会的现实，将可能使马来西亚族群关系趋于恶化。

有学者认为，"尽管马来西亚在 2018 年大选实现了政党的轮替，但威权体制的遗绪、保守权贵的反扑、族群宗教的分歧、社会经济的鸿沟，都不可能在一夕之间得以翻转抑或修复，而公民文化的培育、崩坏体制的重建、问责机构的再造，都需要时日去经营与形塑。马来西亚民主巩固的成败关键，其实有赖于如何壮大自由民主的力量，以克服和节制妨碍国家前进的三座大山：族群政治幽灵、宗教神权巨兽、君主干政阴影。"①

马来西亚的未来仍然是要建成一个民主、平等和自由的国家，不论是对华人或是印度人，还是对马来人，"马来西亚是马来西亚人的马来西亚"这一理念无疑更符合人心，更顺利历史发展潮流。尤其对主体民族马来人而言，他们只有在政治上与时俱进，重视与其他族群的合作，才能实现自身的发展和成功。

马来西亚多民族和多元文化社会是历史的产物。不同种族集团之间相互交往，不同文化之间相互渗透和相互吸收，是不可避免的。因此，在文化上强制推行"马来化"或"伊斯兰化"运动，既不利于各民族之间的团结，也不可能实现真正的文化上的统一。②

马来西亚地处马六甲海峡，位于太平洋与印度洋之间的交通要道，具有方便与中国和印度两个大国联系、交流的天然优越地理位置。目前，中印两国都是新兴的地区大国，中印崛起必然给马来西亚带来诸多机遇。该国人数众多的华裔和印度裔，也是马来西亚与中印发展良好关系、抓住历史机遇的丰厚"人力资源"。马来西亚确实应该以和谐的多元种族社会，更稳定、更高效的多元族群政治面对未来。

---

① ［马］潘永强：《重新建国：未巩固的民主》，https：//www. malaysiakini. com/columns/467596。

② 梁英明：《马来西亚种族政治下的华人与印度人社会》，《华侨华人历史研究》1992 年第 1 期。

附录　日据时期马来亚的
印度独立运动

　　日据时期，利用日本的扶持，在 C. 鲍斯领导下，马来亚印度人开展了一场较有声势、颇有影响的争取祖籍国印度摆脱英国殖民统治的独立运动，它是"二战"时期马来亚印度人最为重要、影响深远的政治活动。接下来，我们对这场运动分阶段进行详细分析。

一　兴起

　　早在太平洋战争爆发前，日本就决定尽力利用东南亚的印度民族主义者反对英国，"以印制英"。1941 年 11 月 5 日，日本内阁做出决定，在东南亚地区帮助组织争取印度独立的运动。① 日本发动太平洋战争前，它对印度的政策已大致形成，与此同时，着手制定有关东南亚印度人的策略。日本特务藤原岩市受命到达泰国曼谷后，组建了特务机构藤原机关（以下简称 F 机关），他加强了与当地印度

---

　　① K. K. Ghosh, *the Indian National Arm: Second Front of the Indian Independence Movement*, Meerut: Meenakshi Prakashan, 1969, p. 19.

独立同盟①（以下简称独立同盟、同盟）分部的关系。在珍珠港事件
发生前几天，藤原与同盟曼谷分部达成了一项协议，独立同盟保证
为日本军队效力，其责任是争取英国军队中的印度军人，并努力争
取印度平民对日本的友好和效忠。反过来，日本将允许印度人在马
来亚（包括新加坡）和泰国建立同盟的分部。同盟也被日方允许采
取各种措施来争取印度的独立，包括从印度战俘和平民中征募解放
军，并从印度平民中募集独立运动所需的资金。

　　当时，日本人的长远意图是，既利用印度人来加强其在东南亚地区
的统治，也希望可以在东南亚印度人的帮助下从缅甸向印度发起进攻。
如果能够打败印度的英国殖民者，取而代之，这是日本人最希望看到的
结果；日本也计划西向进军到印度洋，在那里与东进的纳粹德国军队
会师。

　　1942 年 2 月 15 日，新加坡陷落于日军手中时，日本首相东条英机
在内阁发表讲话，他提到当时日军占领东南亚是印度争取独立的绝好机
会。东南亚印度人获悉了东条的讲话，他们觉得日本愿意给予印度民族
主义以军事援助。不过，东条的这个讲话只是宣传性质的，并没有具体
地对印度人进行军事援助的承诺。其目的只是引诱印度人起来反抗英
国，但是，对日本人尚不了解的东南亚印度人领袖当时并没有意识到这

---

　　① 1928 年，印度独立同盟（Indian Independence League，IIL）已经由印度民族主义者创
建，当时成员以锡克人为主，总部设在泰国曼谷，其分部存在于东南亚地区和东亚地区的印度
移民当中，目的是使祖国印度最终摆脱英国的殖民统治。在邻近马来亚的泰国曼谷，印度独立
同盟的创建者是 Swami Satyanand Puri、Giani Pritam Singh 等人。太平洋战争爆发后的 12 月 10
日，曼谷总部马上公开打出 IIL 的招牌。除了新马地区、泰国、日本，在缅甸、印度支那、汪
伪中华民国、伪满洲、爪哇、苏门答腊、婆罗洲、菲律宾、中国香港等地，同盟建有分部。
　　印度独立同盟的发起者是日本，不过，它后来受到印度国大党的强烈影响。
　　参见 S. Ramachandran，*Indian Plantation Labor in Malaysia*，Kuala Lumpur：S Abdul Majeed &
Co/Institute of Social Analysis，p. 234. Edited by S. S. Yadava，*Forgotten Warriors of Indian War of In-
dependence*，1941 - 1946：*Indian National Army*（1），Gurgaon：Hope India Publications，2005，
pp. 13，16。

个讲话的真正目的，因此，他们决定寻求与日本合作的可能，以争取印度独立。其中的代表性人物之一就是莫汉·辛格（Mohan Singh），他是太平洋战争时期较早与日本合作的印度人。

莫汉·辛格，1909 年出生于旁遮普省 Sialkot（位于今天的巴基斯坦）附近。父亲在其降生两个月前去世，近 6 岁时，他又丧母，因此，莫汉·辛格是由舅父母抚养长大。1927 年，他加入英印军队第 14 旁遮普军团。到 1941 年时，莫汉·辛格已经是一名 33 岁的上尉，担任英印军队第 14 旁遮普军团第 15 旅的第二前线指挥官。1941 年 3 月 4 日，他率部来到马来亚，负责北马地区的防御。

莫汉·辛格对英国殖民者怀有复杂的感情，非常厌恶英国人对印度军官的歧视。1941 年 12 月中旬，莫汉·辛格所率领的部队被南下的日军包围于吉打州亚罗士打附近。莫汉·辛格认为，当时英印军队中印度士兵日益高涨的反英情绪"士气可用"，如果他与日军合作，在其帮助下掀起一场争取印度独立的运动，一定会赢得他们的支持，进而在更多路径上造福印度。这种爱国力量会是印度独立的新武器，有组织的爱国军队将推动由国大党在国内发动的非暴力不合作运动。① 数天的深思熟虑后，经过与藤原的联系和谈判，莫汉·辛格很快率军投降，转而主动与日军合作。

1942 年 1 月 1 日，莫汉·辛格向日方提呈了一份长文的备忘录，特别强调要求将 C. 鲍斯请到马来亚。②

新加坡陷落当天，日本人将被俘的英印军队 4.5 万人③转交由莫

---

① 参见 Mohan Singh, *Soldiers' Contribution to Indian Independence*, New Delhi: Army Educational Stores, 1975, p. 67。

② Mohan Singh, *Soldiers' Contribution to Indian Independence*, New Delhi: Army Educational Stores, 1975, p. 213.

③ 当时向日本投降的英属马来亚军队有 8.5 万人，其中印度军人 4.5 万人。参见 K. K. Ghosh, *the Indian National Arm: Second Front of the Indian Independence Movement*, p. 35。

汉·辛格指挥，在花拉公园（Farrar Park）举行的集会上，莫汉·辛格首次提出以所有印度战俘来扩充印度国民军（Indian National Army，以下或简称国民军、INA）的想法①。4 月，辛格从东京返回后，着手组建INA，首先建立国民军司令部②，并附属于独立同盟。16300 名印度战俘立即被组建为第 1 支队。到 1943 年 10 月，该部队兵力有 4 万人。③

在日方的授意下，1942 年 3 月，在东京的印度民族主义者拉什·伯哈里·鲍斯④（以下简称 B. 鲍斯）邀请东南亚各地的印度人前往东京参加会议。而在东亚的很多印度人认为，B. 鲍斯只是一个日本任意摆布的傀儡⑤。

同年 3 月 9—10 日，马来亚各地的印度人代表先在新加坡举行了一

---

① K. K. Ghosh, *the Indian National Arm：Second Front of the Indian Independence Movement*, p. 35.

② K. K. Ghosh, *the Indian National Arm：Second Front of the Indian Independence Movement*, p. 58.

1941 年 12 月 31 日，莫汉·辛格曾与当时在泰南及北马活动的日本特务机关头子藤原岩市商谈组建印度国民军，他的这一建议得到了藤原和日本在马来亚的第 25 军司令官山下中将的赞同。因此，也有印度国民军此时成立的看法。参见 J. C. Lebra, *The Indian National Army and Japan*, Singapore：Institute of Southeast Asia Studies, 2008, p. 25。

莫汉·辛格本人的说法是，在他向日军投降，与日军开始合作后的第一个星期内，他决定将即将组建的反英部队命名为"印度国民军"。参见 Mohan Singh, *Soldiers' Contribution to Indian Independence*, New Delhi：Army Educational Stores, 1975, p. 81。

另一种看法是，直到 1942 年 9 月，印度国民军才真正建成。可参见 K. K. Ghosh, *the Indian National Arm：Second Front of the Indian Independence Movement*, p. 38。

③ 军事科学院世界军事历史研究室编：《第二次世界大战大事纪要》，解放军出版社1990 年版，第 722 页。

④ 拉什·伯哈里·鲍斯（Rash Behari Bose, 1880—1945）出生于孟加拉国，原是印度国大党的一名领导人，后因参与了暗杀英国殖民官员的行动，受到英国殖民当局的通缉。逃亡日本后，B. 鲍斯见到了黑龙会的头子头山满，并被他保护起来。B. 鲍斯在日本生活近 30 年，是一位典型的亲日派。1923 年 7 月，他加入了日本国籍，并娶日本女子为妻，他的一个儿子在日军中服役。

1936 年，B. 鲍斯在日本建立了印度人友好协会，以促进日本和印度人之间的友好关系。1937 年 10 月，印度独立同盟日本分部建立，B. 鲍斯担任主席。

⑤ Siva Rama Sastry, *Congress Mission to Malaya*, （India）Tenali：The author, 1947, p. 70.

次会议，出席这次会议的马来亚印度人领袖包括：N. 拉佳万（Laghavan，来自槟城）、B. K. 达斯（Das，怡保）、苏查·辛格（Sucha Singh，怡保）、K. A. N. 艾耶尔（Aiyer，吉隆坡）、玛朱姆达尔医生（Dr. Majumdar，芙蓉）、S. C. 高荷（Goho，新加坡）、K. P. K. 梅农①（Menon，新加坡）以及 S. 卡南姆比莱②（Kannampillay，新加坡）。由于马来亚印度人领袖在出席会议代表中占了大多数，他们在这次会议发挥了主导作用，新加坡会议的决定也大多代表了马来亚印度人的观点。会议决定，接受日本的帮助，在印度之外发起一场独立战争；通过广播、小册子和渗透，广为宣传，努力让印度国大党转而接受印度独立同盟的立场。新加坡会议的相关决定表明，马来亚印度人为了印度的利益乐于甚至渴望与日本合作，而且，他们急于获得国大党对这种合作的认可。③ 会议还决定派遣一个亲日代表团（不是正式的官方代表团，因为马来亚印度人怀疑日本对印度抱有侵占企图）参加在日本召开的会议。

新加坡会议也标志着东南亚的印度独立运动④（以下简称独立运动或运动）的真正兴起。

3 月 28—30 日，东京会议举行。参加会议的马来亚印度人代表团由

---

① 曾担任独立同盟的情报部长，战后被印度政府任命为锡兰高级专员。

② 战后担任印度驻印度尼西亚大使。

③ G. P. Ramachandran, *The Indian Independence Movement in Malaya*, 1942 – 1945, M. A. theies, University of Malaya, 1970, p. 55.

④ 这场印度独立运动实际上涉及东亚地区和东南亚地区的印度人，不过因为其他地方印度移民不多，这场运动主要在当时的马来亚、缅甸、泰国等印度人较多的地方流行，尤其在马来亚。

也有看法认为，随着太平洋战争爆发，1941 年 12 月 8 日日本正式向英美宣战，印度独立运动也开始了。因为，当天在东京的印度人召开了一次会议，制定了发起一场独立运动的行动计划，他们组建了一个由 B. 鲍斯担任主席的委员会。参见 S. A. Das, K. B. Subbaiah, *Chalo Delhi: An Historical Account of the Indian Independence Movement in East Asia*, Kuala Lumpur: the E-conomy Printers, 1946, p. 9。

拉佳万、艾耶尔（在飞往东京的空难中死去，最终没有参会)①、高荷、K. P. K. 梅农组成。虽然马来亚印度人领袖在这次会议代表中属于少数，但他们在会议上发挥了主导作用，会议通过的决议也体现了他们的想法。② 会议做出的一些决定与新加坡会议的决定基本相同，即与日本人合作，在他们的帮助下争取印度独立，正式展开印度独立运动。在决议中，印度人要求日本给予独立同盟必需的经济援助，但这种援助将以贷款的形式，由独立后的印度政府进行偿还，这样的话，经济援助就不能给日本人染指独立同盟运作的任何权利。另一项决议授予独立同盟行动委员会采取行动反抗英国在印度和锡兰的统治，这一点违背了印度国大党的温和政策。

这次东京会议由 B. 鲍斯主持，但日方在背后操纵会议。正是由于 B. 鲍斯的亲日立场，马来亚印度人对他保持警惕，以防自己被日方作为工具利用。也是在东京会议上，马来亚印度人感觉到 B. 鲍斯变得相当"日本化"（Japanised），甚至就是日本的一个傀儡。K. P. K. 梅农就认为，B. 鲍斯既无能力有没有角色来领导印度独立运动，他完全忠于日本利益，只被日本人玩弄于股掌之间。③

东京会议决定，建立筹备委员会，由 B. 鲍斯担任主席，以组织下一次会议（按照日方的设计，后来称为东亚会议）；曼谷将作为会议的主办地。

东京会议之后，B. 鲍斯与其他马来亚印度人代表一起返回。同年 4

---

① 1942 年 3 月 13 日，一起从新加坡前往东京参加会议，后同机遇难的印度人代表还包括来自马来亚的 Mohd. Akram，来自泰国的 Swami Satyanand Puri, Giani Pritam Singh。4 月 1 日，飞机残骸才找到。参见 Edited by S. S. Yadava, *Forgotten Warriors of Indian War of Independence*, 1941 - 1946: *Indian National Army* (1), Gurgaon: Hope India Publications, 2005, p. 124。

② G. P. Ramachandran, *The Indian Independence Movement in Malaya*, 1942 - 1945, p. 58.

③ Appendix B., *Copy of Letter of K. P. K. Menon*, Mohan Singh, *Soldiers' Contribution to Indian Independence*, New Delhi: Army Educational Stores, 1975, p. 410.

月 22—25 日，全马来亚印度人会议再次在新加坡召开，马来亚亲日代表团将东京会议决议提交给了新加坡会议。会议主席是拉佳万，秘书是卡南姆比莱。

在新加坡会议上，马来亚印度人决定成立一个中央协调机构，以统一管理同盟的各个部门。会议决定，建立独立同盟的最高委员会，其成员包括拉佳万（担任主席）、高荷、K. P. K. 梅农、卢克舒梅亚医生（Dr. Lukshumeyah）、S. N. 卓普拉（Chopra）。

会议也做出决定，即同盟的主要职责是负责募集资金（以志愿捐献的方式），对征召的青年进行军训，照顾印度人的福利等。此次会议上，印度人希望日本政府能够发表支持印度独立运动的官方声明。

在东京会议上，印度独立同盟（Indian Independence League）正式组建。同盟总部设于新加坡，其主要职责是负责募集资金，对征召的印度人青年进行军训，照顾印度人的福利等。到 5 月 10 日，同盟已经有成员 9.5 万人，并且在槟榔屿、霹雳、吉打、雪兰莪、森美兰、柔佛和马六甲建立了分部。[1] 到 1942 年 8 月，同盟在马来亚各地共有超过 50 个分部和小分部，成员 12 万人。[2]

印度独立同盟的建立标志着马来亚印度人独立运动的兴起。

根据东京会议的决定，1942 年 6 月 15—23 日，几百名印度独立同盟的代表参加了由日本人操纵的曼谷东亚会议（East Asia Conference）。曼谷会议期间，日方官员佩带机关枪守候在会场外，其特工每隔 15 分钟要汇报一次会议进展情况。[3]

参加曼谷会议的马来亚代表团由拉佳万、K. P. K. 梅农等 20 人组

---

[1] George Netto, Indians in Malaya: Historical Facts and Figures, Published by the author in 1961, p. 62.

[2] G. P. Ramachandran, *The Indian Independence Movement in Malaya*, 1942 – 1945, M. A. theies, University of Malaya, 1970, p. 96.

[3] Siva Rama Sastry, *Congress Mission to Malaya*, (India) Tenali: The author, 1947, p. 69.

成，是会议上一个比较大的代表团，而且，拉佳万、高荷、卢克舒梅亚以及 K. P. K. 梅农组成的四人小圈子主导制定了曼谷会议的实际决议。①来自菲律宾、前荷属东印度、印支，特别是缅甸的印度人代表由当地的日本占领当局任意挑选，他们几乎都是商人，对政治运动毫无兴趣，愿意追随马来亚代表团的领导，马来亚印度人有能力引导他们投票，他们受过高级教育，熟悉法律，这些使他们再次掌控会议议程。

曼谷会议决议②大多与东京会议决议相同，尽管曼谷决议的条款更为详尽。曼谷决议第28条要求将东南亚印度人撤离者（他们逃回了印度）的财产转交独立同盟来管理，并允许独立同盟使用这些财产来从事相关的活动。决议第31条要求邀请 C. 鲍斯来领导印度独立运动（新加坡会议上已经有这样的提法）③。

曼谷会议上，马来亚印度人根据 K. P. K. 梅农的提议，做出了决议第17条，该决议规定，印度国民军在日本的帮助下攻入印度之前，必须获得印度国大党的同意。曼谷会议召开时，马来亚印度人看到了更多此前没有看到的日本在马来亚的残暴统治，他们尤其震惊于日本对当地华人的残酷屠杀和虐待。他们担心日本也会在印度建立这样一种统治。

马来亚印度人领袖在曼谷还想做出一项更为强有力的决议，即宣称同盟"不应以任何方式配合日本在印度的任何政治意图或军事行动，如果这些意图或行动不符合印度国大党已表露或含蓄的意愿"。这一决议

---

① G. P. Ramachandran, *The Indian Independence Movement in Malaya*, 1942 – 1945, pp. 73 – 74.

② 关于曼谷会议决议的内容，可参见附录 A《曼谷决议》，G. P. Ramachandran, *The Indian Independence Movement in Malaya*, 1942 – 1945, pp. 277 – 288。

③ Mohan Singh 在北马与日军接触准备投降，当他第一次与日方正式会谈时，就要求将 C. 鲍斯拉拢到远东。后来他又数次向日方提及，但未获得积极回应。参见 Mohan Singh, *Soldiers' Contribution to Indian Independence*, New Delhi：Army Educational Stores, 1975, pp. 228 – 229。

最终因为东京印度人的干预没有通过。① 决议还规定，独立运动的政策应由印度国大党指导，要求日本做出支持独立运动完全是出于其自愿的明确保证。

曼谷决议的部分内容力图阻止日方在任何程度上控制印度独立运动，进而防止日本人为了他们自己的目的而利用独立运动，同时，决议也要求日本保证不会侵占印度。

曼谷决议中还要求日本政府发表一个官方声明，表示在英国被赶出印度之后，他们会承认印度国家主权和领土的完整，并说服其他轴心国政权也加以承认。马来亚印度人之所以这样做，是为了防止印度被并入日本所谓的大东亚共荣圈。

总体上，曼谷会议做出的很多反映马来亚印度人想法的决议，但并不符合日本政府的"口味"，因而，日本政府不可能会对曼谷决议给予明确答复，只是由日本在马来亚特务机关的负责人岩畔代表日本政府作了简单的答复。马来亚印度人要求全面掌控独立运动，是合情合理的，但是，日本政府觉得独立同盟只是一个具有宣传价值的利用工具，应该服务于日本而不是印度人的利益。因此，日方很自然想要控制独立运动。此外，限于实力和战略目标，日方当时并没有直接入侵印度的计划。

由于没有收到日本政府的直接答复，独立同盟行动委员会决定再次作出努力。拉佳万负责起草了另一封信函，要求日本政府对曼谷决议进行逐条答复。岩畔知道后，他最终劝说马来亚印度人领袖撤回了这封信。不过，信函的起草人拉佳万当时并不知情，当他获悉后批评这样做铸成了大错，因此，拉佳万与日方的关系变差。

实际上，自从曼谷会议之后，马来亚印度人领袖与日方的摩擦越来

① G. P. Ramachandran, *The Indian Independence Movement in Malaya*, 1942 – 1945, p. 78.

越多，最终于当年 12 月发生严重冲突而暂时破裂。双方发生摩擦主要由国民军、电台、年轻印度人的训练等问题而引起。

曼谷会议决议中，独立同盟行动委员会要求在日本的帮助下，以解放印度。① 这样的一个计划需要一支数十万人的大规模的国民军，但日方既无意愿也无能力帮助建成这样一支部队。日方只希望国民军是一支数千人的队伍，在印缅边界渗透和瓦解英印军队。岩畔准许莫汉·辛格（他像马来亚印度人领袖一样，急于建成一支大规模的国民军）以大约 1.6 万人的兵力组建国民军的一个师。当莫汉·辛格想再为国民军组建一个师时，日方暗中加以阻挠。征募来的 6000 名印度平民志愿者不是被训练成军人，而是工人。这让马来亚印度人领袖大失所望。自从岩畔到了马来亚，他就开始架空莫汉·辛格，由他控制印度战俘和平民志愿者，让他们作为劳工替日本工作。日方还给国民军的部队只提供过时老旧的武器。

作为国民军的最高指挥官，莫汉·辛格只想自己单独控制国民军，他既反对同盟行动委员会，也反对日本人插手国民军。行动委员会则非常反感莫汉·辛格将国民军看成自己的"私人财产"，他们想控制国民军的指挥权，而且，更让他们气恼的是，关于国民军的事务，莫汉·辛格直接与日方商量，而不是通过他们。日方则想将国民军作为第五纵队利用。为此，几方之间发生冲突。

日方计划将国民军派往缅甸，他们与莫汉·辛格协商，希望他赞

---

① 曼谷会议召开之时，印度国大党支持同盟国反对日本的战争，也同意英国将印度作为军事基地使用，但条件首先是英国让印度独立。而英方的态度是，只要战争一直持续，英国就不会允许印度独立。1942 年 8 月，国大党向英国殖民当局提出了英国"退出印度"的要求，对此要求，英国殖民当局采取了高压手段，立即逮捕了所有国大党的领袖，这就促成使国大党追随者进行全国性的反抗，他们后来甚至采取了暴力手段。在此背景下，印度国大党的立场发生了变化，既然其目标是将英国赶出印度，它将与日本保持友好关系。这种变化对马来亚印度人领袖而言，就意味着印度国大党对他们领导的独立运动的含蓄认可。马来亚印度人也认为是时候组建一支大规模的印度国民军，在日本的帮助下攻入印度，赶走英国人，解放印度。

同，但遭到了后者的拒绝。12 月 2 日，日本人劝说、威逼莫汉·辛格放弃强硬态度，但没有得逞。12 月 29 日，岩畔在其总部召见莫汉·辛格，B. 鲍斯等人也在场，岩畔询问他是否愿意继续与日方合作共事，莫汉·辛格拒不改变立场。B. 鲍斯随即从口袋中拿出早已写好的信函，宣布撤销莫汉·辛格的国民军指挥官职务，并羁押他。宣读完毕后，B. 鲍斯脸上留下了泪水。[1] 岩畔跟着也从口袋中拿出信函，代表日本政府宣布，支持 B. 鲍斯的决定，指责莫汉·辛格怀疑日本对印度自由的忠诚是"严重而且不可原谅的"罪行。[2] 与岩畔谈判失败后，莫汉·辛格被带到附近藤原的住处，两人关系颇为友好，双方再举行讨论，日方想最后争取他转变立场。不过莫汉·辛格信念坚定。之后，拿着 B. 鲍斯签发的逮捕令，两名日本警察逮捕莫汉·辛格[3]，先被关押在新加坡某地，后被转移到印尼苏门答腊岛继续羁押，他被软禁至"二战"结束。

在被正式逮捕前，莫汉·辛格又向日方提出，邀请 C. 鲍斯到东南亚来领导印度独立运动。[4]

按照莫汉·辛格和他们早先已经做出的安排，第一印度国民军的高级军官向日方宣布该军自行解散[5]。

同时，独立同盟与日方就电台的运作也产生了摩擦，进而成为双方于 12 月爆发严重冲突的另一个重要原因。

---

① 参见 Mohan Singh, *Soldiers' Contribution to Indian Independence*, New Delhi: Army Educational Stores, 1975, pp. 209 – 210。

② Mohan Singh, *Soldiers' Contribution to Indian Independence*, New Delhi: Army Educational Stores, 1975, p. 211.

③ Siva Rama Sastry, *Congress Mission to Malaya*, (India) Tenali: The author, 1947, pp. 70 – 71. 事实上，根据 I. N. A. 的章程，B. 鲍斯无权签发这样一份逮捕令，印度人也因而不支持他的举动。

④ Mohan Singh, *Soldiers' Contribution to Indian Independence*, New Delhi: Army Educational Stores, 1975, pp. 213 – 214.

⑤ J. C. Lebra, *The Indian National Army and Japan*, p. 97.

　　独立运动中实行宣传战的一种重要手段是电台广播。广播宣传既面向马来亚的印度社群，也面向印度的印度人。而向印度广播是马来亚印度人优先考虑的选项。就如何宣传，他们向日本情报机构征求意见，起初，日方的反应很热情，他们同意独立同盟可以决定广播的内容，日方没有权利给广播中添加任何内容，同盟也独立负责电台人员的任命，担任独立同盟信息和出版部部长的梅农领导针对东南亚以及印度境内印度人的宣传工作。梅农和日本特务机关之间就新加坡电台的运营进行了协商，日方同意，梅农有充分的权利任命和解职电台的任何官员，同盟的日常宣传计划将由梅农来决定，日方不会监视广播内容，不过，日本监察官有权删除他们发现让人反感的任何材料。日方也会安排独立同盟每天向印度广播 3 小时。

　　1942 年 8 月，独立同盟对印度的广播开始，新加坡和曼谷的电台向印度播送独立同盟的信息。但是，独立同盟与日方很快就电台的运作产生了摩擦。例如，通过电台，马来亚印度人向他们在印度的亲属发送说明他们仍活着并很好的信息时，日本监察官指示电台台长，要给这些信息加上诸如"在日本的管理下，我们享有很大的繁荣与和平"的宣传内容。这些内容意在纠正印度人对日本很坏的印象。在日本特务机关的强力干预下，梅农失去了对电台的控制权，电台台长也换成了听命于日方的人员。1942 年 11 月，日方人员又强行拿走了梅农收发英语广播的电台（此时可能是因为战争的进程已经对日本不利，他们担心战争实际状况的新闻通过梅农泄露出来），这就使梅农彻底失去了进行有效宣传的可能性。日本的这一做法彻底激怒了梅农。

　　此外，对于年轻印度人的训练问题，马来亚印度人与日方也产生严重冲突。

　　1942 年 3 月的新加坡会议上，马来亚印度人领袖提议同盟派代表到印度，与印度领袖取得联系，让他们转而支持同盟的立场。秘密渠道的联系比电台广播更有效，部分原因是为了这一目的培养相关人员，另一个目的是为同盟提供政治上训练有素的全职工作人员，拉佳万在槟城建立了"印度独立研究所"（Hind Swaraji Vidyalay）。日本特务机关在槟榔屿也建立了若干学校①，一些年轻的印度人在其中接受侦察训练。不过，这些学校可能缺少生源，因此，印度独立研究所的不少学生在没有征得拉佳万的同意下，突然由日本官员带走，并安置在间谍学校。他们接受侦察和宣传技艺的训练后，由潜艇带到印度。由于训练严重不足，一踏上印度国土，他们很容易就被英方包围，被吊死或被关押至战争结束。拉佳万就此事与日方交涉，他们最初否认，后来承认那些学生是被他们带走并被派到了印度。这使拉佳万非常懊恼，1942 年 11 月，拉佳万突然关闭了独立研究所，以抗议日本人的干涉。拉佳万的举动激怒了日本人，他们将他监禁了一段时间。

　　1942 年 11 月下旬，独立同盟行动委员会召开了会议，讨论了它与日方的冲突，以及协调行动委员会的内部关系。会议的决定包括：首先，行动委员会是同盟的最高执行者，其唯一职责是运作独立运动，日本特务机关不能再干涉独立运动；其次，日本政府应该逐条答复曼谷决议；最后，日本政府要发表一个"全面、正式和庄严的声明"，"即目前和未来日本政府有意愿承认和支持印度的完全独立和领土完整"。② 这些决定以信函的方式送给了岩畔，让他转交东京。1942 年 12 月 1 日，行动委员会与岩畔进行了会谈，讨论他们送给他并转交东京的信函。但岩畔的答复让马来亚印度人失望。这封信在岩畔"避免误解"

---

　　①　日本特务机关的负责人岩畔在东南亚各地建立了间谍学校（包括在槟榔屿的），训练年轻人从事破坏、宣传和侦察。在马来亚，槟榔屿和波德申是重要的训练中心。

　　②　G. P. Ramachandran, *The Indian Independence Movement in Malaya*, 1942 – 1945, p. 144.

的建议下又被撤回了。

12 月 3 日，同盟行动委员会开会，就国民军的军事行动问题，马来亚印度人与日本人之间陷入了僵局，双方很难做出让步。日本人不与马来亚印度人领袖商量，就专断地把国民军派往缅甸。愤怒之下，梅农和莫汉·辛格首先宣布从同盟行动委员会辞职。恰在此时，日方逮捕一名国民军的军官 N. S. 吉尔（Gill），他们猜疑吉尔在缅甸时，就与英国当局秘密联络，并负责策反莫汉·辛格。吉尔的被捕既加速了梅农和莫汉·辛格的辞职，也促使了拉佳万的辞职。

上述事件使马来亚印度人与日本之间的关系出现了 1942 年 12 月冲突，日方的企图暴露无遗，威望大打折扣，B. 鲍斯的政治地位也滑落。冲突给独立运动带来挫折，使其一度陷入低潮。

1943 年 4 月 26 日，B. 鲍斯在新加坡召开了一次的会议，目的是重组同盟和国民军。会上，代表们再次要求，日方应将 C. 鲍斯从柏林请来。会议做出的决定使 B. 鲍斯的独裁权力进一步得到加强。

不过，B. 鲍斯对独立运动的独裁领导很短暂。5 月初，他前往东京，与日本官方讨论继续合作的计划。当他再回到新加坡时，独立运动新的领导人 C. 鲍斯出现了。

二 发展

与日方发生严重冲突后，1942 年 12 月 8—9 日，仍担任同盟马来亚分部主席的拉佳万组织召开了同盟马来亚分部领导人的会议。会议决定：a. 独立运动应继续，完全支持由 B. 鲍斯（他当时担任同盟行动委员会的主席）来推进运动；b. 拉佳万应当继续担任同盟马来亚分部的主席；c. 要求 B. 鲍斯通过各种可能的方式，尽早获得东京政府对独立运动各种事务的明确宣言；等等。① 拉佳万对于日方的合作失去了信心，B. 鲍斯对独立运动的领导权得到加强。

莫汉·辛格被捕后，1943 年 1 月，B. 鲍斯给所有国民军的官员发出信函，询问他们是否希望留在 INA。答复是肯定的，几乎所有人都想继续为印度的独立而战斗。鲍斯与国民军军官们举行了几次会谈，劝说他们尽力去保护东南亚地区印度人的生命和财产，并解放祖国。他指出，没有日本的合作，印度不能得到自由。他也向军官们保证，他是一个百分之百的印度人，他在日军中服役的儿子最终也会加入国民军。②

1943 年 2 月 15 日，国民军重建。到同年 10 月，该部队兵力有 4 万人。③ 由于很多印度人不满这次重建，第一国民军中只有 8000 名印度军官和士兵重新加入了重建后的国民军，反对者多达 4.5 万人，他们曾志愿加入第一国民军。

12 月冲突之后，拉佳万继续担任同盟马来亚分部的领导人，以保护马来亚印度人的利益。但他最终也在 1943 年 3 月辞职，以抗议日本组建印度青年联盟（Indian Youth League）来牵制独立同盟，它的组建虽然得到了 B. 鲍斯的默许，但未获得独立同盟的同意。④

梅农辞职之后，继任的高荷发现，日本特务机关仍在实际控制着同盟的活动范围，同盟只能是徒具其表。并且，日本人开始介入同盟的三个机构情报局、新闻局和广播站，同时继续直接处置同盟的职员，这就削弱了高荷的权力。之后，由于接收了几个未经审查的新闻，情报局突

---

① S. A. Das, K. B. Subbaiah, *Chalo Delhi*: *An Historical Account of the Indian Independence Movement in East Asia*, Kuala Lumpur: the Economy Printers, 1946, p. 85.

② J. C. Lebra, *The Indian National Army and Japan*, p. 99.

③ 军事科学院世界军事历史研究室编：《第二次世界大战大事纪要》，解放军出版社 1990 年版，第 722 页。

④ M. Stenson, *Class, Race and Colonialism in West Malaysia*: *the Indian Case*, St Lucia: University of Queensland Press, 1980, p. 94.

然被日方关闭了，很显然，日方对马来亚印度人不够信任。

到了 1943 年年初，马来亚当地的很多独立同盟分部事实上失去了领导作用，也失去了当地印度人的支持。

按照日方的意图，为了废除曼谷决议，并制定新的章程，加强他自己对独立同盟的控制，B. 鲍斯计划召开一次会议。

与此同时，马来亚印度人领袖也急于召开另一次会议，以终止 B. 鲍斯在同盟中的个人专断，恢复曼谷决议赋予独立运动的民主特色，推动独立运动。

1943 年 2 月 18—21 日，马来亚同盟分部地区会议在槟榔屿举办，出席会议者包括拉佳万、高荷以及 K. P. C. 梅农等 10 多人，同盟霹雳州分部的主席约翰·迪威（John Thivy）受到特别邀请参加会议。代表们一致提出，独立运动目前的状况应当改善，并且他们应当对其加以有效的指导。

1943 年 4 月 27—30 日，B. 鲍斯在新加坡召开了一次的会议，目的是重组同盟和国民军。会上，代表们再次要求，日方应将 C. 鲍斯从柏林请来。会议做出决定，授权同盟的主席指定其继任者，只要他认为对独立运动有益，即可制定相关法律和规则，禁止国民军成员参与政治活动，[1] 这就使 B. 鲍斯的独裁权力得到加强，马来亚印度人领袖因此纷纷脱离独立运动。岩畔也参加了此次会议，他用威胁的口气发言，希望 INA 和 IIL 由完全忠于日本的人来领导，他也清楚表明，敌视日本者将被以牙还牙。[2]

B. 鲍斯对独立运动的独裁领导很短暂。5 月初，他前往东京，与日本官方讨论继续合作的计划。当他再回到新加坡时，独立运动新的领导

---

[1]　J. C. Lebra, *The Indian National Army and Japan*, p. 100.

[2]　Mohan Singh, *Soldiers' Contribution to Indian Independence*, New Delhi: Army Educational Stores, 1975, p. 238.

人 C. 鲍斯出现了。

C. 鲍斯，印度激进的政治家和社会活动家，印度国大党左派人物，印度民族解放运动的重要领导人之一。1897 年 1 月 23 日出生于奥利萨邦的库塔克，是父母的第 9 个孩子、第 6 个儿子。① 其父贾纳基纳特·鲍斯（Janakinath Bose）是一名律师，曾担任孟加拉国立法委员会委员，对英国殖民政府的压迫政策很不满。他经常参访国大党的年度会议，但不积极参与政治。在中学时代，C. 鲍斯受到了积极投身社会和国家的观念的深刻影响。但早年的鲍斯并未对政治产生浓厚兴趣，直到读大学时，他更多积极参与社会活动和宗教活动；他也相信非暴力不合作政治，从未被激进的政治领导人所吸引。不过，英国人在加尔各答的种族主义行径和一战的爆发改变了鲍斯的思想，他投向政治并独立行事。尤其是一战使他相信，没有强大军事实力的国家不能期望保持它的独立。②

1919 年 9 月 15 日，C. 鲍斯前往英国剑桥大学留学，准备报考印度公务员。次年 7 月，他以第四名优异成绩通过考试。一年之后，1921 年 7 月，鲍斯回到印度孟买。他打电话给甘地，并与其第一次见面交流。接受甘地的建议，鲍斯来到加尔各答。

从青年时期起，C. 鲍斯就是一个激进的民族主义者，一度是甘地的追随者，但他很快对非暴力主义大感失望，转而主张印度完全独立。20 世纪 30 年代末期，C. 鲍斯还与尼赫鲁争夺印度国大党的领导权。1921 年 12 月 10 日，因为参加国大党发起的抵制英国威尔士王子访问

---

① *Heralds of Freedom*: *on the Occasion of the Silver Jubilee of the Formation of the Provisional Government of Azad Hind*, New Delhi: Publications Division, Ministry of Information and Broadcasting, Govt. of India, 1968, p. 11.

② S. A. Ayer, "Netaji, INA and the Provisional Government of Azad Hind", in *Heralds of Freedom*: *on the Occasion of the Silver Jubilee of the Formation of the Provisional Government of Azad Hind*, New Delhi: Publications Division, Ministry of Information and Broadcasting, Govt. of India, 1968, p. 19.

印度的政治活动，鲍斯首次被英国殖民者关进监狱。此后直至 1941 年，C. 鲍斯由于"煽动骚乱"，被英国殖民政府拘捕了至少 11 次。① 1938 年 1 月，国大党在古杰拉特哈里普拉举办的年度会议上，鲍斯当选主席。当时他正在爱尔兰访问，同年 2 月，鲍斯回国就职。鲍斯担任国大党主席，不仅是他个人政治生活，在某种程度上也是印度为独立而战的历史的转折点。②

1939 年 9 月，德国入侵波兰，欧洲战争爆发。

由于在加尔各答组织公众游行，1940 年 7 月 2 日，C. 鲍斯再次被捕。"二战"初期，在德国的强大进攻下，英国暂时处于挫败。面对这种国际形势，反英情绪强烈的 C. 鲍斯认定印度的独立只能通过轴心国的帮助才能实现，并相信德国能够在"二战"中最终获胜。1941 年 1 月 16 日晚，他成功避开监管不力的英国看守，乘汽车秘密逃离加尔各答。身为印度教徒的 C. 鲍斯首次乘坐火车，穿着传统穆斯林服装，经德里，越过开伯尔山口，来到白沙瓦。在阿富汗喀布尔，在当地印度人帮助下，C. 鲍斯先在数天内设法联系苏联大使，但未成功。之后，双方取得联系的法西斯意大利大使设法帮 C. 鲍斯取得护照，他化名"Orlando Mozzotta"，于同年 3 月到达苏联莫斯。③ 当年 3 月 28 日，他辗转来到目的地德国柏林，之后开始筹建"自由印度政府"。C. 鲍斯得到了

---

①　S. A. Ayer, "Netaji, INA and the Provisional Government of Azad Hind", in *Heralds of Freedom*: *on the Occasion of the Silver Jubilee of the Formation of the Provisional Government of Azad Hind*, New Delhi: Publications Division, Ministry of Information and Broadcasting, Govt. of India, 1968, p. 26.

②　S. A. Ayer, "Netaji, INA and the Provisional Government of Azad Hind", in *Heralds of Freedom*: *on the Occasion of the Silver Jubilee of the Formation of the Provisional Government of Azad Hind*, New Delhi: Publications Division, Ministry of Information and Broadcasting, Govt. of India, 1968, p. 31.

③　参见 Edited by S. S. Yadava, *Forgotten Warriors of Indian War of Independence*, 1941 - 1946: *Indian National Army* (1), Gurgaon: Hope India Publications, 2005, p. 4. Mohan Singh, *Soldiers' Contribution to Indian Independence*, New Delhi: Army Educational Stores, 1975, p. 222。

纳粹德国的大力支持，德国最高统帅部给 C. 鲍斯提供了场所、资金等，并且德方将在北非俘获的 2000 名印度战俘交给鲍斯，组成了印度军团（Indian Legion），协助德军进攻英军。

"自由印度政府"曾在 1942 年 4 月、5 月先后数次派人携带设备降落印度境内，以便开展相关活动。为此，C. 鲍斯通过"自由印度"电台发表讲话，呼吁印度境内外的"自由印度"的"代理人、朋友和同情者"给予跳伞者协助。①

德国在斯大林格勒惨败后，C. 鲍斯对获取德国和意大利对印度独立的帮助彻底灰心，在希特勒德国，C. 鲍斯的能力也受到了限制而不能充分发挥②。实际上，要从遥远的欧洲来谋求印度解放，鲍斯自己恐怕也感觉有些鞭长莫及。他开始寻求其他国家的合作，太平洋战争爆发后，目标顺理成章就是日本。

太平洋战争爆发数小时内，在日本流亡的另一名印度独立运动领导人 B. 鲍斯通过电台发表讲话，呼吁整个东亚地区的印度人组建印度独立同盟，为祖国摆脱英国统治实现解放而战。③

实际上，由于 C. 鲍斯怀有印度完全独立的激进主张，加之他与纳粹德国的合作，日本相中了 C. 鲍斯，决定利用他来领导东南亚的印度人，而 C. 鲍斯则希望借助日本的力量推翻英国在印度的殖民统治。

---

① 参见 Free India Radio in English For India and Indians Abroad（Axis Origin），28th April 1942，"Free India Radio（Axis Origin）in Hindustani For India and Indians Abroad"，7th May 1942，WO 208 - 3812，Subhas Chandra Bose: Activities and Death，the National Archives，U. K.。

② Edited by S. S. Yadava，*Forgotten Warriors of Indian War of Independence*，1941 - 1946: *Indian National Army*（1），Gurgaon: Hope India Publications，2005，p. 5.

③ S. A. Ayer，"Netaji，INA and the Provisional Government of Azad Hind"，in *Heralds of Freedom: on the Occasion of the Silver Jubilee of the Formation of the Provisional Government of Azad Hind*，New Delhi: Publications Division，Ministry of Information and Broadcasting，Govt. of India，1968，p. 36.

　　早在 1941 年 1 月，英国情报机构就注意到 C. 鲍斯可能与印度国内的日本人联系密切，C. 鲍斯很有可能加强与日方在经济方面的关系。英方也怀疑他在 1940 年 1 月中旬持伪造护照前往远东的日本。①

　　1941 年 10 月，日本驻德国大使馆的武官山本上校就接到东京日军大本营（IGHQ）的电报，命令山本密切关注 C. 鲍斯并进行汇报。10 月末，C. 鲍斯在柏林会见了日本大使大岛浩中将和山本，与他们谈了 1 个小时，表达了他对印度独立的渴望，希望获得日方的帮助。之后，C. 鲍斯频繁访问日本大使馆。到了 1942 年初，东京承诺尽所有可能安排 C. 鲍斯前往东南亚。1942 年 4 月 17 日，日本内阁针对 C. 鲍斯的问题进行了讨论，会上认为，根据目前的政策及以后形势的发展，应当利用 C. 鲍斯为日本的战略服务。②

　　1942 年 12 月，日方与东南亚印度人领袖的严重冲突，使东京最终确信需要一个比 B. 鲍斯更强有力的领导者，当时东南亚地区的印度人也一直期盼 C. 鲍斯的到来。

　　1943 年 1 月，大岛与德国外长里宾特洛甫谈论 C. 鲍斯离开德国的问题，之后，大岛直接求助于希特勒，希特勒很快就同意了。由于鞭长莫及，希特勒对印度独立问题不大关心，尽管他觉得将 C. 鲍斯留在柏林会有利于他与英国谈判时的讨价还价。

　　1943 年 1 月下半月，C. 鲍斯被告知将安排他去远东，他非常高兴，感到了巨大机会。③ 接受日方的邀请，1943 年 2 月 3 日，C. 鲍斯乘坐德国 U80 型潜艇，从德国基尔港乘潜艇出发，前往日本。4 月 27 日，在马达加斯加附近海域，C. 鲍斯再换乘日本潜艇伊 29 号，5 月 6

---

①　Extract From Survey No. 4 of the Activities of Foreigners in India, dated 25. 1. 41. , WO 208 - 3812, Subhas Chandra Bose: Activities and Death, the National Archives, U. K. .

②　J. C. Lebra, *The Indian National Army and Japan*, p. 112.

③　Mohan Singh, *Soldiers' Contribution to Indian Independence*, New Delhi: Army Educational Stores, 1975, pp. 229, 233.

日到达苏门答腊岛北部的沙邦岛（Sabang Island），[①] 化名松田（Matsuda），5 月 11 日早晨，C. 鲍斯转乘飞机离开沙邦。其间，在槟城、西贡、马尼拉、台北、滨松（Hamamatsu）各待了一夜，[②] 5 月 16 日早晨到达东京。[③] 几天后，C. 鲍斯会见了日本陆军、海军及外务省的主要人物。6 月 10 日，C. 鲍斯见到了日本首相东条英机。4 天后双方再举行会谈。[④] 6 月 16 日，C. 鲍斯访问了日本内阁，当时东条英机发表了大东亚共荣圈的演说，表示日方同情印度独立运动，并将尽力帮助实现印度独立。

6 月 18 日，日本官方正式对外宣布，C. 鲍斯从柏林来到了东京，领导印度自由斗争（Indian Freedom Struggle）；6 月 14 日，他会见了日本首相，并接受其尽力帮助印度摆脱外国统治的充分保证。[⑤] 此后，C. 鲍斯在东京的活动开始公开。

6 月 19 日，C. 鲍斯在日本举行了首次新闻发布会，大约有 60 家日本和外国媒体记者参加。他表达了对轴心国必胜以及武装争取印度独立的信心。两天后，C. 鲍斯在东京的 NHK 电台首次向印度公开广播，他

---

① K. K. Ghosh, *the Indian National Arm*: *Second Front of the Indian Independence Movement*, p. 133.

② Mohan Singh, *Soldiers' Contribution to Indian Independence*, New Delhi: Army Educational Stores, 1975, p. 230.

③ J. C. Lebra, *The Indian National Army and Japan*, p. 114.

④ 东条最初并不愿与 C. 鲍斯会面，一方面可能是日本军部的一些官员鄙视印度独立运动因而加以阻挠，但最关键的原因是曼谷会议上发生的冲突事件及被捕，这些使东条也对印度独立运动产生了成见。Mohan Singh, *Soldiers' Contribution to Indian Independence*, New Delhi: Army Educational Stores, 1975, p. 240.

另一种说法是，可能是东条对 C. 鲍斯的"极左"言行有所忌讳，因此，到 6 月 14 日，东条才接见了鲍斯。参见 ［马］陆培春编著《日本侵略马来亚历史图集》，吉隆坡：马来亚"二战"历史研究会 2015 年版，第 413 页。

我们认为，Mohan Singh 的说法更可信。

⑤ Mohan Singh, *Soldiers' Contribution to Indian Independence*, New Delhi: Army Educational Stores, 1975, p. 241.

呼吁印度民众起来武装反抗英国的殖民统治。①

在东京时，C. 鲍斯拜访了 B. 鲍斯，这是两人的首次会面。两人也一起拜访了黑龙会首领头山满，头山热情接待了 C. 鲍斯。

7 月 2 日，C. 鲍斯从东京来到新加坡，当地 INA 和 IIL 的代表热情迎接。两天后，7 月 4 日，在国泰戏院举行东亚各地 IIL 代表和 INA 高级官员出席的大会。大会首先从日本首相东条英机发来的信息开始，随后，B. 鲍斯宣读了一份冗长的声明，谈及他涉身其中的印度独立运动的历史，以及日本对印度独立的支持。② 会上，B. 鲍斯将 IIL 的领导权和 INA 的指挥权移交给了 C. 鲍斯，C. 鲍斯也发表了讲话，同时宣布了他组建自由印度临时政府（Provisional Government of Free India，以下简称 PGFI）的计划③。IIL 马来亚分部主席约翰·迪威在其激动人心的演说中代表马来亚印度人欢迎 C. 鲍斯，并表示完全信任他的领导。④

7 月 5 日，C. 鲍斯在新加坡市政厅对面检阅了 INA 部队，并发表演讲。为了表达他立即进攻印度的看法，鲍斯向部队打出了 "Chalo Delhi"（印度斯坦语，意为 "进军德里"）的口号，并发动了最大限度

---

① 根据英国当时的档案记录，在东京访问的 C. 鲍斯，计划 6 月 21 日用英语、6 月 22 日用孟加拉语、6 月 23 日用印度斯坦语通过日本电台向全印度发表讲话，6 月 22 日，他也会用德语向德国发表讲话。参见 "30（P and C B Also for Mr. Jyce，India Office）Domei in English for Pacific Zone 0524 19. 6. 73 Chandra Bose Give Four Broadcast From Tokio June 21ˢᵗ – 23ʳᵈ"，WO 208 – 3812，Subhas Chandra Bose：Activities and Death，the National Archives，U. K. 。

② 参见 Mohan Singh，*Soldiers' Contribution to Indian Independence*，New Delhi：Army Educational Stores，1975，p. 243。

③ 参见 "B16 P and C B Attention Mr. Jyce India Office Also DNB 13. 42 4. 7. 73 Subhas Chandra Bose Forms Provisional Government of Free India"，WO 208 – 3812，Subhas Chandra Bose：Activities and Death，the National Archives，U. K. 。

在这份档案中，英国人也注意到，IIL 的原主席 B. 鲍斯当天将其职位转给 C. 鲍斯。

④ Mohan Singh，*Soldiers' Contribution to Indian Independence*，New Delhi：Army Educational Stores，1975，p. 243.

利用印度人资源的"总动员"（Total Mobilization）运动。① 东南亚印度人很快就熟知了"进军德里"和"总动员"，并深受激励。C. 鲍斯因此感觉到，他应当在东南亚建立一个印度临时政府，进而极大地促进"总动员"计划。同日，东条从马尼拉来访新加坡，他也检阅了国民军的军队。东条英机再次虚伪性地强调，日本对印度没有野心，日本会尽全力帮助解放印度。

7月9日，在新加坡的一场群众集会上，C. 鲍斯号召全部动员东南亚印度人的人力和经济资源，他计划组建一支30万人的武装，也要求组建一支印度妇女部队，后命名为詹西女王军团（Rani of Jhansi Regiment）②。

C. 鲍斯还对同盟总部的各部门进行了大规模的改组和扩充，为组建临时政府做准备。同盟原设有总部、财务部、宣传部、情报部、征募及训练部，后增加卫生和社会福利部、妇女事务部、国民教育和文化部、重建部、供应部、海外部、住房和交通部。C. 鲍斯同时发布命令，

---

① S. A. Ayer, "Netaji, INA and the Provisional Government of Azad Hind", in *Heralds of Freedom: on the Occasion of the Silver Jubilee of the Formation of the Provisional Government of Azad Hind*, New Delhi: Publications Division, Ministry of Information and Broadcasting, Govt. of India, 1968, p. 37. 关于演讲内容，可参见 Chandra Bose, "Onward to Delhi: Speech at a military review of the Indian National Army", July 5, 1943, in *Heralds of Freedom: on the Occasion of the Silver Jubilee of the Formation of the Provisional Government of Azad Hind*, New Delhi: Publications Division, Ministry of Information and Broadcasting, Govt. of India, 1968, pp. 51 – 54. 至于"总动员"运动，应当是在7月9日C. 鲍斯才公开、详细提出。参见 Chandra Bose, "Total Mobilization for a Total War: From an Appeal to Indians outside India at a Rally in Singapore", July 9, 1943, in *Heralds of Freedom: on the Occasion of the Silver Jubilee of the Formation of the Provisional Government of Azad Hind*, New Delhi: Publications Division, Ministry of Information and Broadcasting, Govt. of India, 1968, pp. 54 – 55。

② 以詹西女王（Jhansi Queen）来命名。詹西女王（约1835—1858），1857年印度民族大起义中的一位重要领袖，詹西邦女王，因英勇反抗英国的殖民侵略而最终壮烈牺牲，印度人民将其尊崇为民族英雄。
关于对詹西女王军团，可参见 J. C. Lebra, *Women against the Raj: the Rani of Jhansi Regiment*, Singapore: Institute of Southeast Asia Studies, 2008。

加强上述部门在东亚地区的分部。①

为了加强 C. 鲍斯的权威和地位，其私人秘书哈桑给 C. 鲍斯创造了一个德国风格的头衔 Netaji（印度斯坦语，领袖之意，相当于德国的元首 Fuehrer），Netaji 很快就变成了 C. 鲍斯在亚洲地区广为人知的称呼。②

7 月下旬，C. 鲍斯来到仰光，会见了缅甸独立运动领导人巴莫，后者当时正与日本密切合作，在其扶持下，巴莫即将成立"独立"的缅甸国。巴莫许诺尽全力帮助 C. 鲍斯解放印度。

从仰光返回后，C. 鲍斯着手重建 INA，复兴 IIL。8 月 26 日，C. 鲍斯正式担任完成重建的 INA 的最高统帅③。此后数天，他巡视了马来半

---

① S. A. Ayer, "Netaji, INA and the Provisional Government of Azad Hind", in *Heralds of Freedom: on the Occasion of the Silver Jubilee of the Formation of the Provisional Government of Azad Hind*, New Delhi: Publications Division, Ministry of Information and Broadcasting, Govt. of India, 1968, p. 38.

② 关于 C. 鲍斯被尊称为 Netaji 一事，根据 Mohan Singh 的说法，1941 年 11 月，在希特勒德国外交部的帮助下，召集当地及中欧国家的约 25 名印度人，按照计划，C. 鲍斯建立了"自由印度中心"（the Free India Centre）。同年 11 月 2 日，"自由印度中心"召开第一次会议，在庄严的仪式中，每个成员都宣誓效忠和服从他们的领导人 C. 鲍斯，会议通过的决议就包括尊称 C. 鲍斯为 Netaji。参见 Mohan Singh, *Soldiers' Contribution to Indian Independence*, New Delhi: Army Educational Stores, 1975, p. 225. S. A. Ayer, "Netaji, INA and the Provisional Government of Azad Hind", in *Heralds of Freedom: on the Occasion of the Silver Jubilee of the Formation of the Provisional Government of Azad Hind*, New Delhi: Publications Division, Ministry of Information and Broadcasting, Govt. of India, 1968, p. 35。
2014 年 6 月，我们拜访马来西亚吉隆坡北部印度教著名景点黑风洞，在当地一家印度人书店找寻并购买关于东南亚印度人历史的资料，当本书主撰者指着一本封面为 C. 鲍斯图像的著作时，书店老板马上说："Netaji"。可见，Netaji 专称 C. 鲍斯的强烈影响。

③ C. 鲍斯也想组建一支数十万人的国民军，最初，他确定 30 万人作为在马来亚征兵的定额。但是，他不得不放弃这一宏大计划，因为，不管是东南亚的印度人，甚至是日方，都不能维持一支数十万人的国民军。因此，国民军的总体人数从未超过 5 万人。不过，据估计，志愿加入国民军的马来亚印度人有 13 万。为了训练志愿加入国民军的新兵，在马来亚建立了 4 个平民训练营。他们位于芙蓉、红毛丹、吉隆坡和新加坡。每个训练营同时可以训练数千人。此外，在新加坡还建立了一个专门的军官训练学校。参见 G. P. Ramachandran, *The Indian Independence Movement in Malaya*, 1942–1945, p. 216.

岛、槟城、曼谷以及其他重要地点。① 之后，C. 鲍斯会见了日本南方军司令寺内寿一陆军元帅，寺内向 C. 鲍斯说明，日本正准备发动一场攻入印度的战役，此次战役将由日军来完成。C. 鲍斯则向寺内清楚表明，在将来的印度战役中，国民军唯一可以接受的角色是打前锋，印度的自由必须由印度人来争取，C. 鲍斯坚称："第一滴流在印度土地上的鲜血必须是印度国民军战士的。"②

重组国民军和同盟后，C. 鲍斯的下一步行动是创建自由印度临时政府，他希望，这个政府在印度赢得独立时最终能够取代英属印度政府。

为此，在日本军官帮助下，国民军部队进行了针对性训练。

9 月底，C. 鲍斯再次访问仰光，他检阅了当地的 INA 部队。他又对聚集而来的大批当地印度人发表演说，激励他们。

1943 年 10 月 21 日，在日本人的支持下，在新加坡国泰戏院的就职会议上，一个印度流亡政府③——自由印度临时政府宣布成立④。由 C. 鲍斯担任国家元首、总理、军事部部长、外交部部长和印度国民军最高司令官。C. 鲍斯也组建了约 22 人的内阁，既包括他本人，也包括 B. 鲍斯。B. 鲍斯担任最高顾问，但他从未被"顾问"过。

---

① Mohan Singh, *Soldiers' Contribution to Indian Independence*, New Delhi: Army Educational Stores, 1975, pp. 245 – 246.

② J. C. Lebra, *The Indian National Army and Japan*, p. 123.

③ Edited by S. S. Yadava, *Forgotten Warriors of Indian War of Independence*, 1941 – 1946: *Indian National Army* (1), Gurgaon: Hope India Publications, 2005, p. 5.

④ 参见 "Proclamation of Provisional Government of Azad Hind", Edited by S. S. Yadava, *Forgotten Warriors of Indian War of Independence*, 1941 – 1946: *Indian National Army* (1), Gurgaon: Hope India Publications, 2005, pp. 24 – 26; 以及 Chandra Bose, "The Provisional Government is Born: Statement From Singapore on the Formation of the Provisional Government of Azad Hind", October 21, 1943, in *Heralds of Freedom: on the Occasion of the Silver Jubilee of the Formation of the Provisional Government of Azad Hind*, New Delhi: Publications Division, Ministry of Information and Broadcasting, Govt. of India, 1968, pp. 57 – 58。

　　C. 鲍斯还将印度独立同盟置于 PGFI 的内阁之下，并初步为其组建了 12 个部。

　　"自由印度临时政府"的成立标志着东南亚印度人的独立运动进入高潮，此后，包括马来亚印度人在内的东南亚印度独立运动有了统一的领导机构。

　　次日，为了动员、组织女性志愿者，C. 鲍斯在新加坡开始组建妇女训练营。后决定将妇女部队命名为"詹西女王军团"，指挥官是年轻的娜克西蜜·斯瓦米纳丹（Laxmi Swaminathan），她也是内阁成员之一。

　　同月 23 日，日本政府发表声明，承认 PGFI（但不是完全的外交承认）。同时，日本政府宣布它将给予"临时政府最大的帮助以实现目标。"① 之后，德国、意大利、泰国、缅甸、菲律宾、汪伪政府与伪满洲国都承认了 PGFI。10 月 24 日，PGFI 对英美宣战，C. 鲍斯命令国民军开始进攻。

　　由于其强烈的个人魅力及能力，C. 鲍斯的到来促成了东南亚 INA 和独立运动的再次团结统一及焕发生机，东南亚印度独立运动再次出现高潮。在马来亚，C. 鲍斯每到一处，他受到了大批印度人的欢呼，得到了印度社群中所有阶层的欢迎，他丰富传奇的经历尤其吸引了马来亚的年轻印度人。在新加坡，他发表其首次公开演讲时，吸引了该城市历史以来最大的人群。② 对马来亚的普通印度劳工（主要是泰米尔劳工）来说，他看起来"就像一个天神"。事实上，几乎在他一到新加坡时，就开始传言他是天使化身。③ PGFI 的组建极大地鼓舞了东南亚的印度

---

① J. C. Lebra，*The Indian National Army and Japan*，p. 129.
　　日本政府实际上当时并未完全承认自由印度临时政府，因为 C. 鲍斯接受了日方提出的他的政府必须通过日本才能与任何外国政权交涉的条件，而且，鲍斯也不必坚持在日本派驻大使。参见 G. P. Ramachandran，*The Indian Independence Movement in Malaya*，1942 – 1945，p. 204。
② G. P. Ramachandran，*The Indian Independence Movement in Malaya*，1942 – 1945，p. 199.
③ G. P. Ramachandran，*The Indian Independence Movement in Malaya*，1942 – 1945，p. 201.

人，他们觉得有了一个属于自己的政府，而不只是像独立同盟那样的政治团体。PGFI 很快就接到了马来亚印度人的 1300 万元捐款。而且，C. 鲍斯发动"总动员"运动，以尽可能充分调动东南亚印度人的人力与资源投入独立运动，这也使 C. 鲍斯领导下的独立运动成了真正的民众运动。① C. 鲍斯的到来也促使暂时"脱离"的东南亚印度人领袖再次热情投身独立运动。

由于他早年民族主义的政治思想与活动，东南亚印度人广泛敬仰 C. 鲍斯，并将他与甘地、尼赫鲁相提并论。换言之，鲍斯是一位具有相当政治影响力的领袖。正是在其鼓动下，大部分东南亚印度人愿意献身解放印度的独立运动。特别是在马来亚，从 1943 年 7 月至 1944 年 6 月，同盟和国民军确实得到了相当多的普遍支持，"1943 年后半年，志愿参军的人大批涌现，他们期望不仅可以得到更好的食品和衣物，也能有机会为了印度的独立而与民族领导人鲍斯一起战斗。在 1943 年 8 月、9 月各城镇举行的群众集会上，妇女们捐出了她们的首饰，男人们则是他们的积蓄，……"。② 在日本控制下发行的印度人报纸，同盟和国民军属下的广播电台也广泛宣传反帝和民族主义的观点，这就更加促进了印度人政治意识的普遍高涨，这种情绪进而冲破了种姓制度、宗教和地域观念的界限。广泛深入的宣传和发动即使马来亚印度人普通社会阶层也产生了新的自豪感和独立性，更促使马来亚印度人出现了前所未有的

---

① G. P. Ramachandran, *The Indian Independence Movement in Malaya*, 1942 – 1945, p. 197.

为了有效推动总动员运动，在 C. 鲍斯领导下，马来亚的独立同盟扩大了其成员及分部数量。1942 年 12 月时，马来亚印度人领袖建立了大约 40 个同盟分部，在 C. 鲍斯领导下，数量增加到超过了 70 个。同盟的会员人数也大为增加，同盟的官员受命用尽各种方式争取每个印度人加入，到 1944 年 7 月时，同盟的会员人数上升到了大约 35 万，当时马来亚印度人的总人口约 60 万，因此，马来亚印度成年人的大部分当时加入了同盟。参见 G. P. Ramachandran, *The Indian Independence Movement in Malaya*, 1942 – 1945, p. 213。

② M. Stenson, *Class, Race and Colonialism in West Malaysia: the Indian Case*, St Lucia: University of Queensland Press, 1980, p. 97.

族群团结。

不过，正是在 C. 鲍斯领导下，马来亚印度人领袖在独立运动中的重要性大为降低，C. 鲍斯脾气暴躁，专横独断，甚至颇为自负①，不允许其他马来亚印度人领袖质疑他的决定，这就使他们对政策制定没有了任何影响，尽管他们仍是执行政策的重要保障。至于那些愿意无条件接受他每个决定的印度人领袖，C. 鲍斯就会对其特别关照，关系也更亲近，如约翰·迪威等人。

当然，由于在东南亚其他地方缺乏有能力的印度人领袖，马来亚印度人领袖对 C. 鲍斯而言具有相当的重要性，他必须让马来亚印度人来为其效力。拉佳万被他任命为国务大臣，后来又担任经济部部长。拉佳万在马来亚印度人中产阶级（尤其是商人）中具有很高的地位，通过对他的任命，C. 鲍斯希望赢得他们的更多合作。雪兰莪州的卢克舒梅亚接任拉佳万的同盟马来亚分部主席，并成了同盟后方总部的首脑。约翰·迪威后来也接任了马来亚分部的主席，并且成了临时政府的兼任秘书。

三 衰落

1943 年 11 月初，受日本政府邀请，日本扶持的东亚和东南亚国家

---

① 约 1943 年 12 月底，C. 鲍斯在新加坡樟宜与仍在囚禁中的莫汉·辛格会面时，就曾说，在印度，只有两位拥有普通大众拥护和追随的领导人：甘地和他自己，鲍斯认为尼赫鲁没有自己的思想，只是甘地的追随者，也是甘地手中的工具。参见 Mohan Singh, *Soldiers' Contribution to Indian Independence*, New Delhi: Army Educational Stores, 1975, p. 265。

K. P. K. 梅农（Menon）阅读了莫汉·辛格的上述著作后认为，虽然他非常尊敬 C. 鲍斯的热情奔放和爱国主义，但鲍斯的专断和极度自负令人厌恶。梅农认为，C. 鲍斯过于自信和自重，即使他在日本人的扶持下进入印度，他也不具备正式军事力量和政治权力的能力。参见 Appendix B., *Copy of Letter of K. P. K. Menon*, Mohan Singh, *Soldiers' Contribution to Indian Independence*, New Delhi: Army Educational Stores, 1975, p. 413。

政府代表齐聚东京，召开大东亚会议。C. 鲍斯受邀参加了会议，但他只是一个观察员而不是正式代表，因为当时日本没有宣布印度或者FIPG 包括在大东亚共荣圈之内。会上，代表们一致通过了一项由缅甸总理巴莫提出的要求，即给予道义和物质上的支持，帮助印度争取独立的战斗。C. 鲍斯也在大会上发言，他感谢大东亚国家对印度独立的同情与帮助，他呼吁建立像大东亚共荣圈那样的地区联盟，并说日本应当发挥领导作用。他也相信日本一定会帮助印度实现独立。[①]

C. 鲍斯此次前往东京的目的之一，是要求日本政府将其占领的安达曼和尼科巴群岛转交给 FIPG。当时，FIPG 没有自己统治的领土，为了成为一个受到国际法认可的独立政府，FIPG 需要实际统治区。此外，如果能够获得安达曼和尼科巴群岛，将为 FIPG 解放全印度开一个好兆头。

11 月 1 日，C. 鲍斯到达东京的当天，他与东条举行了私人会谈。会谈期间，鲍斯最重要的要求是日方将安达曼和尼科巴群岛移交 FIPG，东条最终答应转交。11 月 6 日，东条在大东亚会议上宣布，日本帝国政府准备很快将安达曼和尼科巴群岛转交自由印度临时政府管辖。然而，鉴于这些岛屿对日本的重要战略意义，东条的承诺最终证明他只是在敷衍 C. 鲍斯，日本政府从未将安达曼和尼科巴群岛的行政管辖权实际移交 FIPG。

会谈期间，C. 鲍斯也提到关于战争期间东南亚印度人逃离者的财产，应当归 FIPG 所有，这一点东条并未反对。鲍斯也要求日方给 FIPG 提供所需的交通设施，东条答应送给 C. 鲍斯一架 11 座飞机，供其私人使用，不过飞机的全部空勤人员是日本人，鲍斯想要以印度人来代替他们，但东条不同意。

---

① J. C. Lebra, *The Indian National Army and Japan*, p. 132.

C. 鲍斯也迫使日本陆军参谋长杉山元做出让步。杉山同意建立国民军第二师，拟建第三师；在日军对印度的进攻中，国民军将以盟方军队身份出现。

11 月 18 日，C. 鲍斯离开东京返回东南亚。在东条的安排下，鲍斯拜访了汪精卫，并在 20 日、23 日两次向重庆国民政府发表没有多少实际效果的广播演说①，鲍斯也旋风式顺访了上海、印度尼西亚、婆罗洲、苏门答腊等地。②

12 月上旬，他回到新加坡，由日本海军秘密做出安排。12 月 31 日，C. 鲍斯访问了安达曼群岛上的布莱尔港，群岛的移交仪式也举行了。C. 鲍斯将两个群岛改名为 Shahid（烈士）群岛和 Swaraji（独立）群岛，并在群岛上升起了印度三色国旗。但移交只是形式上的，印度人并未拥有对两个群岛真正的管辖权。C. 鲍斯任命的群岛行政长官 A. D. 龙戈纳丹（Loganathan）代表 FIPG 去接管当地行政管辖权时，日本军方当局并未准备答应他们。

大约在 12 月底，C. 鲍斯在新加坡樟宜与仍在囚禁中的莫汉·辛格会面，双方就印度独立运动及印度政治做了 4 个小时坦率、深度的长谈。③

也是在 12 月，因为觉得获得了日方的大力帮助的承诺，也因为英帕尔战役即将发动，C. 鲍斯将 FIPG、同盟和国民军总部从新加坡迁往仰光。在他离开马来亚前往缅甸时，为了更有效地发挥独立同盟的作用，其总部分为两个部分：仰光的前方总部，负责缅甸；新加坡的后方

---

① Mohan Singh, *Soldiers' Contribution to Indian Independence*, New Delhi: Army Educational Stores, 1975, p. 249.

② Edited by S. S. Yadava, *Forgotten Warriors of Indian War of Independence*, 1941 – 1946: *Indian National Army* (1), Gurgaon: Hope India Publications, 2005, p. 32.

③ 参见 Mohan Singh, *Soldiers' Contribution to Indian Independence*, New Delhi: Army Educational Stores, 1975, pp. 261 – 270。

总部，负责其他东南亚地区。

C. 鲍斯到东南亚后，必须要与当地日本特务机关宫下机关打交道，而不是直接与东京交涉，鲍斯对此很不满意，他试图摆脱宫下机关，直接面对东京当局。因此，他与宫下机关产生了摩擦，其头子山本（即在柏林担任过驻德使馆武官，与 C. 鲍斯已有交往的那个山本）对 C. 鲍斯的态度一直不悦，双方的关系变得紧张。1944 年 1 月，宫下机关也迁往仰光，机关首脑由矶田三郎取代了山本，后者居于其下。矶田性格温和，容易与人相处。在矶田领导之下，机关在英帕尔战役期间发挥军事联络的作用。

日本入侵印度的计划最早是在 1942 年 7 月提出的。当时，虽然印度对日本侵略战争的经济价值不大，但其战略地位非常重要，如在印度可以建立大东亚共荣圈面对盟军的西部防线，也可以切断中印之间的交通，阻止盟军对中国的物资供应。当然，印度仍被日本排除在大东亚共荣圈之外，日方只计划占领印度很有限的一个地区，进行必要的防御。

1944 年 1 月 7 日，日军大本营下达了代号为"U"的英帕尔作战计划。当时，C. 鲍斯和东条都发表了解放印度的乐观声明。当天，为了鼓舞国民军士气，也为了更便于与日方谈判，C. 鲍斯率领其内阁重要成员来到了缅甸。[①] C. 鲍斯与日军缅甸司令官讨论了国民军在即将展开的战役中的角色，坚持主张应当允许国民军在进攻中打前锋。日方起初不同意，他们不太信任国民军的战斗力，日方建议国民军分成小部队，附属于日本部队，他们的任务主要是侦察和破坏。鲍斯反对这一建议，最终，日方同意让国民军承担战斗角色，同时负责侦察和破坏，但要分散附属于日军的不同部队。

2 月 4 日，INA 在阿拉干前线发动了一场战役，打响了印度独立第

---

① Edited by S. S. Yadava, *Forgotten Warriors of Indian War of Independence*, 1941 – 1946: *Indian National Army* (1), Gurgaon: Hope India Publications, 2005, p. 36.

二次战役的第一枪，并且取得一次成功的战斗行动。① 3 月 18 日，INA
越过缅甸边界，首次成功踏上祖国印度"神圣"的土地，这一天也将
历史性地成为 INA 的喜庆日。并且，21 日，C. 鲍斯向东亚、印度和全
世界宣布了这一"重大的"消息。②

也是在 3 月，日军正式发起进攻，英帕尔战役正式开始。4 月，日
军第 31 师攻占了科希马。最初参加英帕尔战役的国民军部队包括第 1
游击军团的两个营和两个情报部队。参战的国民军部队从新加坡、马来
亚等地赶往前线，他们或坐火车，或乘小船及卡车，或者步行。部队的
多条行军路线要经过疟疾横行的地区。③ 印度国民军中的敢死突击队突
破英军防线，占领了曼尼普尔的莫伊郎格（Moirang），它是 FIPG 的军
队占领的第一块印度领土。印度国民军又沿着科希马大道推进，深入印
度境内 250 公里，对科希马和希尔查尔的英国军队造成很大威胁。④

形势有利于独立运动，C. 鲍斯进一步加强了 IIL 和自由印度临时政
府的组织机构，在仰光建立了詹西女王军团军营，在东亚各地也创建了
军营，快速培训年轻的印度人。同年 4 月 5 日，鲍斯在仰光建立了自由
印度第一国家银行。同日，他动身去向前线，其总部也一同转进。

但当日军和国民军在英帕尔的攻势取得进展时，双方之间的关系恶
化了。当时，双方人员互相指责对方傲慢自大，冲突时常发生，矶田及

① S. A. Ayer, "Netaji, INA and the Provisional Government of Azad Hind", in *Heralds of Free-dom: on the Occasion of the Silver Jubilee of the Formation of the Provisional Government of Azad Hind*, New Delhi: Publications Division, Ministry of Information and Broadcasting, Govt. of India, 1968, p. 40.

② S. A. Ayer, "Netaji, INA and the Provisional Government of Azad Hind", in *Heralds of Free-dom: on the Occasion of the Silver Jubilee of the Formation of the Provisional Government of Azad Hind*, New Delhi: Publications Division, Ministry of Information and Broadcasting, Govt. of India, 1968, p. 40.

③ Edited by S. S. Yadava, *Forgotten Warriors of Indian War of Independence*, 1941 - 1946: *Indian National Army* (1), Gurgaon: Hope India Publications, 2005, p. 36.

④ 参见［马］陆培春编著《日本侵略马来亚历史图集》，第 413 页。

其机关参谋人员只好前去安抚印度人。

从国民军的立场来看，日本与国民军之间的合作应该是一种平等的关系，战斗开始之前，国民军被认为是盟方军队，它作为一支政府军队得到了国际法的承认。然而，从日方立场来看，尤其是在某些战斗人员眼里，他们根本瞧不起国民军，因为国民军大部分由战俘组成，在日本长期的军事传统和观念中，投降者是受到轻视甚至歧视的。日军也怀疑国民军的战斗能力。而在莫汉·辛格领导时期，国民军就与日方发生了严重冲突，在日方看来，这是其不忠诚的表现。此外，日本人也觉得，国民军经常在物质方面向他们提出贪得无厌的过分要求。

4月底，日方在英帕尔战役中开始陷入困境，日军大本营派遣参谋人员从东京前往现场视察状况。此时，C. 鲍斯向矶田施压，以获得更好的联络渠道与更多的物资供应。到了5月，C. 鲍斯决定访问仰光和曼谷，以树立国民军和FIPG的信心。矶田陪同他前往。对矶田而言，英帕尔战役此时已经暴露出了严重问题，日军和国民军"处境不妙""前景暗淡"。但是，鲍斯看来并不灰心。这与C. 鲍斯热烈奔放的爱国心密切相关。尽管本人在东南亚，C. 鲍斯始终关注祖国印度，全心投入印度的解放事业。7月4日，他对印度国民发表广播讲话，希望他们继续给予"总动员运动"人力、财力和物力支持；获得更多各类人才用于印度解放地区的管理和重建；最重要的是，获得更多兵员和物资，方便前线作战。C. 鲍斯在讲话中谈及INA已经"击退敌人"，并在祖国神圣土地上的英勇战斗，他进而要求印度国民"勒紧腰带"以继续支援他领导的独立运动。[1] 7月6日，他对印度发表了长篇广播，解释了他在海外为印度自由而斗争，尤其是寻求轴心国帮助的缘由。因为他

---

① Chandra Bose, "INA on Indian Soil", July 4, 1944, in *Heralds of Freedom: on the Occasion of the Silver Jubilee of the Formation of the Provisional Government of Azad Hind*, New Delhi: Publications Division, Ministry of Information and Broadcasting, Govt. of India, 1968, pp. 62–64.

相信：“日本对印度的政策不是在愚弄人，而是基于诚心诚意。”① 他的
这些说法或者因为过于天真，或者是在自欺欺人。C. 鲍斯也再次断言，
东南亚地区所有的印度人决心继续战斗，直至印度独立成为现实。

伴随国民军和日军一道从英帕尔前线撤退，C. 鲍斯到达仰光之后，
7 月 9 日，他感谢日本当局的帮助。与此同时，C. 鲍斯不满意于日方在
英帕尔战役中对国民军地位的安排。② 如果国民军完全建成三个师，并
被用作常规战斗部队，而不只是打游击战和用于搜集情报，他觉得结果
会不同，这些问题必须补救。而且，他觉得日本的战略错了，日本和国
民军应当立即进攻吉大港，这就会激起孟加拉地区的反英革命，并会很
快传播全印度。很显然，他的战略出发点与日方根本不同。

当日军在英帕尔的处境变得不妙时，C. 鲍斯有了转而向苏联方面
寻求帮助的念头③。当日军在英帕尔出现溃败时，山本也曾暗示过这样
的想法，C. 鲍斯表示，如果东京同意，他将会尝试新的行动。不过，
当时日本政府尚未完全放弃 C. 鲍斯，他对日本仍有利用价值（尤其宣
传价值）。④

7 月 18 日，由于日军在塞班岛的彻底失败，东条内阁被迫辞职。消
息传开，日本的战争前景变得更为暗淡。

日本新任首相小矶国昭可能改变其对国民军的政策，C. 鲍斯此时
更急切于与日本政府直接交涉外交和军事关系，而不是还要通过宫下机
关，直接交涉会消除误解。这就促成 C. 鲍斯想再度访问东京。鲍斯早

---

① J. C. Lebra, *The Indian National Army and Japan*, p. 140.

② J. C. Lebra, *The Indian National Army and Japan*, p. 139.

③ 自由印度临时政府成立后从未向苏联宣战。此外，C. 鲍斯的直觉是，战后，苏联不会
继续与英美结盟。苏联和英美的全球野心一定会产生冲突，如果那时他在苏联，他就会再次有
机会领导一支军队攻入印度，解放印度。参见 G. P. Ramachandran, *The Indian Independence
Movement in Malaya*, 1942－1945, p. 247.

④ J. C. Lebra, *The Indian National Army and Japan*, p. 141.

就向日本当局施压，要求再次送他到东京，但当时没有得到宫下机关的同意。

7月初，日本南方军司令部正式下达了停止"U"号作战计划的命令。7月18日，国民军开始撤回缅甸，狼狈颠沛，溃不成军。英帕尔战役结束后，参战的日军有22万人，只有13万人幸存下来，从前线能往下撤退的有7万人。国民军的伤亡人数也估计超过50%，参战的约7000人，回到伊洛瓦底江东岸的不到3000人。①

英帕尔的失败导致包括马来亚印度人在内的所有东南亚印度人对独立运动的信心大为降低。在日本对印度的威胁减轻后，英国释放了病中的甘地，双方开始谈判。紧紧跟随国大党政治立场的马来亚印度人对独立运动的支持也因而降温。1944年4月，马来亚印度人对独立运动的捐款达到200万元，同年11月，降至只有60万元。② 1944年5月，仅在同盟新加坡分部，1万名马来亚印度人注册成了同盟会员，到了1944年11月，这个数字下降到了只有160名。③。

英帕尔战役的失败标志着马来亚印度人的独立运动开始走下坡路，最终很快消亡。

四　消亡

得到日方的同意后，1944年10月31日，C. 鲍斯飞往东京。在东京的第一天，C. 鲍斯拜访了新任首相小矶国昭，并访问了外务省、陆

---

① J. C. Lebra, *The Indian National Army and Japan*, p. 190. Mohan Singh, *Soldiers' Contribution to Indian Independence*, New Delhi: Army Educational Stores, 1975, p. 303.

另有说法认为，英帕尔战役中，有1万名INA部队参加了战斗。参见 J. C. Lebra, *The Indian National Army and Japan*, p. 232。

② G. P. Ramachandran, *The Indian Independence Movement in Malaya*, 1942 – 1945, p. 253.

③ G. P. Ramachandran, *The Indian Independence Movement in Malaya*, 1942 – 1945, p. 252.

军省与海军省等。小矶以国宴招待 C. 鲍斯，重申日本对帮助印度独立的承诺，他也重申日本不会谋求在印度的统治、经济或军事利益。裕仁天皇也接见了 C. 鲍斯。

C. 鲍斯与日本内阁重要成员举行了几次会谈，并达成了相关协议。在协议中，C. 鲍斯提出了几点要求：将国民军扩充至最少 5 万人，日本在 FIPG 派驻大使，日方提供贷款以及更好的武器（包括坦克、飞机，以及从占领的英国仓库中拿出的枪支），所有印度战俘都转交国民军，等等。[①] 不过，因为当时处于衰退时期，日本不可能满足 C. 鲍斯的要求。

相应地，C. 鲍斯同意日军在马来亚和缅甸防御期间，国民军由日方指挥。

在东京期间，C. 鲍斯希望会见苏联大使马利克。C. 鲍斯通过日本外相重光葵寻求引见，但未成功。之后他直接写信给苏联大使，马利克拒绝接见。但 C. 鲍斯寻求苏联帮助的念头一直持续。

11 月 8 日，他通过东京电台发表广播讲话，以鼓励在东南亚的印度人。

11 月 29 日，C. 鲍斯离开东京前往东南亚。他停留过上海、台北、西贡和新加坡，在每一站，他都要会见当地同盟和国民军分部以及日本当局的负责人。当年底，他回到仰光。

回到东南亚后，鲍斯接到安达曼行政长官关于当地日方占领当局恶行的报告，因被怀疑为英国间谍，当地超过 50 名印度人被处死，约 200 人被捕并被审讯。他对此感到极为震惊，但又无能为力。[②]

1945 年 2 月，日本派驻 FIPG 的大使八弥光雄（Hachiya Teruo）到达仰光。当八弥要求会见 C. 鲍斯时，外交部部长查特尔基要他拿出证

[①] J. C. Lebra, *The Indian National Army and Japan*, p. 143.

[②] Mohan Singh, *Soldiers' Contribution to Indian Independence*, New Delhi: Army Educational Stores, 1975, p. 327.

书。但八弥没有，因为东京并没有给他颁发。八弥告诉查特尔基，日本
政府没有先例派驻一个正式使节到临时政府。因此，C. 鲍斯拒绝见八
弥，要求他必须拿出作为正式外交代表的合适证书。八弥立即向东京通
告了这一情况，要求尽快给他颁发证书。然而，战争很快就要结束了，
八弥没有拿到证书①，意味着日本从未派出一位正式使节到 FIPG，这是
日本政府敷衍 C. 鲍斯的又一个证明。

　　1945 年的前几个月，鲍斯视察靠近密支那的前线，国民军正在
那里作战。他们衣衫褴褛、筋疲力尽，看来前景渺茫。矶田要求 C.
鲍斯撤退到密支那以南，但 C. 鲍斯留恋不舍。他还发表了一个声
明，要战士们在国民军第 1 师的领导下战斗到死，以实现印度独立。
C. 鲍斯也指令国民军第 3 师与日军一道防御马来亚，不丢失一块土
地给反攻的英国人；同时，他反对日本要求该师帮助他们反击马来亚
人民抗日军（马来亚共产党领导下的抗日武装），他认为独立运动的
敌人是英美，国民军只能反对它们，而不是反对东南亚的人民，国民
军中相当多的人也同情马来亚人民抗日军。② 日方很反感 C. 鲍斯这
种态度。

---

　　① 根据战后英方对日方有关战俘的审讯记录来看，1945 年 3 月，并未被授予外交国书的
八弥到达仰光，之后他曾发电报给东京，要求寄来国书，但直到 1945 年 4 月 24—25 日八弥不
得不离开仰光时，外交国书仍未接获。后在曼谷，八弥接到了东京发来的电报，声称他的委任
状已寄出，不过由于战时交通不畅，到日本投降时，国书未收到。由于没有委任状，八弥无法
像正常的外交大使那样开展任何官方活动。在正式场合，八弥共有两次见到查特尔基，每次会
面双方都讨论八弥的外交国书问题。参见 "Ref: 1403/56 Second Interrogation of Hachiya Teruo,
Envoy Extraordinary and Minister Plenipotentiary 12 Jul 1946", Headquarter SEATIC Singapore SEAC,
WO 208 - 3812, Subhas Chandra Bose: Activities and Death, the National Archives, U. K.。
　　② 参见 G. P. Ramachandran, *The Indian Independence Movement in Malaya*, 1942 - 1945,
pp. 245 - 246。
　　日据时期，华人抗日力量还在印度国民军中开展争取工作，发展了一批同情者和支持者。
另外，日据时期，在柔佛和吉打南部，很多年轻印度人成为马抗的成员。参见 Rajeswary
Ampalavanar, *The Indian Minority and Political Change in Malaya*, 1945 -1957, Oxford：Oxford U-
niversity Press, 1981, p. 58。

矶田尽其所能劝说 C. 鲍斯撤到仰光。4 月 20 日，C. 鲍斯拒绝了从仰光撤退的命令，但他急忙安排了詹西女王军团的撤离。4 月 23 日晚，迫不得已，鲍斯最终秘密乘坐卡车离开仰光前往毛淡棉。FIPG 和国民军总部也一同撤离。5 月 12 日，C. 鲍斯到达曼谷。同在曼谷的寺内元帅希望鲍斯能够跟随日本南方军司令部前往西贡，但是，鲍斯希望将同盟总部与国民军部队北迁到中国东北，最终迁往苏联。最后，C. 鲍斯同意和日本军队一起撤走，同时，他命令在上海的国民军和同盟分部做好准备，前去苏联。

盟军解放缅甸后，当地日军仅有少数逃入泰国境内。在这种情况下，印度国民军也迅速土崩瓦解。1945 年 5 月，缅甸抗日武装光复仰光时，印度国民军官兵约 2 万人向英军投降，其中 4000 人被遣送回印度。[①]

6 月，印度总督韦威尔（Wavell）勋爵在做出一些让步的条件下，试图劝说甘地和国大党放弃反对立场，并与英方合作。甘地本人也愿意结束国大党与英属印度政府之间的冲突。国大党和英印政府随后在西姆拉举行会议谈判。

获悉韦威尔的提议后，6 月 18 日，C. 鲍斯从曼谷飞到新加坡，在此后将近一个月内，他“夜复一夜”向国大党的领导人发表广播讲话，苦口婆心恳求他们不要接受韦威尔的提议。[②] 西姆拉会议无果而终，鲍斯万分高兴，他领导的激进的独立运动似乎仍可继续顺利推进。

---

① Note by Military Intelligence, 20 July 1945, TP, V, p. 1284. 转引自谌焕义《英国工党与印巴分治》，社会科学文献出版社 2004 年版，第 149 页。

② S. A. Ayer, "Netaji, INA and the Provisional Government of Azad Hind", in *Heralds of Freedom: on the Occasion of the Silver Jubilee of the Formation of the Provisional Government of Azad Hind*, New Delhi: Publications Division, Ministry of Information and Broadcasting, Govt. of India, 1968, pp. 42 - 43.

7月8日，C. 鲍斯在新加坡岛上竖立了INA的纪念碑。几天后，他从新加坡前往马来亚巡视，并检阅国民军第3师部队。当时该部队士气低迷，纪律涣散。1944年下半年以来，随着盟军的加紧反攻和日军从日战区的败退，局势日渐明朗化了，东南亚印度人解放祖国印度的独立运动终将失败。

到了7月中旬，C. 鲍斯的注意力从日本陆军转向海军。他写了一封信给日军南方特遣部队司令福留繁海军中将，建议："日本海军应采取面向印度洋的更积极的战略。"① 但此举不可能获得已经处于穷途末路的日方的积极回应。

8月10日晚，当天还在马来亚巡视、留宿于森美兰芙蓉的一家宾馆的 C. 鲍斯，接到部属基阿尼（Kiani）少将从新加坡打来的电话，告知苏联向日本宣战了。② 而此前的8月6日、8日，美军在日本投下了新研制的原子弹，极大地打击了日本。8月9日，苏联向日本宣战。日本的投降已不可避免。11日，C. 鲍斯再次接到基阿尼（Kiani）少将的电话，要求他离开住地返回新加坡。11日晚和12日凌晨，从马六甲赶来的拉克什玛雅（Lakshmayaa）和加纳帕迪（Ganapathy）告诉鲍斯，日本投降了。12日晚，鲍斯回到了新加坡。13日和14日两天，他非常忙碌，处理与日本投降有关的各种问题。

日本投降的消息传来，INA陷入"最黑暗的时刻"。③ 没有日军的扶持，INA不能独自开展有效的作战；而它又不能选择投降，处境极为

---

① J. C. Lebra, *The Indian National Army and Japan*, p. 146.

② Mohan Singh, *Soldiers' Contribution to Indian Independence*, New Delhi: Army Educational Stores, 1975, p. 340.

③ S. A. Ayer, "Netaji, INA and the Provisional Government of Azad Hind", in *Heralds of Freedom: on the Occasion of the Silver Jubilee of the Formation of the Provisional Government of Azad Hind*, New Delhi: Publications Division, Ministry of Information and Broadcasting, Govt. of India, 1968, p. 43.

尴尬。

1945 年 8 月 15 日，日本官方正式对外宣布无条件投降。

当晚，C. 鲍斯与少将基阿尼和阿拉加潘（Alagappan）、上校哈比布尔·拉赫曼（Habibur Rahman）、S. A. 艾耶尔（Ayer）、A. N. 萨卡尔（Sarkar）召开了一次会议，在部属劝说下，他最终决定前往苏联，投向一个他自己也认为的"未知的冒险"。[①]

次日，即 8 月 16 日，早上 10 时，C. 鲍斯与其几名部属乘一架轰炸机离开新加坡，下午 3 时，到达泰国曼谷。17 日早上 8 时，C. 鲍斯及其部属从曼谷飞往西贡，10 时到达。

在西贡，C. 鲍斯入住于当地 IIL 官员的家中。对于他提出的逃往苏联的要求，日本帝国统帅部断然拒绝。不过，具体负责 C. 鲍斯出逃事宜的寺内寿一（Terauchi）元帅赞同他的想法，决定派飞机送 C. 鲍斯一行先到伪满洲国，再转去苏联。

鲍斯洗漱后立即睡觉，稍事休息后，日方有关人员和他及随从哈比布尔·拉赫曼一起开闭门会议。数分钟后，鲍斯与哈比布尔出来到隔壁房间，并与其他随行部属召开秘密协商会议。他提出，日方安排的飞机上只能给他一个人提供座位，虽然他尽力争取再增加一个位置。会议决定鲍斯应该再次努力争取让日方增加位置；如果不能，鲍斯只好一个人前行；鲍斯也会要求日方给他的随行部属提供交通工具。之后，他与哈比布尔再回到隔壁房间与日本人开会，过了几分钟，他们出来了，日方同意再增加一个位置给鲍斯的随从哈比布尔。[②]

同日下午 5 时 15 分，鲍斯乘坐的重型轰炸机起飞，因超载很快降

① Mohan Singh, *Soldiers' Contribution to Indian Independence*, New Delhi: Army Educational Stores, 1975, p. 341.

② Mohan Singh, *Soldiers' Contribution to Indian Independence*, New Delhi: Army Educational Stores, 1975, p. 343.

落在越南岘港。次日早上约 5 时，减重后的飞机飞往台湾台北，飞机将在那儿加油，然后继续飞往中国东北，最后去苏联。

也是在 17 日，C. 鲍斯对其部属尤其是 INA 发布了最后一道命令，他说失败只是暂时的，他们不要动摇和灰心，应鼓足勇气，坚定意志，继续为印度的独立而顽强战斗。"条条道路通德里"，"进军德里"仍是目标。①

18 日，C. 鲍斯乘坐的飞机加油后在台北机场起飞，但很快坠毁。C. 鲍斯被严重烧伤，最终不治而亡②，终年 49 岁。其骨灰至今仍存放在东京的寺庙中。③ 22 日，东京电台对外宣布了 C. 鲍斯遭遇空难的

---

① 参见 Chandra Bose，"Many Roads to Delhi：Special Order of the Day Following the Surrender of Japan"，August 17，1945，in *Heralds of Freedom：on the Occasion of the Silver Jubilee of the Formation of the Provisional Government of Azad Hind*，New Delhi：Publications Division，Ministry of Information and Broadcasting，Govt. of India，1968，pp. 64 – 65。

17 日这份命令发布的具体时间和地点尚不清楚，按照情理推断，应该是在西贡时发出。

② 上尉军医 Taneyoshi Yoshimi（外科医生）当时负责救治遭遇空难的 C. 鲍斯，他担任日军台北南门军医院的高级职员。根据他的回忆，8 月 18 日约下午 5 时，一辆卡车载着严重受伤的鲍斯等人来到医院，Taneyoshi Yoshimi 立即对鲍斯进行抢救，处理伤口。鲍斯的头部、胸部和大腿烧伤最重。最初的 4 个小时，鲍斯处于半清醒（semi-concious）状态，能清楚说话，他先用日语和 Taneyoshi Yoshimi 简单交流，并想喝水。但他大部分时间说英语，因此给鲍斯配备了一名此前经常为其担任翻译的日本人 Tuichi Nakamura。4 小时之后，鲍斯陷入昏迷，并说胡话，再未苏醒过来。大约晚上 11 时，C. 鲍斯死亡。按照官方指令，Taneyoshi Yoshimi 对遗体做了防腐处理，准备运到东京，但因为未知的缘由（some unknown reason）最终在台北火化。19 日早上，日方内部为 C. 鲍斯举行了悼念仪式。与鲍斯同机遭遇空难而受伤的 IIL 上校哈比布尔·拉赫曼也是前者的助手，Taneyoshi Yoshimi 对其进行了约 10 天的治疗，之后被转送到另一家军医院。鲍斯的骨灰交给了他。参见 "Statement of Taneyoshi Yoshimi Captain（Medical）of the Imperial Japanese Army，With Regard to the Death of One Chandra Bose，Who Died at Taihoku，Formosa，on 18th Day of August，1945"，Headquarter SEATIC Singapore SEAC，WO 208 – 3812，Subhas Chandra Bose：Activities and Death，the National Archives，U. K.。

③ 1945 年 9 月 14 日，C. 鲍斯的悼念仪式在东京正式举行，出席者包括日本外务省、日本兵部（Japanese Ministry of War）以及当地印度人的代表。这些印度人中，包括那些被自由印度临时政府送到日本留学者。C. 鲍斯的骨灰存放在属于日莲宗的一家军国主义色彩的佛寺中。参见 Edited by S. S. Yadava，*Forgotten Warriors of Indian War of Independence*，1941 – 1946：*Indian National Army*（1），Gurgaon：Hope India Publications，2005，p. 6。

死讯。①

C. 鲍斯的死亡标志着东南亚印度人独立运动的最终消亡②，C. 鲍斯和东南亚印度人与日本的合作关系，或者说相互利用的关系也真正终结了。

结　语

日据时期之前，由于日本人在中国的暴行已传至马来亚，马来亚印度人对日本的态度既敌视又害怕。同时，马来亚印度人的政治立场受到印度国大党理念的影响，太平洋战争初期，国大党对日本十分敌视，它也对中国和同盟国给予道义上的支持。因此，日本开始进攻东南亚时，印度人竭尽全力想逃离马来亚（尽管最终能够成功逃回印度的只有极少数人）。马来亚陷入日军之手后，在别无选择的情况下，为了自保，马来亚印度人只好与新的侵略者合作。何况，精明的日本人又向他们抛出了愿意提供帮助的诱饵。

----

① S. A. Ayer, "Netaji, INA and the Provisional Government of Azad Hind", in *Heralds of Freedom: on the Occasion of the Silver Jubilee of the Formation of the Provisional Government of Azad Hind*, New Delhi: Publications Division, Ministry of Information and Broadcasting, Govt. of India, 1968, p. 45.

英国的解密档案认为，直到 9 月，日方媒体才对鲍斯的死讯公开进行了报道。参见 "Statement of Taneyoshi Yoshimi Captain (Medical) of the Imperial Japanese Army, With Regard to the Death of One Chandra Bose, Who Died at Taihoku, Formosa, on 18th Day of August, 1945", Headquarter SEATIC Singapore SEAC, WO 208 - 3812, Subhas Chandra Bose: Activities and Death, the National Archives, U. K.。

S. A. 艾耶尔是 C. 鲍斯的亲密部属，担任临时政府的宣传部部长，曾追随他一起逃亡到西贡，之后鲍斯和拉赫曼先飞往台湾，S. A. 艾耶尔和其他部属一道等待另一趟班机。作为事件的亲历者，S. A. 艾耶尔的说法更可信。

② C. 鲍斯身亡时，FIPG、INA、IIL 的很多高层人物都还停留在东京，INA 的司令部仍在曼谷，1 万名 INA 的官兵滞留在仰光。同年 9 月时，INA 另有 7000 名官兵集结于曼谷和马来亚，其余部队则分散在东南亚其他各地。参见［马］陆培春编著《日本侵略马来亚历史图集》，第 421 页。

在日本人的扶持下，印度独立运动在东南亚地区尤其是马来亚兴起，不过始终被日方控制和利用。这场运动的目的是光彩的，但实现的方式是不体面的。马来亚印度人希望借助对日本侵略者的利用，与其合作，得到其支持，以赢得祖国的独立解放，说明了被压迫民族在美好愿望与严酷现实之间的艰难处境和选择。

需要强调的是，马来亚印度人与日本人互相利用的关系，是以马来亚印度人被利用为前提，毕竟，日本作为攻占马来亚的侵略者，它是居于强势、主导的一方。这一点，在双方几年的复杂关系中有明显的体现。日方只是想利用东南亚印度人尤其是鲍斯的影响力，以便他们有助于日本实现侵占印度的野心，C. 鲍斯和东南亚印度人都只不过是日本侵略者处心积虑加以利用的棋子。这一点，在双方几年的复杂关系中有明显的体现。

相比较而言，由于马来亚印度人领袖政治经验的不足，他们与日方打交道时处于更被动从属的地位。而作为一名杰出的政治活动家，C. 鲍斯能够相对从容应对日本人，进而获得日方比较多的让步。他讨价还价的地位和能力要远强于东南亚地区其他的印度人领袖，C. 鲍斯与日方的合作也使东南亚印度独立运动获得了一定的发展空间，尽管是很表面的、暂时的。C. 鲍斯对东南亚印度独立运动的积极推动也在部分程度上提升了他在当地印度人社会及在祖籍国印度的声望，鲍斯甚至对印度国内的独立运动也产生了一定程度的影响。同时，经过几年的锤炼，马来亚印度人领袖的政治能力加强了，这就为战后马来亚印度人社会造就了更具领导能力的人才。

印度独立同盟（甚至东南亚的印度独立运动）受到了印度国大党的强烈影响，这一点可以从同盟的旗帜、国歌以及整体宣传看出来。然而，正是国大党支配性的影响，疏远了印度穆斯林。当时印度教徒和穆

斯林关系的恶化延续到了战后年代。^① 这也是导致马来亚印度人政治上
严重分化的又一重要因素。

日据时期，马来亚的印度独立运动在一定程度上保护了马来亚印度
人，给他们营造了一个暂时的避风港，以逃脱日本人更为残酷和暴虐的
压榨和劫掠；更为重要的是，它也进一步增强了马来亚印度人政治上团
结合作的意识，暂时消除、弥合了印度人群体中一些分化因素，"日本
人的占领一定程度上造成了马来亚印度人之间首次的联合"。^② 正是在
此基础上，1946 年 8 月，马来亚印度人的首个政党——马来亚印度人
国大党（Malayan Indian Congress）成立，首任主席约翰·迪威。

由于马来亚印度人与日本人进行合作，也由于印度独立同盟和印度
国民军有时直接为日本人的侵略利益效力，马来亚印度人因而不可避免
地受到当地许多马来人和华人的疑忌。在很多马来人的眼中，日据时期
马来亚印度人的举动恰好证明他们外来者的地位和特征；而在激进的华
人看来，印度独立同盟和印度国民军就是法西斯，或者是法西斯的
帮凶。

---

① Rajeswary Ampalavanar, *The Indian Minority and Political Change in Malaya*, 1945 – 1957, Oxford: Oxford University Press, 1981, p. 7.

实际上，早在 1940 年穆斯林联盟采纳巴基斯坦的构想时，就促使了马来亚印度穆斯林群体的政治化；而穆斯林与印度教徒之间的分裂，也因为 C. 鲍斯强烈反对巴基斯坦构想而更加恶化。参见 Rajeswary Ampalavanar, *The Indian Minority and Political Change in Malaya*, 1945 – 1957, Oxford: Oxford University Press, 1981, p. 27。

② A. C. Willford, *Cage of Freedom: Tamil Identity and Ethnic Fetish in Malaysia*, Singapore: National University of Singapore Press, 2007, p. 23.

参考文献

一　中文资料

（一）著作

芭芭拉·沃森·安达娅、伦纳德·安达娅：《马来西亚史》，黄秋迪译，中国大百科全书出版社 2010 年版。

蔡仁龙、郭梁编：《华侨抗日救国史料选辑》，中共福建省委党史工作委员会、中国华侨历史学会 1987 年版。

曹云华等：《东南亚华人的政治参与》，中国华侨出版社 2004 年版。

陈鸿瑜：《马来西亚史》，台北：兰台出版社 2012 年版。

陈嘉庚：《南侨回忆录》，新加坡：新加坡怡和轩 1946 年版。

陈剑虹编：《马来亚劳工党文献汇编》，吉隆坡：马来亚劳工党党史工委会 2000 年版。

陈晓律等：《马来西亚——多元文化中的民主与权威》，四川人民出版社 2000 年版。

陈中和：《马来西亚伊斯兰政党政治：巫统与伊斯兰党比较研究》，加影：策略资讯研究中心 2006 年版。

范若兰、李婉珺、廖朝骥：《马来西亚史纲》，世界图书出版广东有限公司 2018 年版。

傅无闷编辑:《星洲日报二周年纪念刊》,新加坡:星洲日报 1931
　　年版。

傅无闷编:《南洋年鉴》,新加坡:南洋商报社 1939 年版。

郭鹤年口述,Andrew Tanzer 编著:《郭鹤年自传》,香港:商务印书馆
　　2017 年版。

“国立”国父纪念馆:《南洋华侨与孙中山革命》,台北:“国立”国父
　　纪念馆 2010 年版。

海上鸥:《马来亚人民抗日军》,新加坡:华侨出版社 1945 年版。

何国忠:《马来西亚华人:身份认同、文化与族群政治》,吉隆坡:华
　　社研究中心 2006 年版。

何启良:《大马华人政治省思》,吉隆坡:华社资料研究中心 1994
　　年版。

贾海涛、石沧金:《海外印度人与海外华人国际影响力的比较研究》,
　　山东人民出版社 2007 年版。

教总秘书处:《林连玉公民权案》,林连玉基金会 1989 年版。

军事科学院世界军事历史研究室编:《第二次世界大战大事纪要》,解
　　放军出版社 1990 年版。

柯木林等编:《新加坡华族史论集》,新加坡:南洋大学毕业生协会
　　1972 年版。

梁志明主编:《殖民主义史:东南亚卷》,北京大学出版社 1999 年版。

廖文辉:《华校教总及其人物》,加影:马来西亚华校教师总会 2006
　　年版。

廖文辉编著:《马来西亚史》,吉隆坡:马来西亚文化事业有限公司
　　2017 年版。

廖小健:《世纪之交马来西亚》,世界知识出版社 2002 年版。

廖小健:《战后马来西亚族群关系:华人与马来人关系研究》,暨南大

学出版社 2012 年版。

林水檺、何启良、何国忠等主编：《马来西亚华人史新编》（全三册），
　　吉隆坡：马来西亚中华大会堂总会 1998 年版。

林水檺、骆静山合编：《马来西亚华人史》，吉隆坡：马来西亚留台校
　　友会联合总会 1984 年版。

林远辉、张应龙：《新加坡马来西亚华侨史》，广东高等教育出版社
　　2008 年版。

刘崇汉：《吉隆坡甲必丹叶亚来》，吉隆坡：马来西亚中华大会堂总会
　　1998 年版。

陆培春编著：《日本侵略马来亚历史图集》，吉隆坡：马来亚二战历史
　　研究会 2015 年版。

罗圣荣：《马来西亚的印度人及其历史变迁》，中国社会科学出版社
　　2015 年版。

罗武：《马来亚的反抗》，香港：海泉出版社 1982 年版。

马来西亚抗日纪念碑编辑委员会编：《马来西亚抗日纪念碑图片集》，
　　吉隆坡：雪隆区纪念日据时期殉难同胞委员会 1999 年版。

美丽莎露薇：《卡巴星：真正的马来西亚人》，曾舒渝译，八打灵：马
　　来西亚民主行动党 2014 年版。

南侨筹赈总会编纂委员会编：《大战与南侨》，新加坡：新南洋出版社
　　1947 年版。

尼古拉斯·塔林主编：《剑桥东南亚史Ⅱ》，贺圣达等译，云南人民出
　　版社 2003 年版。

潘永强主编：《当代马来西亚：政府与政治》，吉隆坡：马来西亚华社
　　研究中心 2017 年版。

潘永强主编：《未巩固的民主：马来西亚 2018 年选举》，吉隆坡：马来
　　西亚华社研究中心 2019 年版。

宋燕鹏：《马来西亚华人史：权威、社群与信仰》，上海交通大学出版社 2015 年版。

孙和声、唐南发合编：《风云五十年：马来西亚政党政治》，吉隆坡：燧人氏事业 2007 年版。

孙振玉：《马来西亚的马来人与华人及其关系研究》，甘肃人民出版社 2008 年版。

王国璋：《马来西亚族群政党政治》，吉隆坡：东方企业有限公司 1998 年版。

维克多·巴素：《东南亚之华侨》，郭湘章译，台北：国立编译馆 1974 年版。

谢诗坚：《马来西亚华人政治思潮演变》，吉隆坡：友达企业有限公司 1984 年版。

许云樵等编：《新马华人抗日史料 1937—1945》，新加坡：文史出版私人有限公司 1984 年版。

颜清湟：《东南亚华人之研究》，香港：社会科学出版社有限公司 2008 年版。

颜清湟：《新马华人社会史》，粟明鲜等译，中国华侨出版公司 1991 年版。

杨建成主编：《华侨之研究》，台北：中华学术院南洋研究所 1984 年版。

姚楠：《东南亚历史词典》，辞书出版社 1995 年版。

原不二夫：《马来亚华侨与中国》，刘晓民译，泰国曼谷大通出版社 2006 年版。

曾少聪：《漂泊与根植：当代东南亚华人族群关系研究》，中国社会科学出版社 2004 年版。

张奕善：《东南亚史研究论集》，台北：学生书局 1980 年版。

中国人民政治协商会议广东省委员会、文史资料研究委员会合编：《广东文史资料》第 54 辑，广东人民出版社 1988 年版。

中国人民政治协商会议全国委员会、文史资料研究委员会合编：《回忆陈嘉庚》，文史资料出版社 1984 年版。

祝家华：《解构政治神话：大马两线政治的评析（1985—1992）》，华社资料研究中心 1994 年版。

祝家华、潘永强主编：《马来西亚国家与社会的再造》，新纪元学院、南方学院、吉隆坡暨雪兰莪中华大会堂 2007 年版。

朱杰勤：《东南亚华侨史》，中华书局 2008 年版。

朱振明主编：《当代马来西亚》，四川人民出版社 1995 年版。

朱志存：《多元种族政治及其他》，吉隆坡：十方出版社 1990 年版。

《光华日报 15 周纪念特刊》，1925 年 12 月版。

《马共言论集之一·南岛之春》，新加坡、马来亚出版社 1946 年版。

（二）论文

陈建山：《马来西亚华人与印度人的文化认同和政治参与》，《国际研究参考》2013 年第 7 期。

陈中和：《马来西亚印度族群边缘化的根源在哪里？一个宪政体制的分析观点》，《视角》2007 年第 12 期。

范若兰、廖朝骥：《追求公正：马来西亚华人政治走向》，《世界知识》2018 年第 12 期。

洪丽芬：《马来西亚印度人社群研究——以印度人社群语言状况为例》，《南洋问题研究》2011 年第 4 期。

黄奕欢：《赤子丹心照汗青》，见中国人民政治协商会议全国委员会、文史资料研究委员会合编《回忆陈嘉庚》，文史资料出版社 1984 年版。

辉明：《马来西亚政治海啸：第 13 届国会选举分析》，《南洋问题研究》
　　2015 年第 3 期。

梁英明：《马来西亚种族政治下的华人与印度人社会》，《华侨华人历史
　　研究》1992 年第 1 期。

廖小健：《马来西亚"两线制"初步形成》，《东南亚研究》2001 年第
　　4 期。

罗圣荣：《马来西亚印度人的由来及其困境研究》，《东南亚研究》2008
　　年第 4 期。

罗圣荣：《英国殖民统治前的马来亚印度人》，《东南亚纵横》2009 年
　　第 3 期。

罗圣荣、汪爱平：《英殖民统治时期马来亚的印度人移民》，《南洋问题
　　研究》2009 年第 1 期。

罗圣荣、赵鹏：《1957—1980 年的马来西亚民族关系》，《东南亚纵横》
　　2008 年第 3 期。

阮金之：《民主转型环境下的当代马来西亚印度人族群抗争运动》，《东
　　南亚研究》2010 年第 2 期。

丘光耀：《马来西亚的"第三条道路"研究初探》，《当代世界与社会主
　　义》（双月刊）2003 年第 5 期。

石沧金：《简析日治期间马来亚印度人的独立运动》，《东南亚研究》
　　2010 年第 3 期。

石沧金：《二战前英属马来亚印度人的政治生活简析》，《世界民族》
　　2010 年第 2 期。

石沧金：《二战时期马来亚华人与印度人政治活动的比较分析》，《南洋
　　问题研究》2011 年第 4 期。

石沧金：《马来西亚印度人的政治参与简析》，《世界民族》2009 年第
　　2 期。

石沧金：《战后马来西亚华人社团的政治参与》，《世界民族》2004 年第 4 期。

石沧金、潘浪：《二战前英属马来亚印度人的政治生活简析》，《世界民族》2010 年第 6 期。

宋效峰：《马来西亚的"第三条道路"民主行动党的理念与实践》，《东南亚南亚研究》2012 年第 3 期。

土屋敬三：《马来西亚的社会贫困状况及各民族间的经济差距》，李述文译，《南洋资料译丛》1978 年第 4 期。

万晓宏：《当地加拿大华人参政分析》，《世界民族》2010 年第 6 期。

万晓宏：《美国亚裔参政分析：以 2007 年麻州地方选举为例》，《世界民族》2011 年第 4 期。

王士录：《东南亚印度人概论》，《东南亚研究》1988 年第 3 期。

西口靖胜：《当代马来西亚的种族对立与收入分配结构》，汪慕恒译，《南洋资料译丛》1987 年第 4 期。

向文华：《马来西亚民主行动党的发展及其制约因素》，《当代世界社会主义问题》2005 年第 2 期。

肖宏飞：《英属马来亚种植园的劳工》，《东南亚纵横》2006 年第 3 期。

许梅：《独立后马来西亚华人的政治选择与政治参与》，《东南亚研究》2004 年第 1 期。

许秀聪：《星马华族对日本的经济制裁》，柯木林等编《新加坡华族史论集》，新加坡：南洋大学毕业生协会 1972 年版。

徐秀良：《近代马来西亚印度人政治文化发展历程》，《德宏师范高等专科学校学报》2016 年第 2 期第 25 卷。

原不二夫：《第二次世界大战前的马来亚共产党》，乔云译，《南洋资料译丛》2005 年第 4 期。

原不二夫：《日本占领下的马来亚共产党》，乔云译，《南洋资料译丛》

2006 年第 1 期。

袁慧芳:《平等与民主——80 年代的马来西亚华人政治》（未刊稿），暨南大学，硕士学位论文，2002 年。

张奕善:《二次大战期间中国特遣队在马来亚的敌后活动》,《东南亚史研究论集》，台北：学生书局 1980 年版。

周益群译，潘一宁校:《第二次世界大战前马来亚的印度移民》,《中山大学研究生学刊》1986 年第 4 期。

周泽南:《马来西亚语言规划之研究——单语政策与弱势语族诉求之冲突》，淡江大学，硕士学位论文，2006 年。

邹镇城:《苏巴斯·钱德拉·鲍斯与印度独立运动研究》，赣南师范大学，硕士学位论文，2016 年。

二 英文资料

（一）档案、会议记录、人口统计资料等

CO 1022/186, Activities of the Malayan Indian Congress, 1951, the National Archives, U. K..

CO 1030/307, Malayan Communist Party, 1954 – 1956, the National Archives, U. K..

CO 1030/314, Malayan Indian Congress, 1954, the National Archives, U. K..

CO 1030/700, Communist Party of Malaya, 1957, the National Archives, U. K..

CO 1030/701, Communist Party of Malaya, 1957, the National Archives, U. K..

CO 273/589/12, Indians: position in Malaya, 1933, the National Archives,

U. K. .

CO 273/613/16, Indians: emigration from India to Malaya, 1936 – 1937, the National Archives, U. K. .

CO 717/182/6, Malayan Chinese members of the Commission of Overseas Chinese Affairs, 1949, the National Archives, U. K. .

CO 936/206, Indian representation in Malaya (1952 – 1953), the National Archives, U. K. .

DO 35/2059, copies of correspondence between Subhas Chandra Bose of the Azad Hind provisional government, the National Archives, U. K. .

DO 35/5310, Deportation of Indians from Malaya (1954 – 1959), the National Archives, U. K. .

DO 35/6271, Indian representation in Malaya and Singapore (01 January 1956 – 30 June 1956), the National Archives, U. K. .

DO 35/6397 National status of Indians in Malaya, 1955 – 1957, the National Archives, U. K. .

DO 35/9924 Malaya Indian Congress, 1958 – 1959, the National Archives, U. K. .

FCO 141/7537, Malaya report on Overseas Chinese by Secretary of Chinese Affairs (SCA), 1951 Jan 01 – 1952 Dec 31, the National Archives, U. K. .

FCO 141/14377, Singapore: visit of Pandit Jawarharlal Nehru to Malaya, March 1946, the National Archives, U. K. .

FCO 141/14392, Singapore: activities of the Indian National Army (INA) and the Indian Independence League (IIL), 1945 Jan 01 – 1947 Dec 31, the National Archives, U. K. .

FCO 141/14412, Singapore: Malayan Indian Congress Party, 1949 Jan 01 –

1954 Dec 31, the National Archives, U. K. .

FCO 141/14438, Singapore: attitude of the local Indians towards the future of Malaya, 1950, the National Archives, U. K. .

FCO 141/14546, Singapore: note by the Secretary of Chinese Affairs (SCA) on the outlook of overseas Chinese in Malaya, 1948 Jan 01 – 1948 Dec 31, the National Archives, U. K. .

FCO 141/16974, *Singapore: proposed memorial to Subhas Chandra Bose* (1947 – 1948), the National Archives, U. K. .

FO 141/7478, Malayan Chinese Association, the National Archives, U. K. .

FO 371/41783, Subhas Chandra Bose: life and activities, the National Archives, U. K. .

FO 371/41832, Japanese-sponsored "Indian National Army", 1944, the National Archives, U. K. .

FO 371/121012, *Investigation into death in aircrash in Formosa of Subhas Chandra Bose, leader of Indian National Army during the Second World War*, the National Archives, U. K. .

HS 1/200, *General*; *Subhas Chandra Bose*; *re-organisation* (1941 – 1942), the National Archives, U. K. .

IOR/L/E/7/1532, File 1159 Indians in Malaya, the National Archives, U. K. .

IOR/L/I/1/1315, *Subhas Chandra Bose* (1933 – 1942), the National Archives, U. K. .

Mss Eur Photo Eur 398, Private Papers. Photocopies of letters sent to Maj-Gen M Z Kiani, Commander, Indian National Army, from Subhas Chandra Bose, the National Archives, U. K. .

PREM 8/965, Question of diplomatic immunity for Mr. Thivy an Indian representative in Malaya who is being sued for libel, 1949, the National Archives, U. K. .

WO 203/516, Japanese-Indian Forces Command: supplementary guide to activites of Indian National Army in Malaya, August 1945, the National Archives, U. K. .

WO 208/818, *Activities of Subhas Chandra Bose*, *leader of the Indian National Army* (01 *July* 1943 – 31 *August* 1943), the National Archives, U. K. .

WO 208/833, Captain Mohen Singh, Indian National Army, report, 1945 Nov. – 1946 Feb, the National Archives, U. K. .

WO 208/3812, Subhas Chandra Bose: activities and death (01 April 1942 – 31 January 1947), the National Archives, U. K. .

WO 203/2298, Malaya: disposal, status, and brief history of the Indian national army, August 1945, the National Archives, U. K. .

Central Indian Association of Malaya, *Speech delivered by Dr. A. M. Soosay*, Kuala Lumpur, 1938.

Heralds ofFreedom: *on the Occasion of the Silver Jubilee of the Formation of the Provisional Government of Azad Hind*, New Delhi: Publications Division, Ministry of Information and Broadcasting, Govt. of India, 1968.

Malayan Indian Congress, *Draft Proposals For an All-Malayan Indian Organisation*, Kuala Lumpur, 1946.

Selangor Indian Association, ect, *Memorandum Presented to the Rt. Hon. V. S. Srinivasa Sastri*, Kuala Lumpur, 1937.

1957 Population Census of the Federation of Malaya, Report No. 14, Kuala Lumpur: Department of Statistics of Federation of Malaya.

(二) 著作

A. C. Willford, *Cage of Freedom*: *Tamil Identity and Ethnic Fetish in*

Malaysia, National University of Singapore Press, 2007.

A. Rajeswary, *Aspects of Leadership of the Indian Community in Malaya in the Period* 1920 – 1941, 1959.

Amarjit Kaur, *North Indian in Malaya*: *A Study of their Economic*, *Social and Political Activities*, 1870 – 1940s, Masters thesis, University of Malaya, 1974.

Azharudin Mohamed Dali, *The Fifth Column in British India*: *Japan and the INA's Secret War* 1941 – 1945, London: School of Oriental and African Studies, University of London, 2007.

C. F. Yong, *Tan Kah-Kee*: *The Making of an Overseas Chinese Legend*, Singapore: Oxford University Press, 1987.

Carl Vadivella Bell, *Tragic Orphans*: *Indians in Malaysia*, Singapore: Institute of Southeast Asian Studies, 2015.

Cheah Boon Kheng, *Red Star Over Malaya*: *Resistance and Social Conflict During and After the Japanese Occupation of Malaya* 1941 – 1946, Singapore: Singapore University Press, 1987.

G. P. Ramachandran, *The Indian Independence Movement in Malaya*, 1942 – 1945, M. A. theies, University of Malaya, 1970.

George Netto, *Indians in Malaya*: *Historical Facts and Figures*, Published by the author for distribution in Singapore and the Federation of Malaya in 1961.

Hua Wu Yin, *Class and Communalism in Malaysia*: *Politics in a Dependent Capitalist State*, London: Zed Books Ltd, 1983.

J. Bahadur Singh, *Indians in Southeast Asia*, New Delhi: Sterling Publishers Private Limited, 1982.

J. C. Lebra, *The Indian National Army and Japan*, Singapore: Institute of

Southeast Asian Studies, 2008.

J. C. Lebra, *Women against the Raj: the Rani of Jhansi Regiment*, Singapore: Institute of Southeast Asian Studies, 2008.

J. H. Brimmell, *Communism in Southeast Asia*, London: Oxford University Press, 1959.

James P. Ongkili, *Nation-Building in Malaysia*, 1946 – 1974, Singapore: Oxford University Press, 1985.

Janakey Raman Manickam, *The Malaysian Indian Dilemma: The Struggles and Agony of the Indian Community in Malaysia*, Klang: Nationwide Human Development and Research Centre, Third Edition, 2012.

K. A. Neelakandha, *Indians problems in Malaysia*, Kuala Lumpur: "the Indian" Office, F. M. S.

K. C. Yadav and Akiko Seki edited, *Adventure into the Unknown: the Last Days of Netaji Subhas Chandra Bose*, Gurgaon, Haryana: Hope India Publications, 1996.

K. J. Ratnam, *Communalism and the Political Process in Malaya*, Kuala Lumpur: University of Malaya Press, 1965.

K. K. Ghosh, The Indian National Arm: Second Front of the Indian Independence Movement, Meerut: Meenakshi Prakashan, 1969.

Kernial Singh Sandhu, *Indians in Malaya, Some Aspects of Their Immigration and Settlement*, 1786 – 1957, London: Cambridge University Press, 1969.

K. S. Sandhu and A. Mani edited, *Indian Communities in Southeast Asia*, Institute of Southeast Asian Studies, 1993.

K. S. Sandhu edited, A. Mani, Indian Communities in Southeast Asia, Singapore: Institute of Southeast Asian Studies, 2008.

M. D. Tate, The Malaysian Indians: History, *Problems and Future*, Petaling

Jaya: Strategic Information and Research Development Centre, 2008.

M. Stenson, *Class, Race and Colonialism in West Malaysia: the Indian Case*, St Lucia: University of Queensland Press, 1980.

Meredith L. Weiss and Saliha Hassan edited, *Social Movements in Malaysia: From Moral Communities to NGOs*, London: Routledge Curzon, 2003.

Mohamed Noordin Sopiee, *From Malayan Union to Singapore Separation: Political Unification in the Malaysia Region*, 1945 – 65, Kuala Lumpur: University Malaya Press, 1974.

Mohan Singh, *Soldiers' Contribution to Indian Independence*, New Delhi: Army Educational Stores, 1975.

Nilanjana Sengupta, *A Gentleman's Word: the Legacy of Subhas Chandra Bose in Southeast Asia*, Singapore: Institute of Southeast Asian Studies, 2012.

Paul D. Wiebe, *Indian Malaysians: the View From the Plantation*, New Delhi: Manohar, 1978.

Peter Ward Fay, *The Forgotten Army: India's Armed Struggle for Independence*, 1942 – 1945, University of Michigan Press, 1993.

R. K. Vasil, *Ethnic Politics in Malaysia*, New Delhi: Radiant Publishers, 1980.

Rajakrishnan Ramasamy, *Caste Consciousness Among Indian Tamils in Malaysia*, Petaling Jaya: Pelanduk Publications, 1984.

Rajeswary Ampalavanar, *Politics and the Indian Community in West Malaysia and Singapore* (1945 – 1957), London: University of London, the dissertation of Ph. D, 1978.

Rajeswary Ampalavanar, *The Indian Minority and Political Change in Malaya*, 1945 – 1957, Oxford: Oxford University Press, 1981.

Ravindra K. Jain, *Indian Transmigrants: Malaysian and Comparative Essays*,

Petaling Jaya: Strategic Information and Research Development Centre, 2011.

S. A. Das, K. B. Subbaiah, Chalo Delhi: *An Historical Account of the Indian Independence Movement in East Asia*, Kuala Lumpur: the Economy Printers, 1946.

S. Nagarajan, K. Arumagam, *Violence Against an Ethnic Minority in Malaysia: Kampung Medan*, 2001, Petaling Jaya: Suara Inisiatif SDN BHD, 2012.

S. Ramachandran, *Indian Plantation Labour in Malaysia*, Kuala Lumpur: S Abdul Majeed & Co/Institute of Social Analysis, 1994.

S. S. Yadava edited, *Forgotten Warriors of Indian War of Independence*, 1941 – 1946: *Indian National Army*, Gurgaon: Hope India Publications, 2005.

Sara Chinnasamy, *New Media Political Engagement and Participation in Malaysia*, Routledge, 2018.

Saw Swee-Hock, *The Population of Malaysia, the Second Edition*, Singapore: Institute of Southeast Asian Studies, 2015.

Shamsul AB Arunajeet Kaur edited, *Sikhs in Southeast Asia: Negotiating an Identity*, Singapore: Institute of Southeast Asian Studies, 2011.

Shiv Lal, *Malaysian Democracy: An Indian Perspective*, New Delhi: Election Archives, 1982.

Sinnappah Arasaratnam, *Indians in Malaysia and Singapore*, Kuala Lumpur: Oxford University Press, 1970.

Sir Frank Swettenhan, *British Malaya: an Account of the Origin and Progress of British Influence in Malaya*, London: George Allen and Unwin Ltd. , First published in 1906, Revised Edition in 1948.

Siva Rama Sastry, *Congress Mission to Malaya*, (India) Tenali: The author, 1947.

Subbier Appadurai Ayer, *Unto Him a Witness: The Story of Netaji Subhas Chandra Bose in East Asia*, Bombay: Thacker & Co. , 1951.

Subhas Chandra Bose, *An Indian Pilgrim*, http//www. subhaschandrabose. org//, first published in India in 1948, January, 2012.

Subhash Balhara, *The Indian National Army*, 1942 – 1946: *its Activities and the British Attitude*, Meerut: Anu Books, 2007.

Swami Satyananda, *A Study on the Influence of Indian Culture on Malaysia and Malaya*, Kuala Lumpur: Malayan Printers, 1947.

The High Level Committee on Indian Diaspora: *The Report*, 2001.

Tim Donoghue, *Karpal Singh: Tiger of Jelutong*, Singapore: Marshall Cavendish Editions, 2013.

Tim Donoghue, *The Full Biography of Karpal Singh: Tiger of Jelutong*, Singapore: Marshall Cavendish Editions, 2014.

Verinder Grover edited, *Malaysia: Government and Politics*, New Delhi: Deep & Deep Publications PVT, 2000.

Vernon Bartlett, *Report of Malaya*, New York: Criterion Books, 1955.

Victor Purcell, *Malaysia*, London: Oxford University Press, 1965.

Virginia Thompson and Richard Adloff, *Minority Problems in Southeast Asia*, Stanford: Stanford University Press, 1955.

Zakaria Haji Ahmad edited, *Government and Politics of Malaysia*, Singapore: Oxford University Press.

(三) 论文

A. Sivalingam, *Economic Problems and Challenges Facing the Indian Commu-*

nity in Malaysia, Edited by K. S. Sandhu, A. Mani, Indian Communities in Southeast Asia, Singapore: Institute of Southeast Asian Studies, 2008.

Andrew Willford, *Ethnic Clashes, Squatters and Historicity in Malaysia*, K. Kesawapany, A. Amani, P. Ramasamy, *Rising India and Indian in East Asia*, Singapore: Institute of Southeast Asian Studies, 2008.

Arjun Appadurai, *The Heart of Whiteness*, Callaloo, Vol. 16, No. 4, On "Post-Colonial Discourse": A Special Issue (Autumn, 1993).

Asha Rathina Pandi, *Insurgent space in Malaysia: Hindraf movement, new media and minority Indians*, International Development Planning Review, 2014, 36 (1).

Carl Vadivella Belle, Indian Hindu Resurgence in Malaysia, K. Kesawapany, A. Amani, P. Ramasamy, *Rising India and Indian in East Asia*, Singapore: Institute of Southeast Asian Studies, 2008.

Chandra Muzaffar, *Political Marginalization in Malaysia*, Edited by K. S. Sandhu, A. Mani, *Indian Communities in Southeast Asia*, Singapore: Institute of Southeast Asian Studies, 2008.

Edwin Lee, *Singapore: The Unexpected Nation*, Singapore: Institute of Southeast Asian Studies, 2008.

Farish A. Noor, *The Hindu Rights Action Force (HINDRAF) of Malaysia: Communitarianism Across Borders?* Singapore: S. Rajaratnam school of International Studies, July, 2008.

Flavia Cangia, *The Hindu Rights Action Force and the Definition of the "Indian Community" in Malaysia*, Sociological Research Online, 2014, 19 (4): 3.

Kernial Singh Sandhu, *Sikhs in Malaysia: A Society in Transition*, Edited by K. S. Sandhu, A. Mani, Indian Communities in Southeast Asia, Singapore:

Institute of Southeast Asian Studies, 2008.

Khoo Kay Kim, *Malay Attitudes Towards Indians*, Edited by K. S. Sandhu, A. Mani, Indian Communities in Southeast Asia, Singapore: Institute of Southeast Asian Studies, 2008.

Lian Kwen Fee and Jayanath Appudurai, *Race, Class and Politics in Peninsular Malaysia: The General Election of* 2008, Asian Studies Review, March 2011, Vol. 35.

Lloyd I. Rudolph and Susanne Hoeber Rudolph, *Generals and Politicians in India*, Pacific Affairs, Vol. 37, No. 1 (Spring, 1964).

Mavis Puthucheary, *Indians in the Public Sector in Malaysia*, Edited by K. S. Sandhu, A. Mani, Indian Communities in Southeast Asia, Singapore: Institute of Southeast Asian Studies, 2008.

Maykel Verkuyten and Aqeel Kha, *Interethnic relations in Malaysia: Group identifications, indispensability and inclusive nationhood*, Asian Journal of Social Psychology (2012), 15, 132 – 139.

Mohamed Nawab Mohamed Osman, *Marginalisation and the Indian community in Malaysia*, RSIS Commentaries, No. 131, 2007, http: //hdl. handle. net/10220/6011.

P. Ramasamy, *Politics of Indian Representation in Malaysia*, K. Kesawapany, A. Amani, P. Ramasamy, Rising India and Indian in East Asia, Singapore: Institute of Southeast Asian Studies, 2008.

Patrick Morris, T. Maniam, *Ethnicity and Suicidal Behaviour in Malaysia: A Review of the Literature*, Transcultural Psychiatry, 38 (1).

R. C. Roy, *Social, Economic and Political Philosophy of Netaji Subhas Chandra Bose*, Orissa Review, January, 2004.

Rajeswary Ampalavanar, *The Contemporary Indian Political Elite in Malaysia*,

Edited by K. S. Sandhu, A. Mani, *Indian Communities in Southeast Asia*, Singapore: Institute of Southeast Asian Studies, 2008.

S. Arasaratnam, *Indian Society of Malaysia and Its Leaders: Trends in Leadership and Ideology among Malaysian Indians*, 1945 – 1960, https://www. cambridge. org/core.

S. Nagarajan, *Indian in Malaysia: Towards Vision* 2020, K. Kesawapany, A. Amani, P. Ramasamy, *Rising India and Indian in East Asia*, Singapore: Institute of Southeast Asian Studies, 2008.

Saidatulakmal Mohd, *Ethnic Identity Dilemma-A Case Study of the Indian Muslims in Penang, Malaysia*, International Review of Business Research Papers, Vol. 6, No. 3, August 2010.

Savinder Kaur Gill & Nirmala Devi Gopal, *Understanding Indian Religious Practice in Malaysia*, Journal of Social Sciences, 25: 1 – 3, 2010.

Stephen P. Cohen, *Subhas Chandra Bose and the Indian National Army*, Pacific Affairs, Vol. 36, No. 4 (Winter, 1963 – 1964).

Subhas Chandra Bose, *Forward Bloc-Its Justification*, http://www. subhaschan drabose. org//, first published in India in 1952, January, 2012.

Subhas Chandra Bose, *The Fundamental Problems of India*, Netaji Research Bureau, 1958.

Vijay Devadas, *Makkal Sakthi: The Hindraf Effect, Race and Postcolonial Democracy in Malaysia*, Daniel. p. s. Goh, ect (Eds.), *Race and Multiculturalism in Malaysia and Singapore*, Abingdon: Routledge, 2009.

Zakaria Haji Ahmad and Suzaina Kadir, *Ethnic Conflict, Prevention and Management: The Malaysian Case*, Edited by Kusuma Snitwongse and W. Scott Thompson, *Ethnic Conflicts in Southeast Asia*, Singapore: ISEAS Publications, 2005.

三　报纸及网站

《东方日报》（马来西亚）

《南洋商报》（马来西亚）

《现代华侨》

《新华日报》

《新华月报》

《星洲日报》（马来西亚）

当今大马网，https：//www. malaysiakini. com/

吉隆坡暨雪兰莪中华大会堂网，https：//klscah. org. my/

联合早报网，http：//www. zaobao. com/

马华公会网，http：//www. mca. org. my/

马来西亚民政党网，http：//www. gerakan. org. my/

马来西亚民主行动党网，https：//dapmalaysia. org/cn/

马来西亚兴权会网，Hindu Rights Action Force，http：//www. hindraf. co/

马来西亚印度国大党网，Malaysian Indian Congress，http：//www. mic. org. my/

马来西亚中华大会堂总会网，http：//huazong. my/

南洋商报网，http：//www. enanyang. my/

犀乡资讯网，http：//www. ehornbill. com/ehcms/

新加坡文献馆网，http：//sginsight. com/xjp/

中国驻马来西亚大使馆，http：//www. fmprc. gov. cn/ce/cemy/chn/

21 世纪老友网，http：//www. of21. com/

后　　记

　　受前辈学者相关研究成果的启发，2003 年博士毕业后，我对马来西亚两大少数族裔华人和印度人的政治参与进行比较研究的课题产生了浓厚兴趣。2005 年初申报当年的国家社科基金项目时，题目是"马来西亚华人与印度人政治参与的比较研究"。此后，利用各种机会收集相关资料，继续开展相关研究，几篇论文也相继在《世界民族》《南洋问题研究》《东南亚研究》《华人研究国际学报》（新加坡）等重要学术期刊上发表。《二战时期马来亚华人与印度人政治活动的比较分析》（《南洋问题研究》2011 年第 4 期）又被中国人民大学书报资料中心复印报刊资料《世界史》2012 年第 3 期全文转载。这些都表明我"念念不忘"的课题有着明显的学术价值。

　　2011 年 4 月—2012 年 4 月，在国家留学基金委的全额资助下，我有幸到马来亚大学访学。其间，我在马大图书馆查找、复印了许多马来西亚华人和印度人的研究著作，并在合作导师苏庆华教授以及祝家丰老师等下指点、帮助下，在马大书店和吉隆坡的几家书店陆续买到了不少关于研究马来西亚印度人政治、历史、文化等方面的著作。

　　2013 年之后，为了更好地推进本书研究工作，我们也曾数次前往马来西亚实地调研，拜访多家华人社团、华人政党、华文媒体等，与相关专家学者和政界人士交流，收集研究资料。2013 年 8 月，前往吉打和槟城马来西亚，在当地开展学术交流及田野考察活动。2014 年 6 月，利用参加由马来西亚拉曼大学主办的"2014 年第二届马来西亚华人研究国际双年会"的机会，会后在吉隆坡、巴生、柔佛、马六甲等地进行短期调研。2014 年 11 月，前往吉隆坡参加"第六届东南亚民族论坛"，会后开展了相关调研。2015 年 7 月，赴砂拉越诗巫，参加"2015 年婆罗洲华人国际学术研讨会"，会后在诗巫开展调研。

本书研究内容最终能够完成，我们要感谢下列人士的热心支持、帮助、关照。

马来西亚印度国大党（MIC）执行秘书 S. S. Rajagopal 先生，马来亚大学中文系硕士生洪伟莹、朱思倩，马来西亚民主行动党丘光耀、朱润明等，他们在我们的相关实地考察及资料收集工作提供了很多便利，并馈赠了许多著作、资料。

马来西亚学林书局经理谢满昌先生，他利用自身便利，热心为我们购买了不少珍贵书籍。

新加坡的龙矜频博士，她在新加坡帮助我们购买研究所需相关著述。

吉隆坡的梁秀婷女士，她为我们在马来西亚的考察提供了很大便利。而且，她曾担任两届民主行动党全国妇女组中委，作为"当事人"，她对民主行动党的主张、看法给我们带来诸多启示。此外，得益于她的广泛人脉，我有机会认识民主行动党青年才俊、雪兰莪州行政议员欧阳捍华，并与之交流。

雪隆中华大会堂执行总秘书陈亚才，他不仅赠送大批珍贵资料，他对马来西亚政治的见解和主张也使我们颇为受教。

民主行动党彭亨州秘书钟绍安，2014 年 6 月他亲自带我们访问民主行动党在吉隆坡的总部。实际上，我在马来西亚访学时，在梁秀婷女士的引荐下，在劳勿就认识了他。

马来西亚民政运动联委会联络秘书刘怀恩，感谢他在我冒昧上门访问半山芭民政党支部时给予热情接待，并进行简短交流。

暨南大学华侨华人研究院张应龙教授，暨南大学文学院张小贵和硕士生张小牧。

广东工业大学教授齐顺利老师，广东人民出版社张钊博士，他们为课题组的资料收集工作也出力不少。

我的同事邓仕超老师，他帮忙翻译相关日本人名。

我们特别要感谢张应龙教授和廖文辉教授在百忙中赐赠序言，两篇序言大为提升了本书的含金量。

感谢中国社会科学出版社宋燕鹏主任为本书出版所做的付出。

我们还要感谢暨南大学图书馆、大英图书馆、英国国家档案馆等相关机构，感谢它们工作人员认真、热情的服务！

最后说明本书作者分工如下：

第一章　　石沧金

第二章　　吕　峰　石沧金

第三章　　石沧金　吕　峰

第四章　　石沧金　吕　峰

第五章　　石沧金　吴多情

第六章　　石沧金

结　语　　石沧金

附　录　　石沧金

石沧金

2020 年 1 月于广州黄埔萝岗